Florian Ebner   Andreas Langfeld
POSTURES / *HALTUNGEN*

Portraits du
Centre Pompidou
d'après August Sander

Menschen des
Centre Pompidou —
nach August Sander

People of the
Centre Pompidou —
after August Sander

Spector Books

Les portraits de ce livre ont été réalisés entre septembre 2022 et janvier 2024. Ils représentent des personnes qui entretiennent un lien avec le Centre Pompidou, qu'il s'agisse de leur lieu de travail, de recherche ou d'apprentissage, de production artistique ou qu'elles vivent dans son ombre. Au pied des pages blanches qui font face à ces portraits se trouvent des légendes du photographe allemand August Sander issues d'un autre monde : il y a plus d'un siècle, il voulait que ses typologies consignent le *Visage de ce temps*, les *Hommes du XXe siècle*. Cet ensemble est un dispositif expérimental, un jeu entre des rôles d'époque et des images actuelles. Les points communs et les différences qui en émergent reflètent des processus sociaux et forment le portrait collectif d'une institution culturelle de notre temps.

Die folgenden Porträts entstanden zwischen September 2022 und Januar 2024. Sie zeigen Menschen, die einen Bezug zum Centre Pompidou in Paris haben, ob sie dort arbeiten, oder forschen und lernen, Kunst produzieren oder in seinem Schatten leben. Ihnen gegenüber stehen auf einer leeren Seite die Bildtitel des deutschen Fotografen August Sander aus einer anderen Welt. Vor über hundert Jahren wollte er in seinen Typologien das Antlitz der Zeit*, die* Menschen des 20. Jahrhunderts *festhalten. Das Ensemble ist es eine Versuchsanordnung, ein Spiel aus alter Funktion und heutigem Bild. Die Gemeinsamkeiten und Unterschiede spiegeln gesellschaftliche Prozesse wider und formen das kollektive Porträt einer kulturellen Institution unserer Zeit.*

The following portrait pictures were shot between September 2022 and January 2024 and show people with a connection to the Centre Pompidou in Paris: some of them work there or study and do research, while others produce art or live in its shadow. Their photos are placed opposite blank pages bearing the titles of images by German photographer August Sander that introduce echoes from another world. Over a century ago, Sander set out to make a record of human types in a bid to capture the *Face of the Time* and portray the *People of the 20th Century*. The layout is an experiment, exploring the interplay of a role from the past with an image from today. The similarities and differences reflect social processes, giving rise to a collective portrait of a cultural institution of our time.

Straßenmusiker
[Musicien de rue / Street Musician]
1928

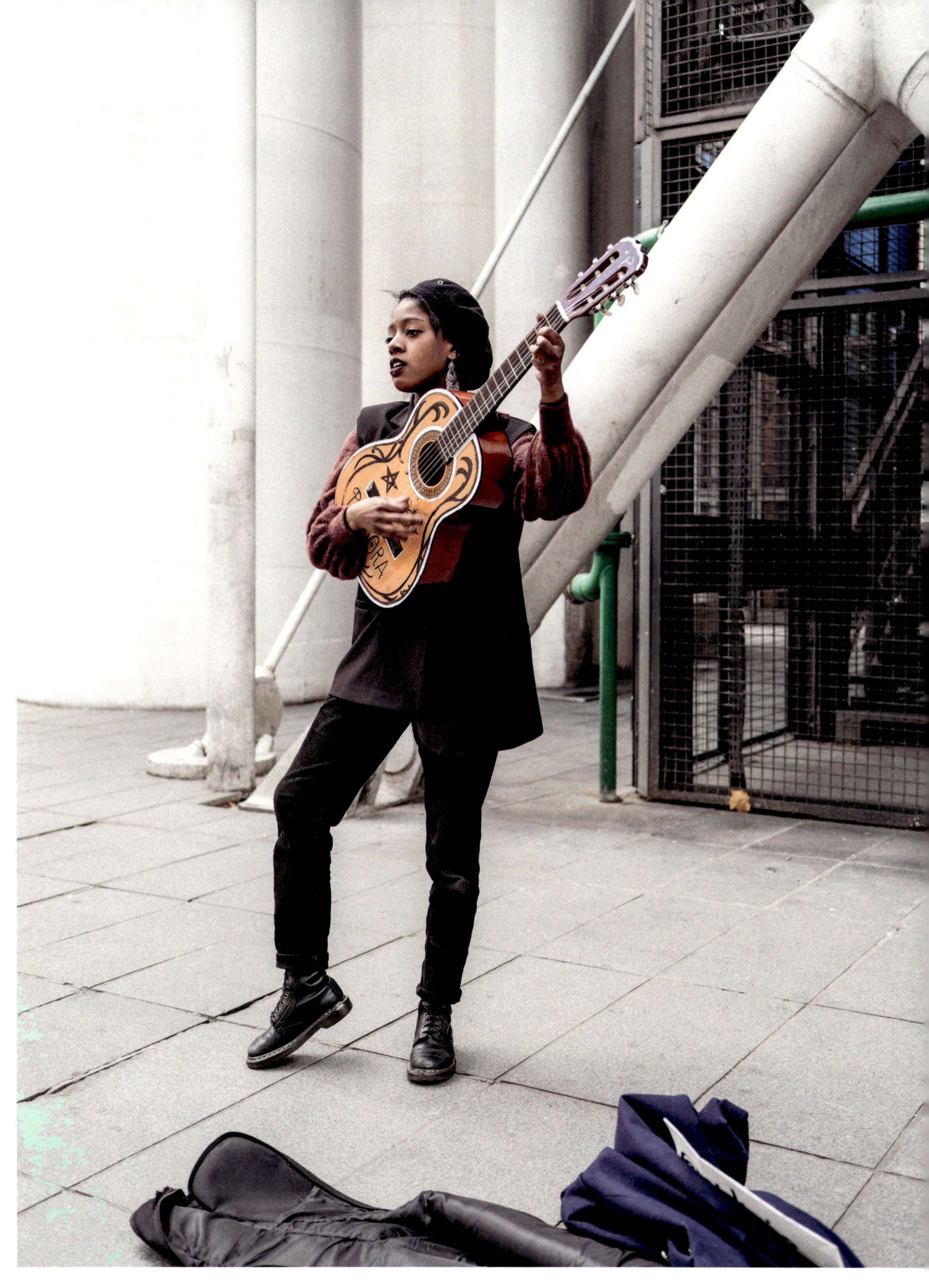

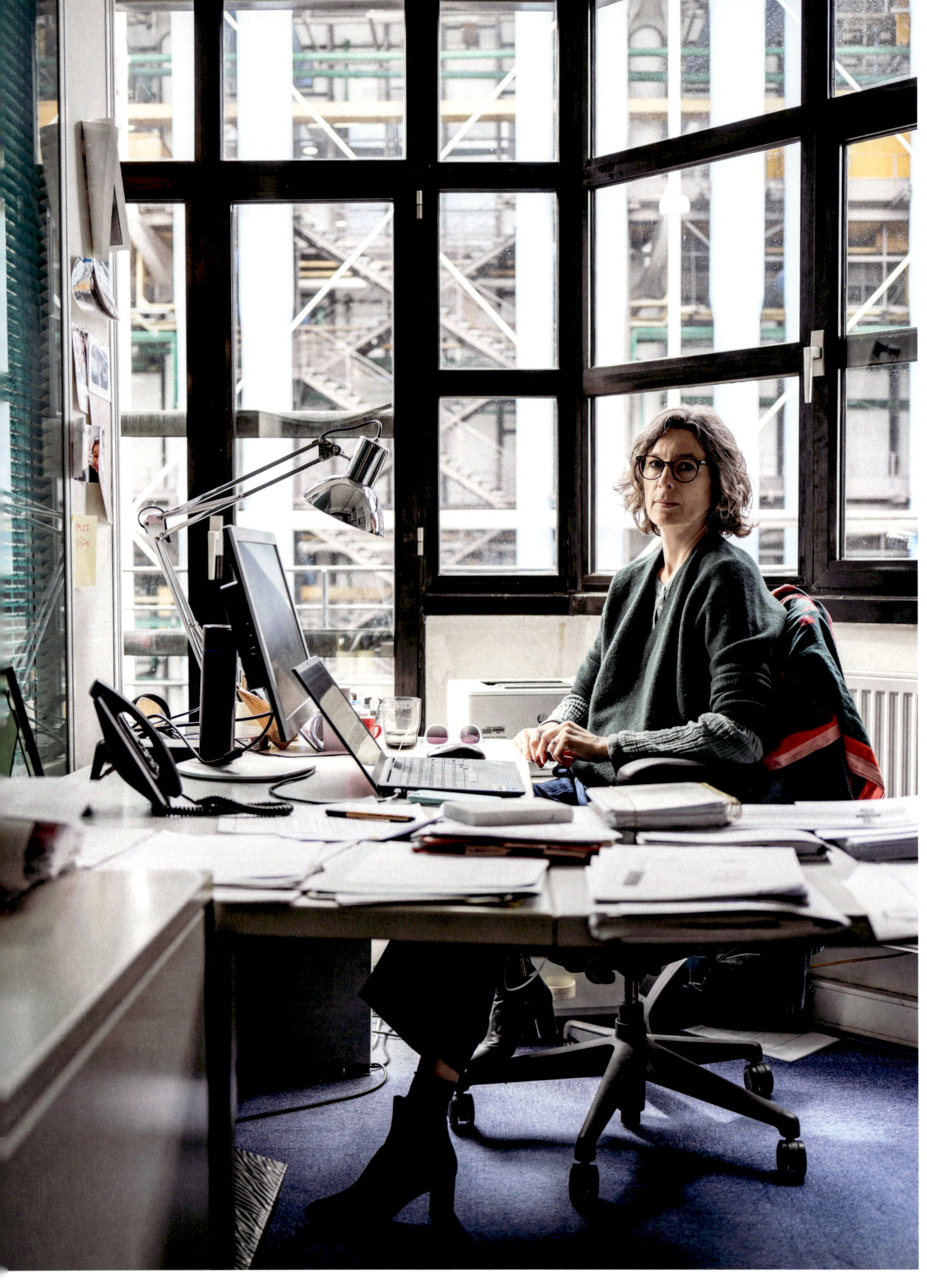

Kontoristin

[Employée de bureau / Office Worker]

ca. 1928

Zöllner
[Douaniers / Customs Officers]
1926

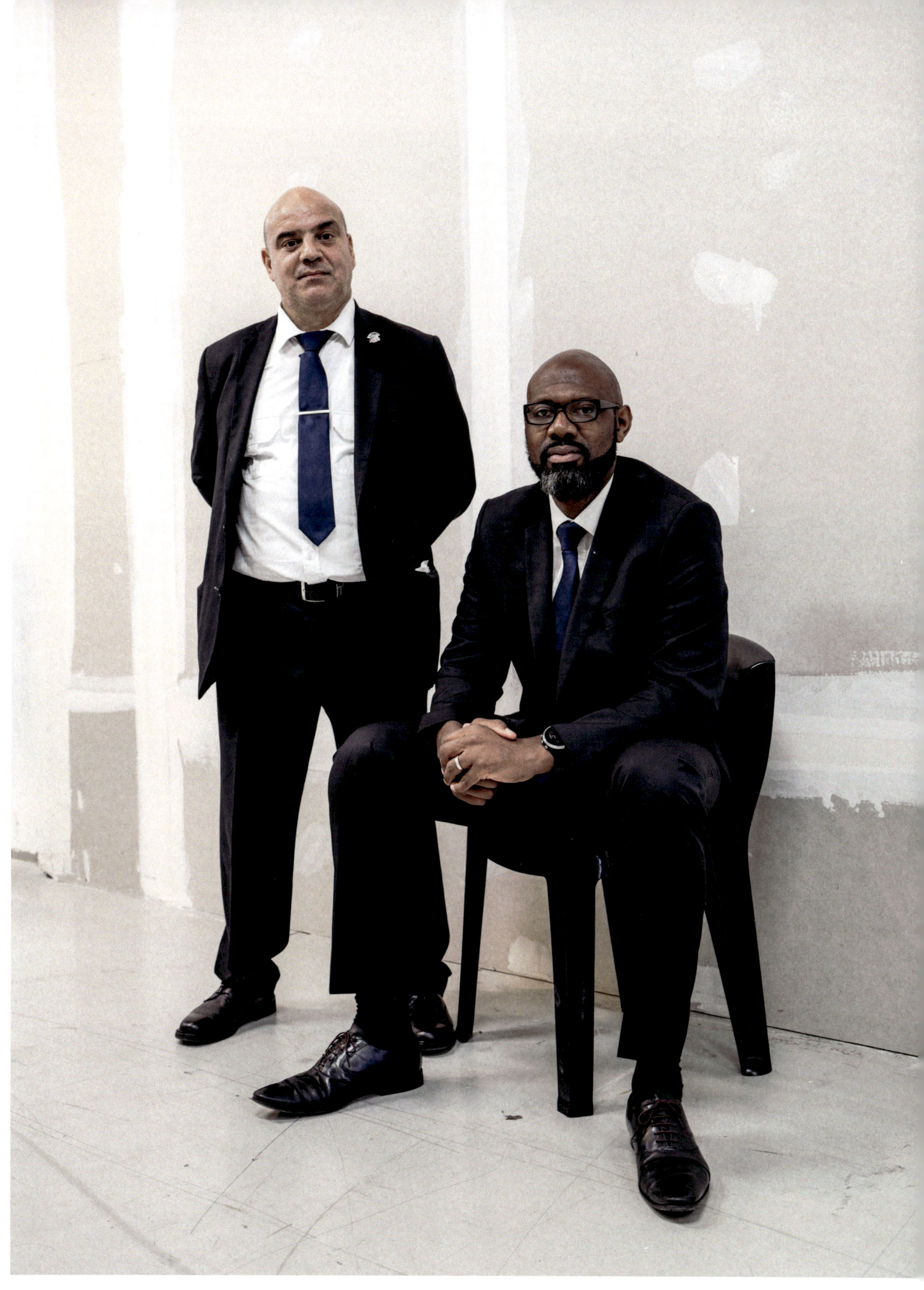

Firoud Dib, Rudy Fréchou-Mondésir 3

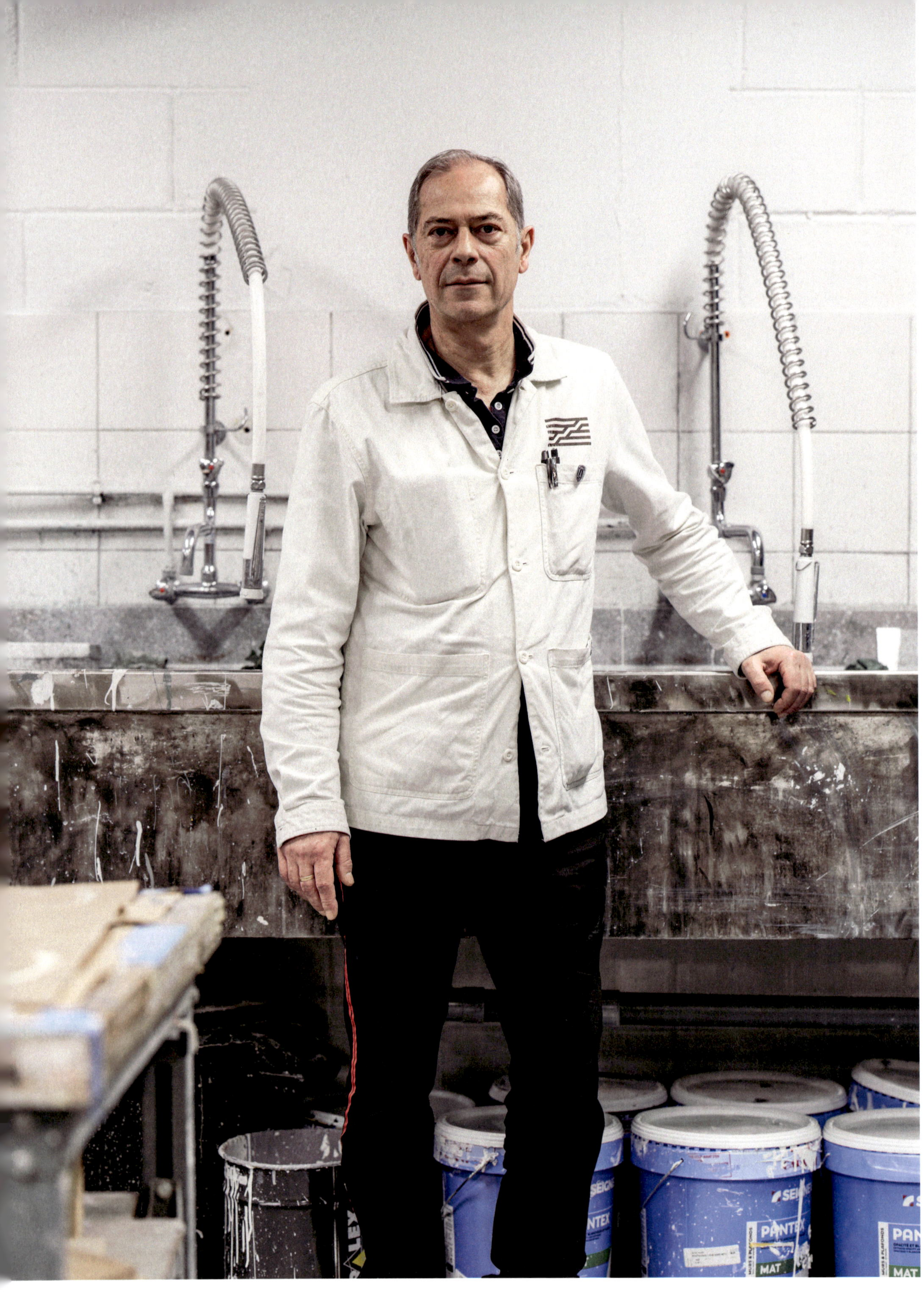

    Philippe Stricher

Lackarbeiter
[Vernisseur / Varnisher]
ca. 1930

Frau eines Architekten
[Femme d'un architecte / Architect's Wife]
1926

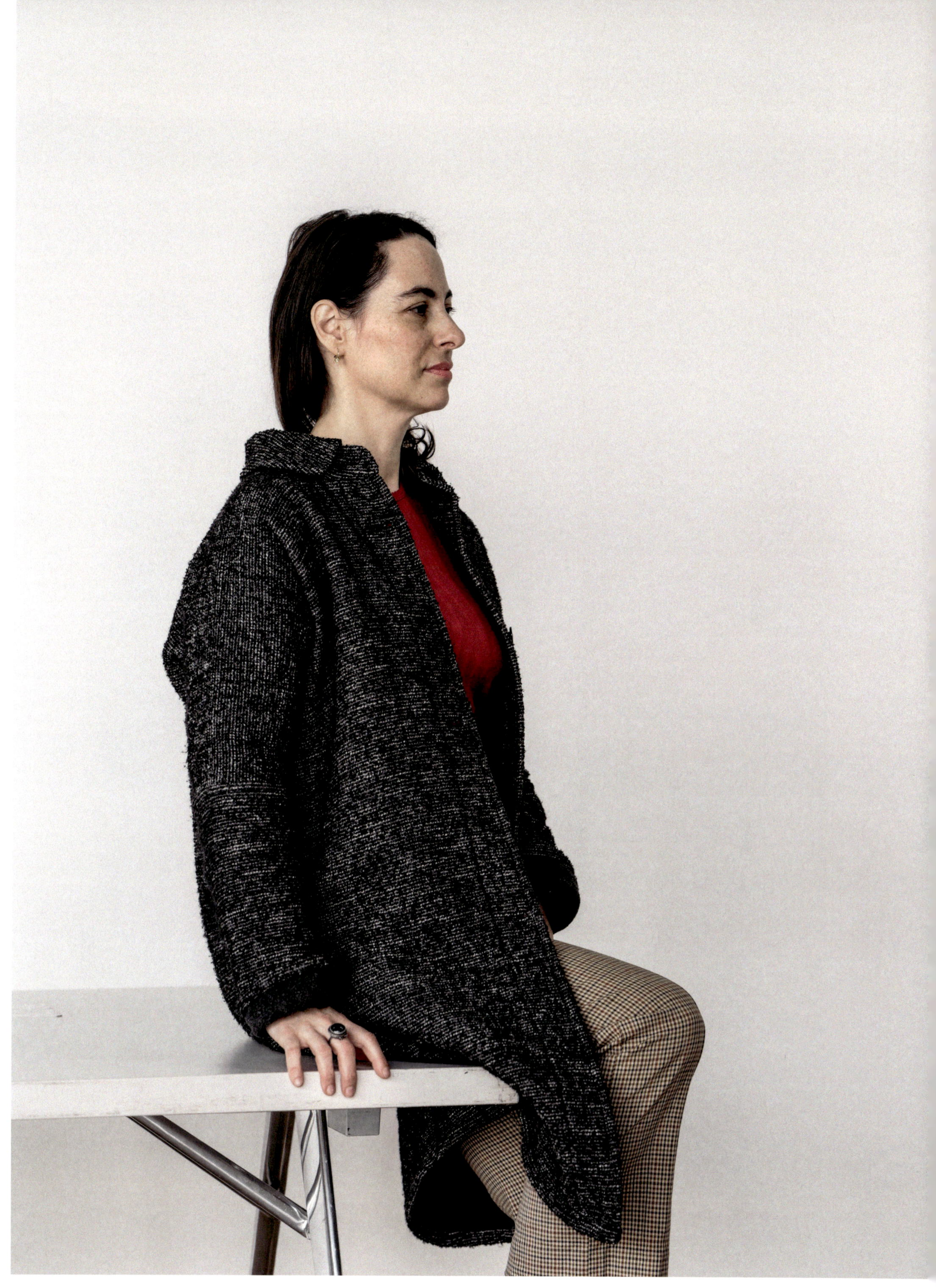

Julie Boidin   5

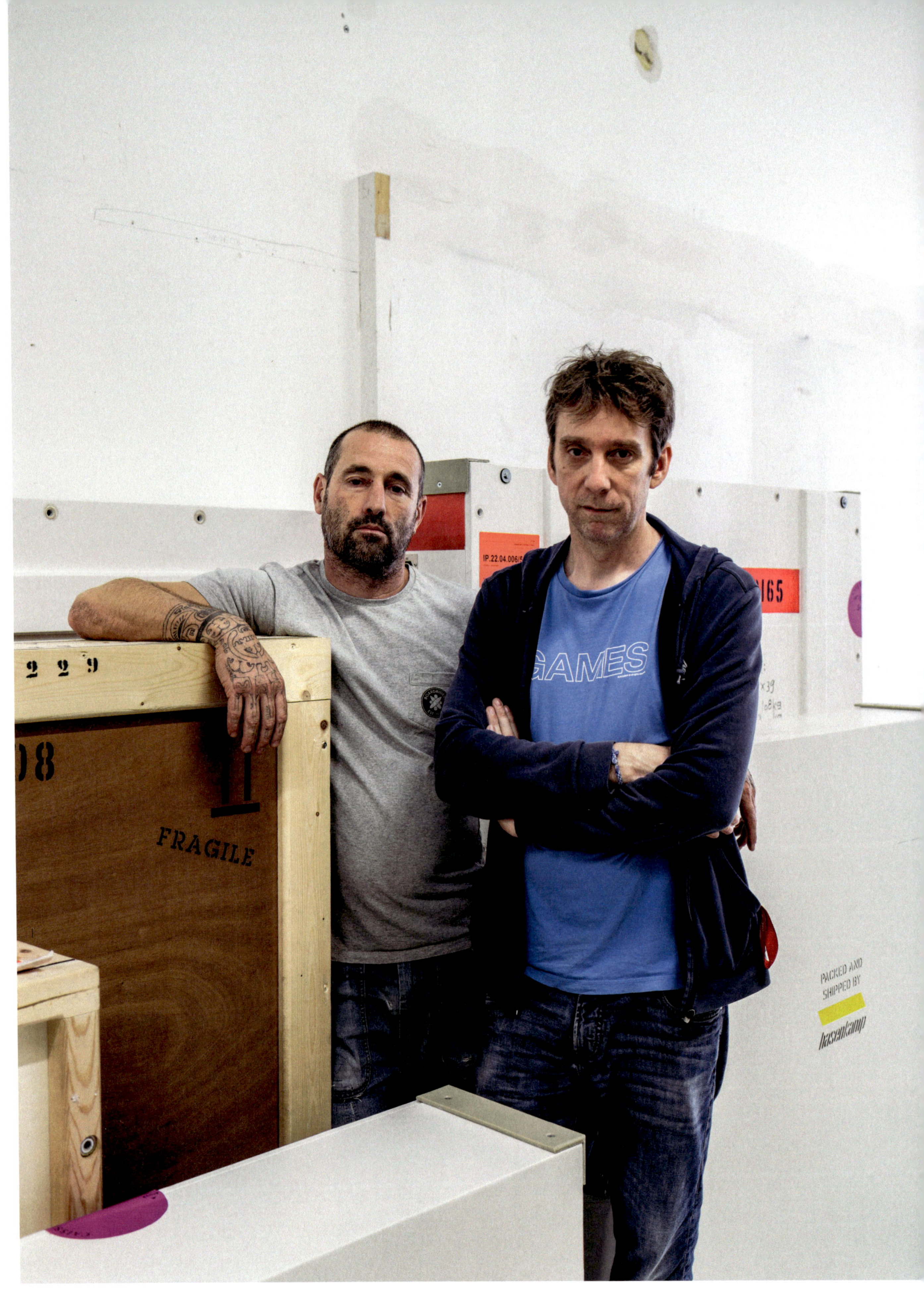

6   David Rouge, Jérémy Carrasco

Grobschmiede
[Forgerons | Blacksmiths]
1926

Arbeiterrat aus dem Ruhrgebiet
[Conseil ouvrier du bassin de la Ruhr / Workers' Council from the Ruhr]
1929

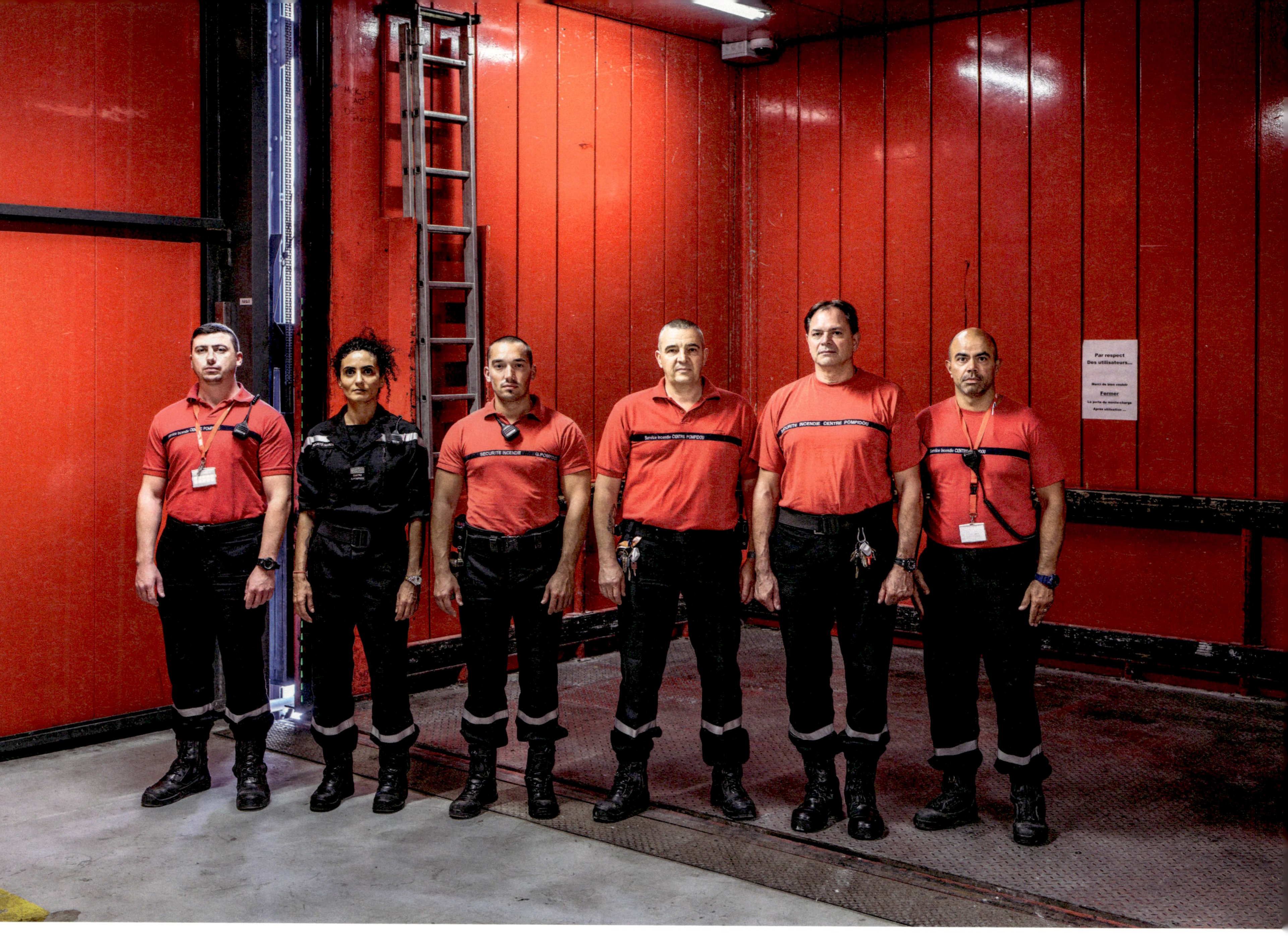

Steven Drezen, Amira Saïdi, Cédric Chouane, Sébastien Mallet, Jacques Creuzard, Christophe Forestier

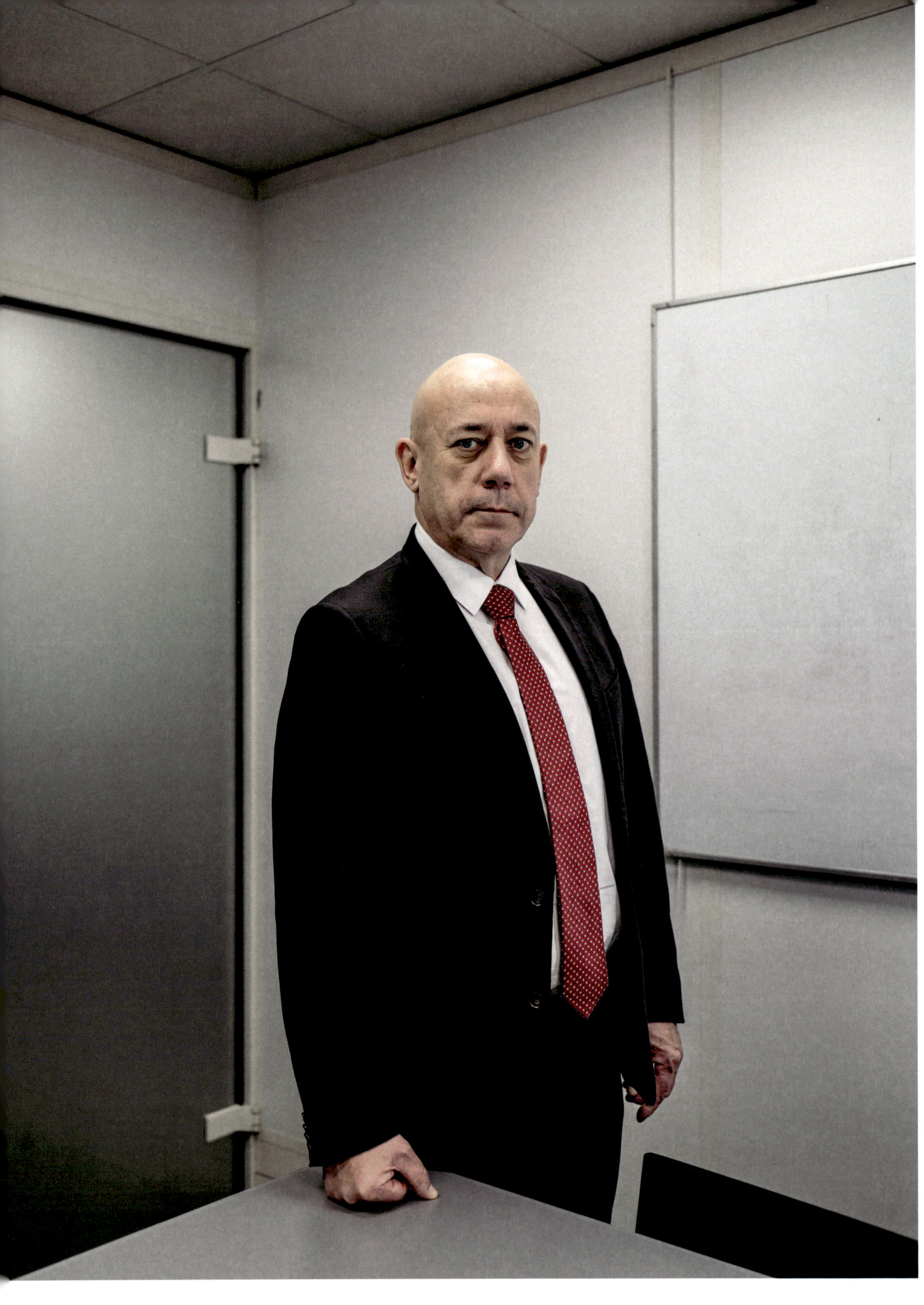

8   Patrice Petit

Oberst
[Colonel / Colonel]
ca. 1916

Leutnant
[Sous-Lieutenant / Second Lieutenant]
1911–1914

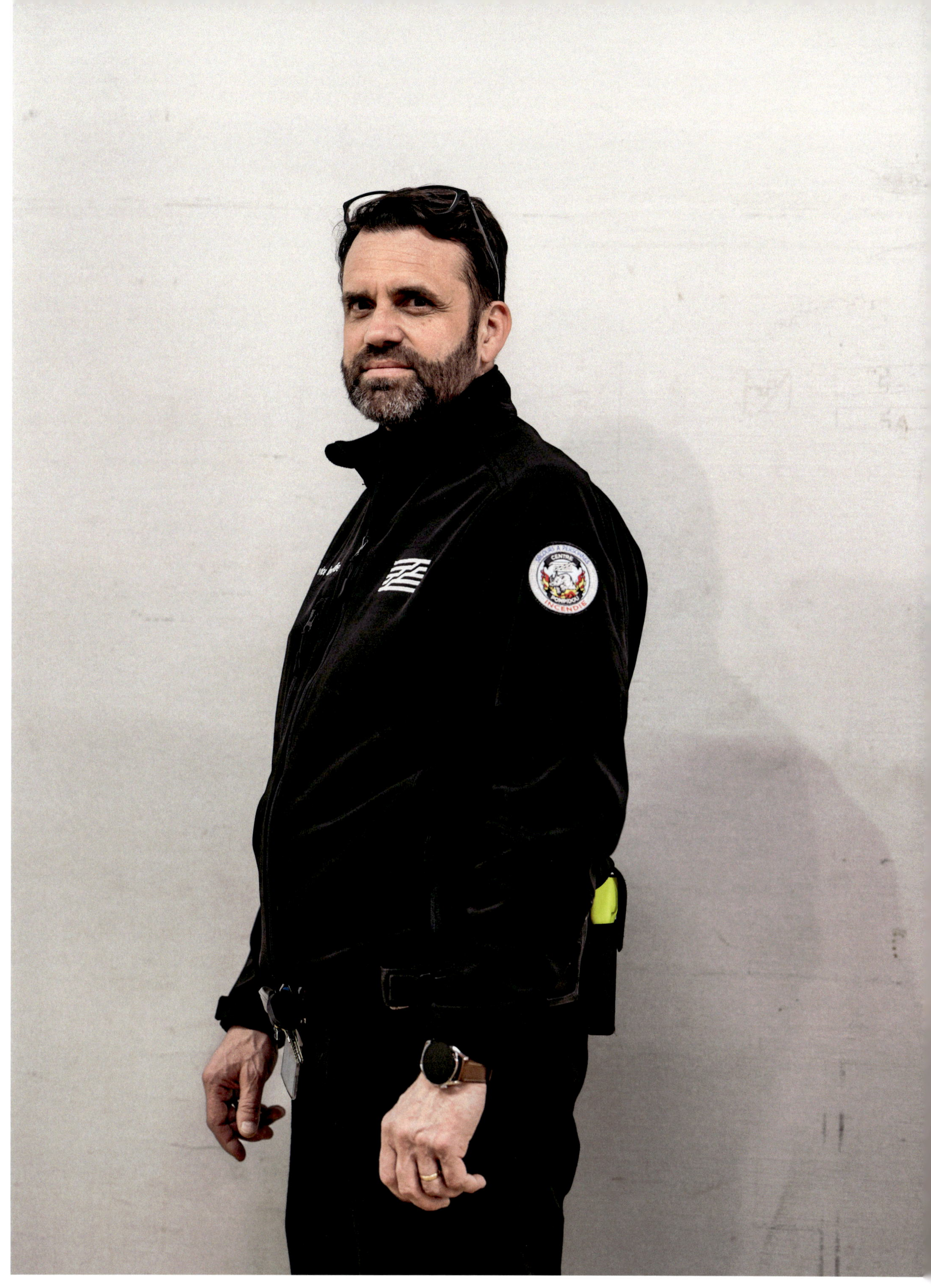

Laurent Jouanneau 9

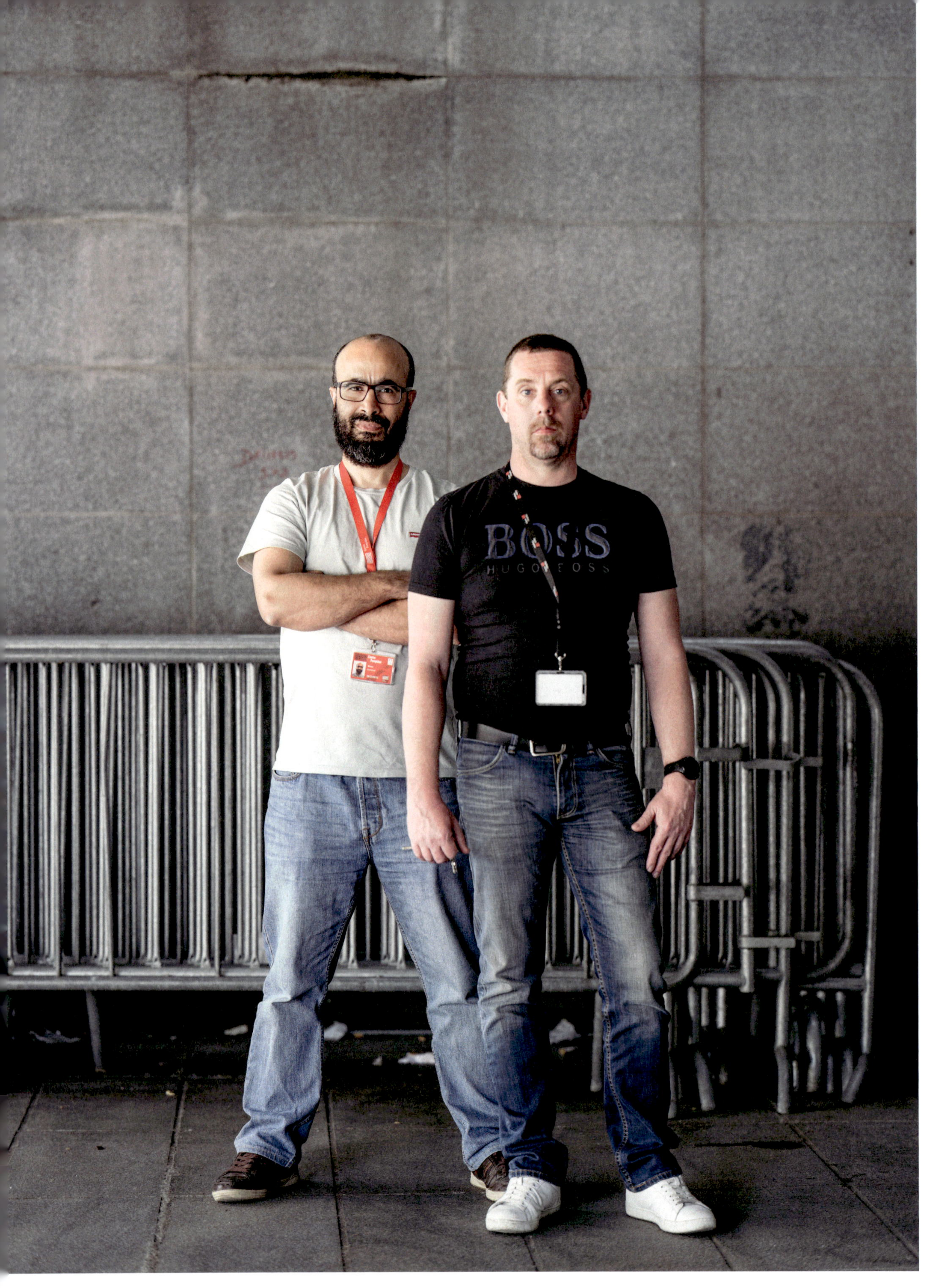

    Mohamed Kassi, Stéphane Mouton

Schlossermeister
[Maître serrurier / Master Locksmith]
1928

Immobilienmaklerin
[Agente immobilière / Real Estate Agent]
1924

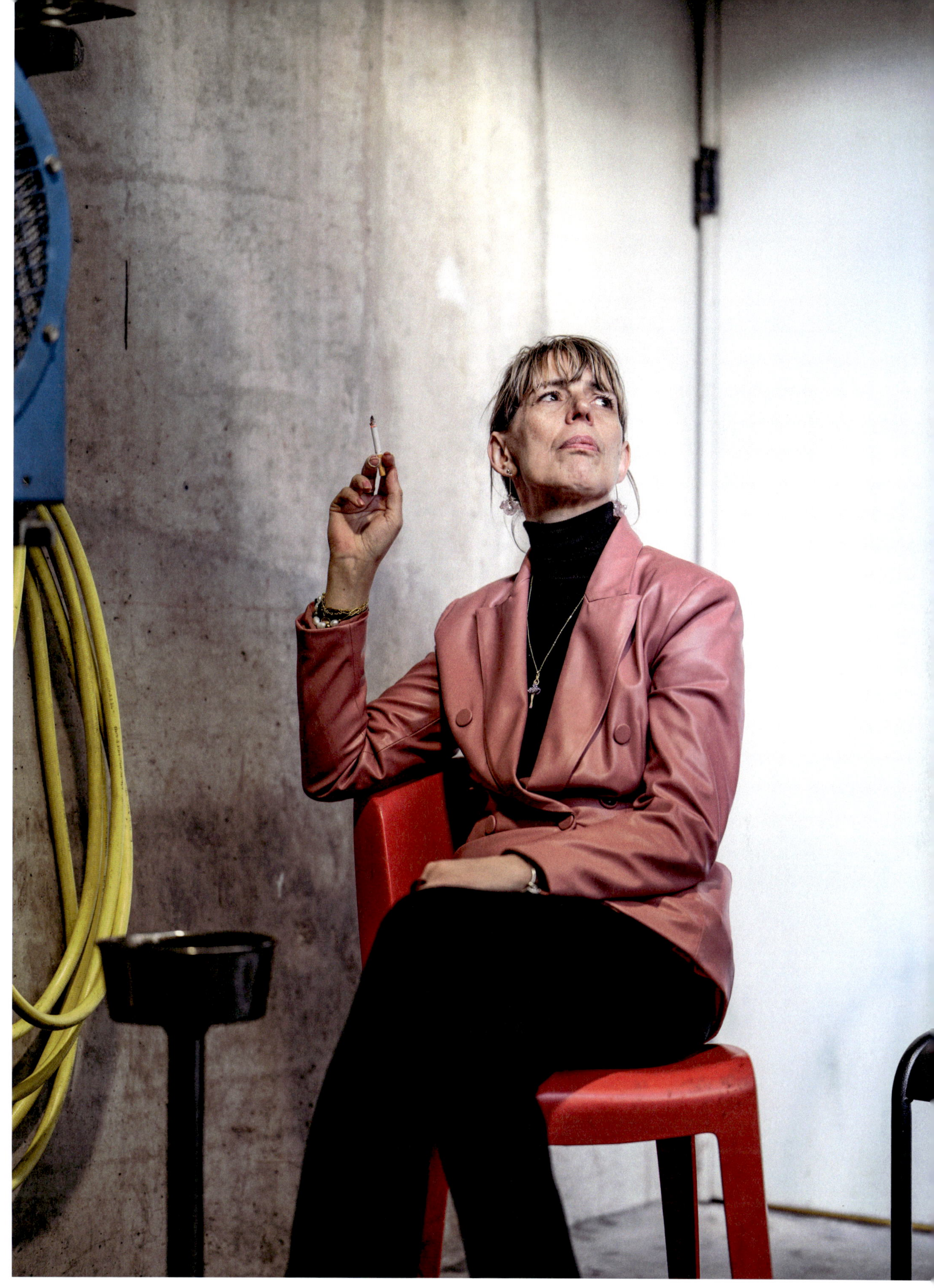

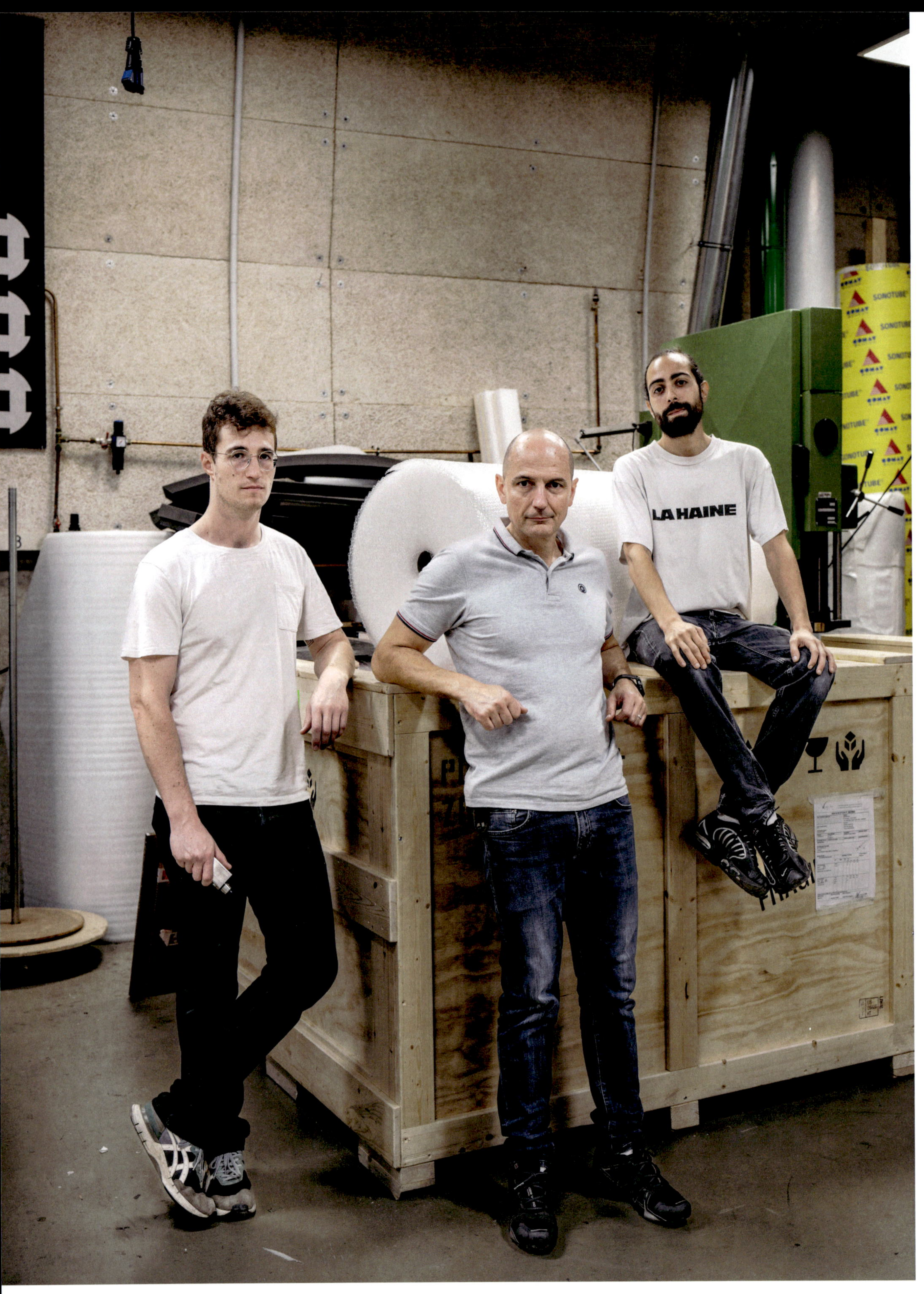

    Hugues Speller, Franck Buisson, Lucas Chol

Straßenarbeiter im Ruhrgebiet
[Canonniers dans le bassin de la Ruhr / Workmen in the Ruhr]
ca. 1928

Jungbauern
[Jeunes paysans / Young Farmers]
1914

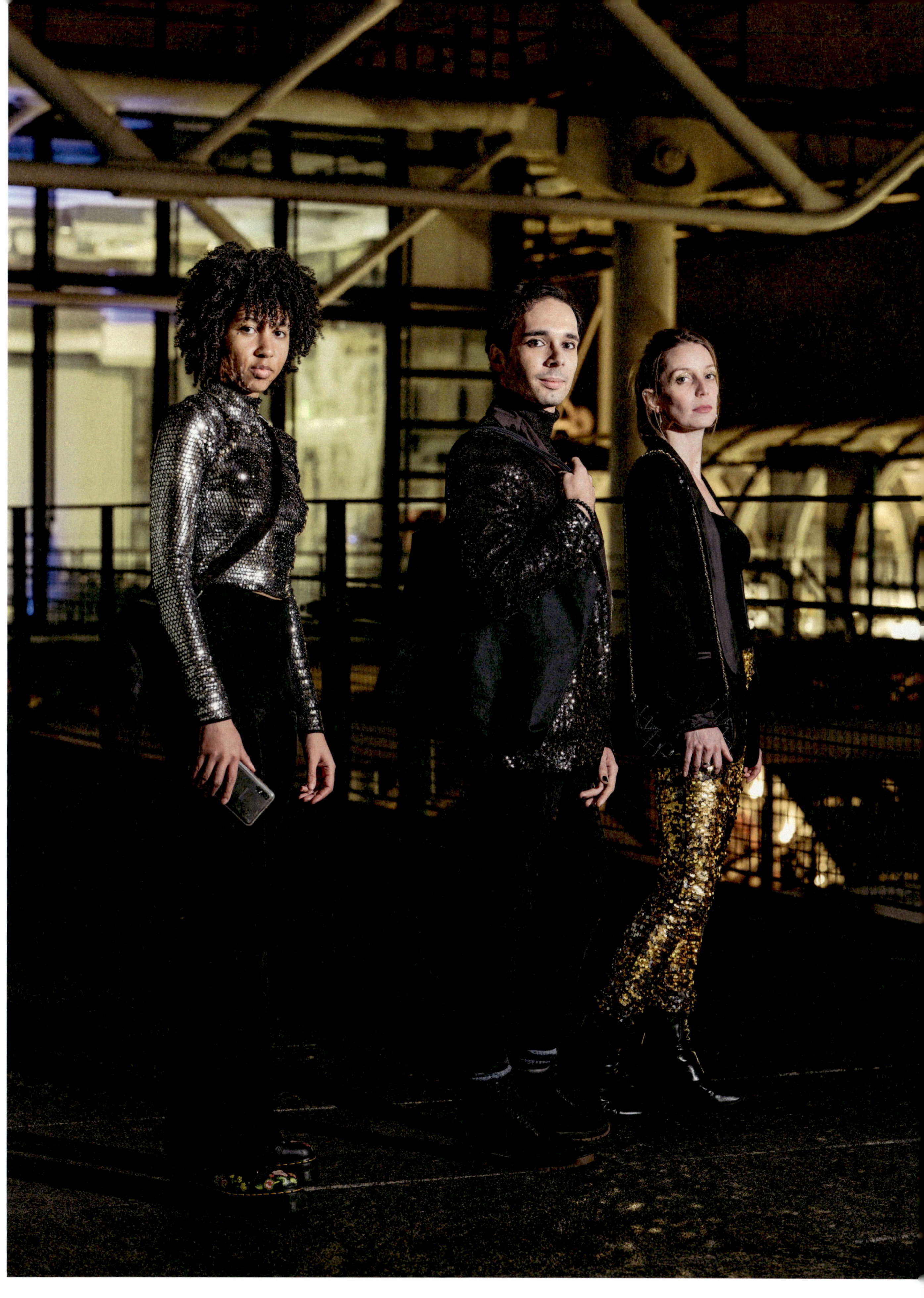

Noémie Goké Lessoua, Vincent Martos, Aliénor Philbert 13

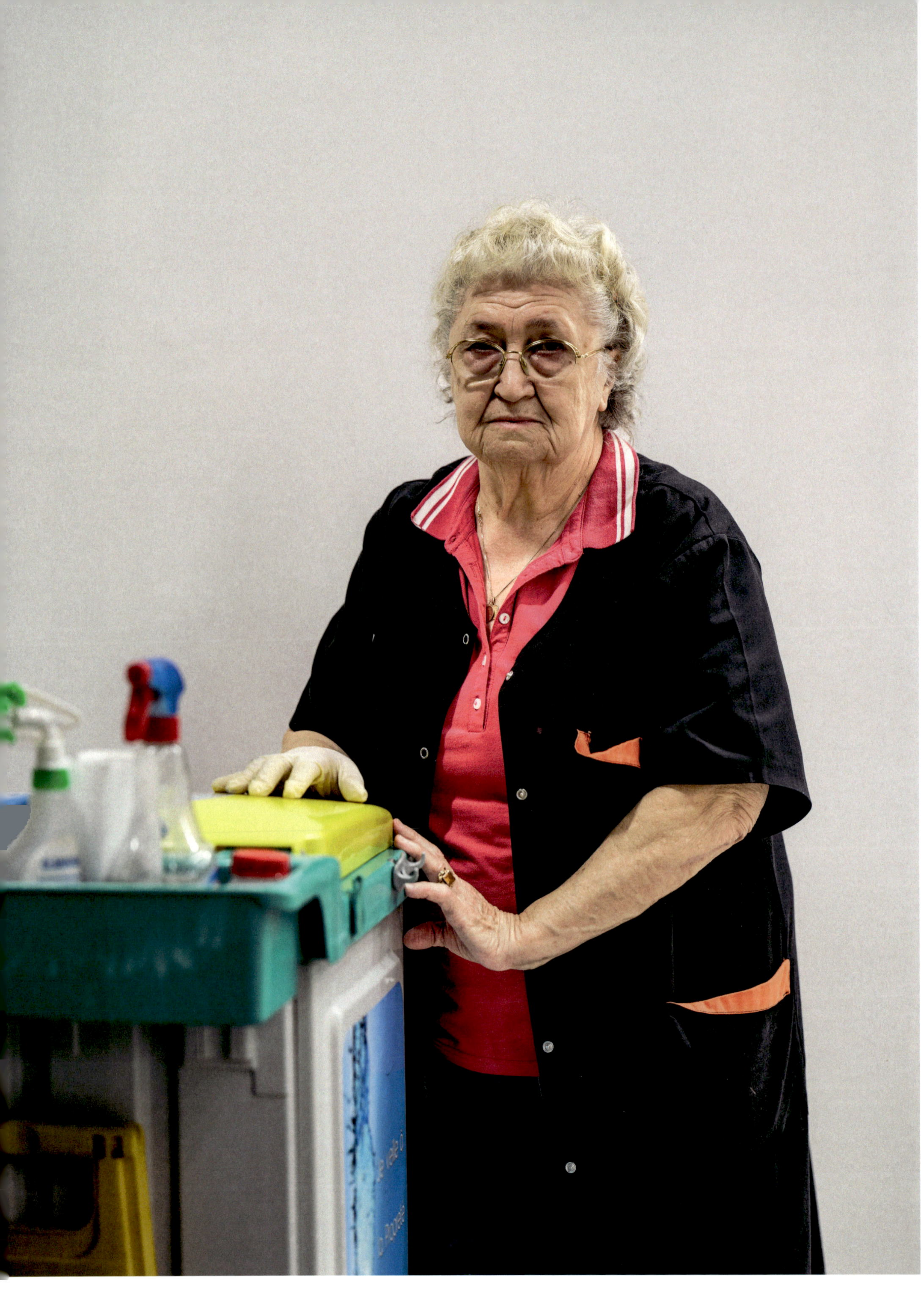

    Melanija Maričić

Putzfrau
[Femme de ménage / Cleaning Woman]
1928

Bildhauer
[Sculpteur / Sculptor]
1923/1928

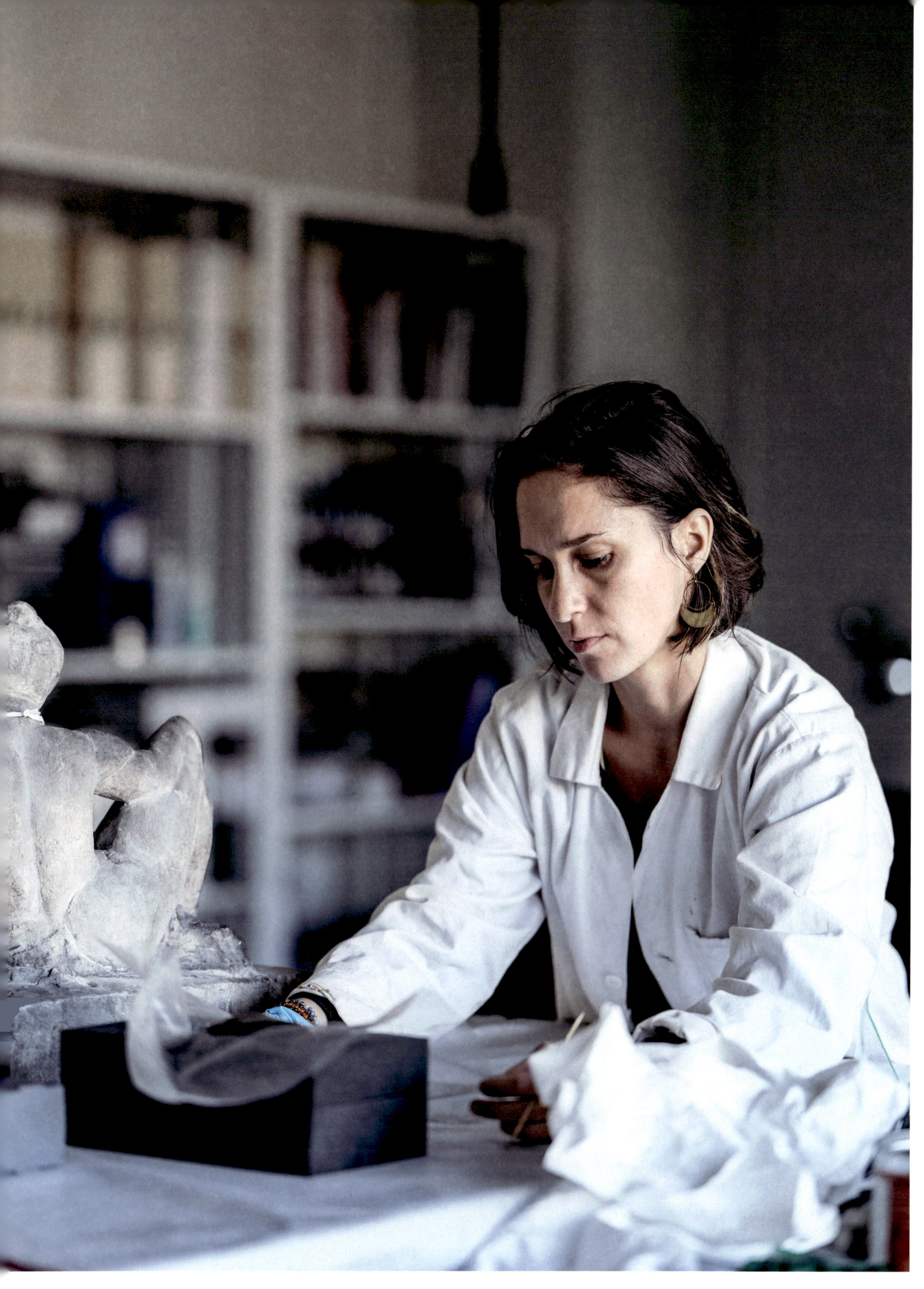

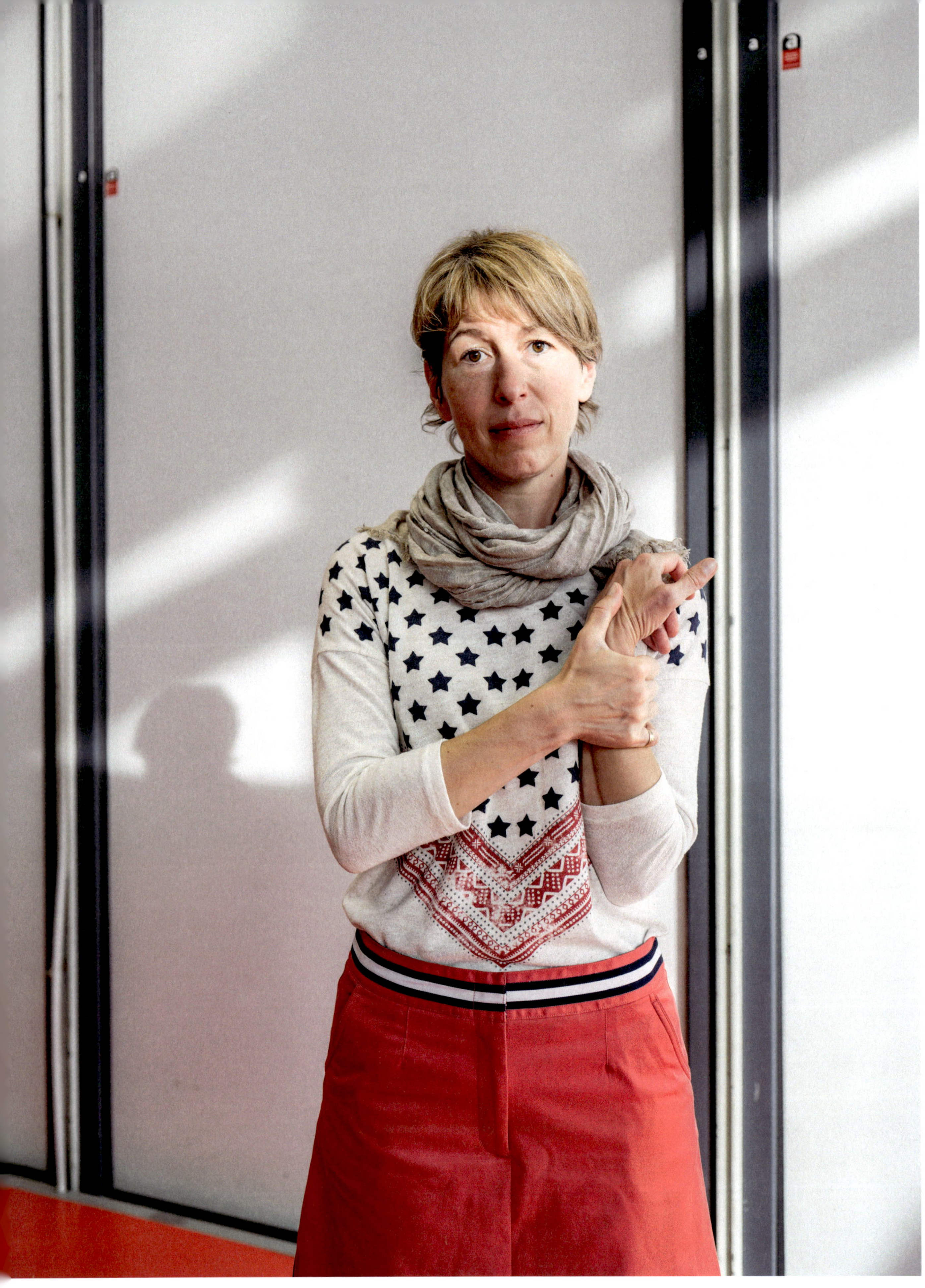

 Natasha Milovzorova

Studie eines Russen
[Étude d'un russe / Study of a Russian]
1925–1930

Polizeibeamter. Der Herr Wachtmeister
[Monsieur l'agent de police / Police Officer]
1925

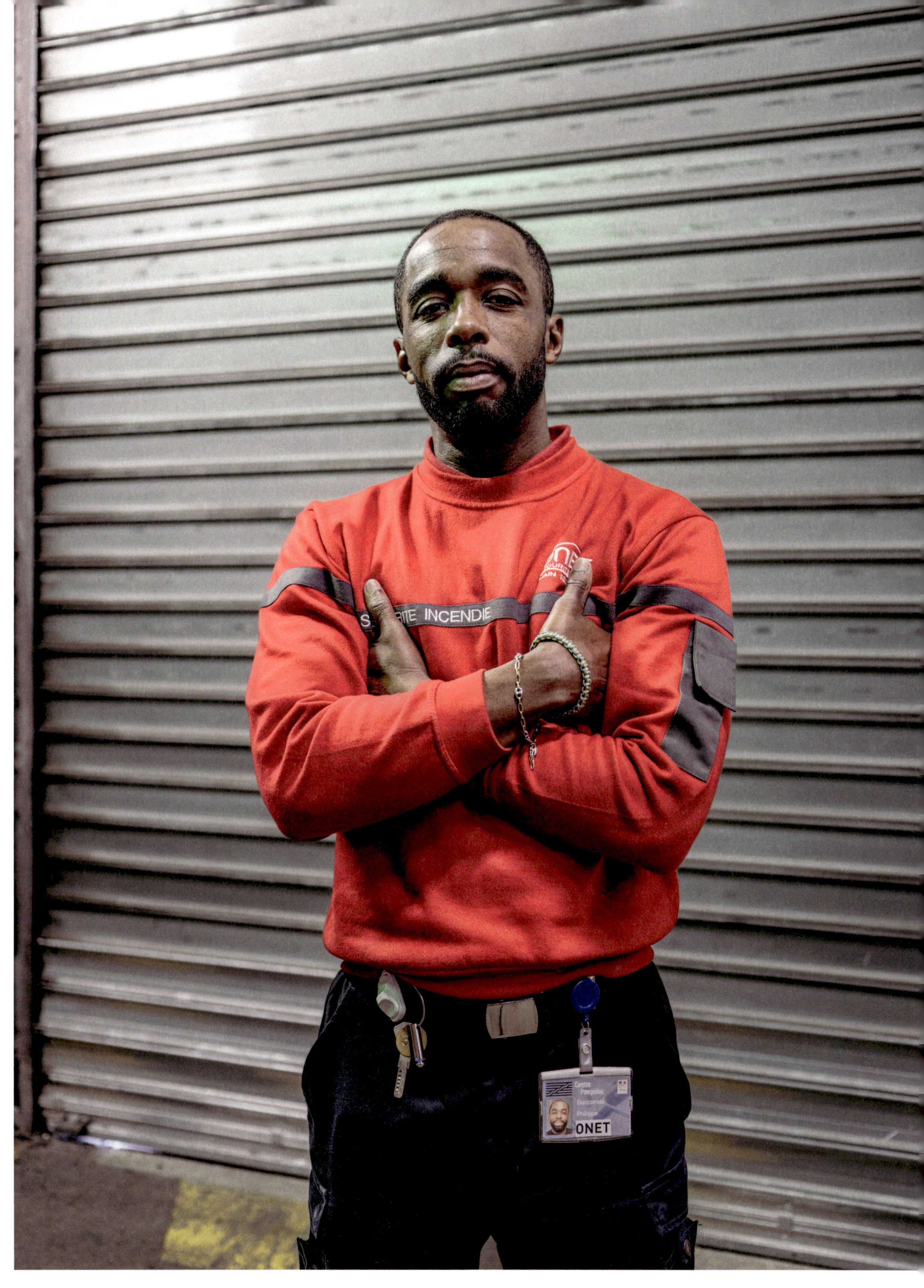

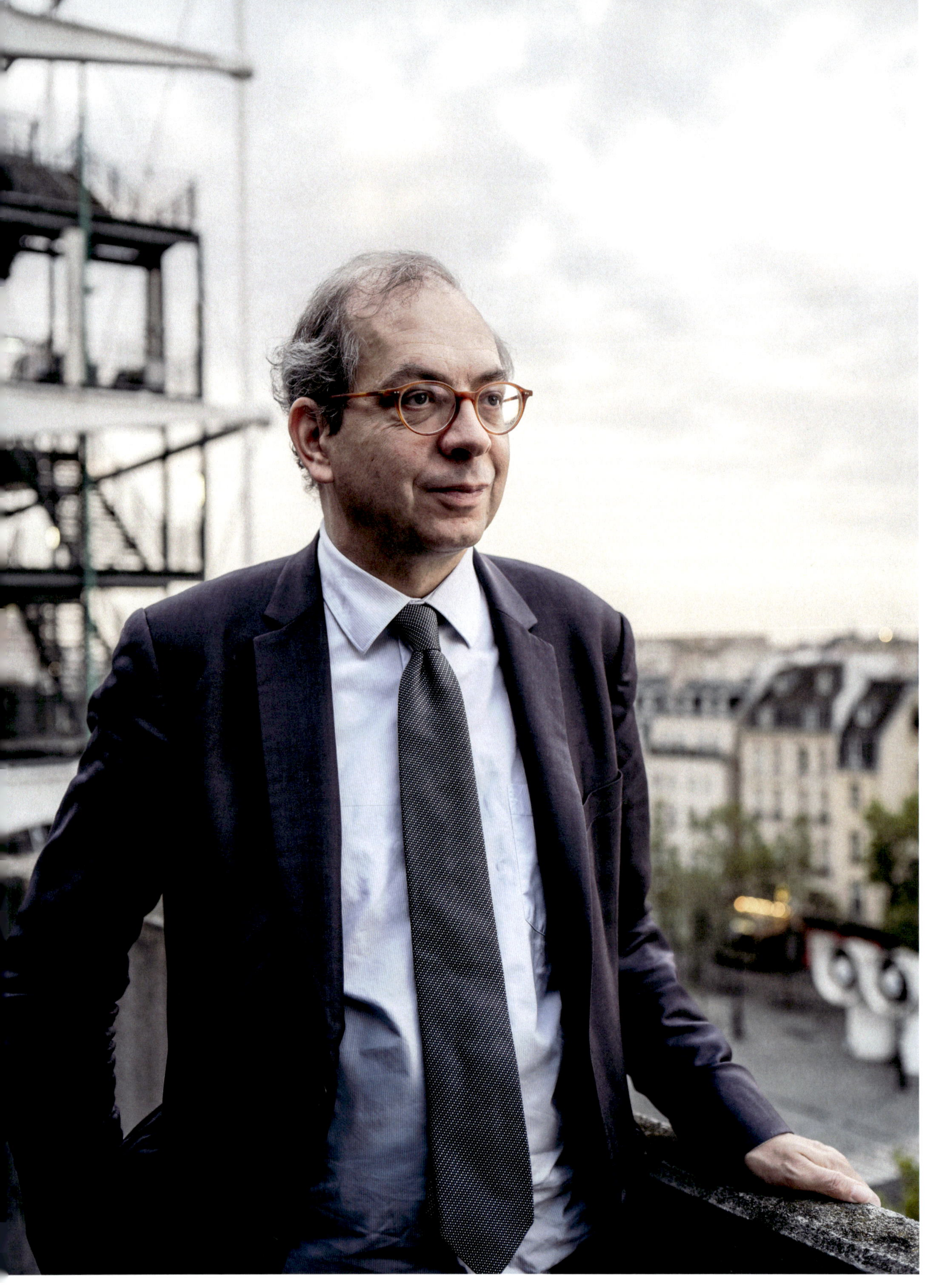

    Laurent Le Bon

Der Fabrikant
[Le fabricant / The Manufacturer]
1914

Chauffeur
[Le chauffeur / The Chauffeur]
1929

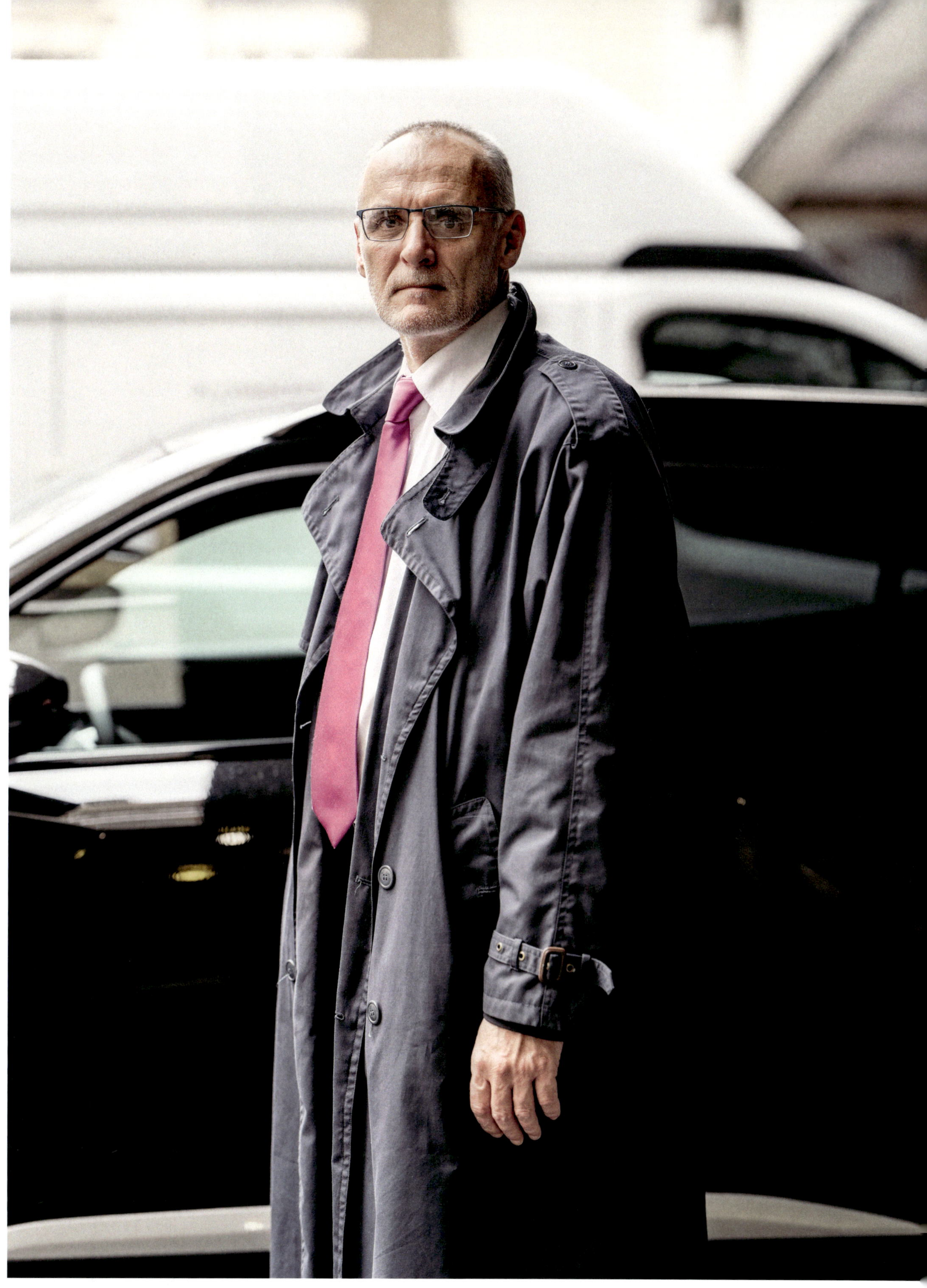

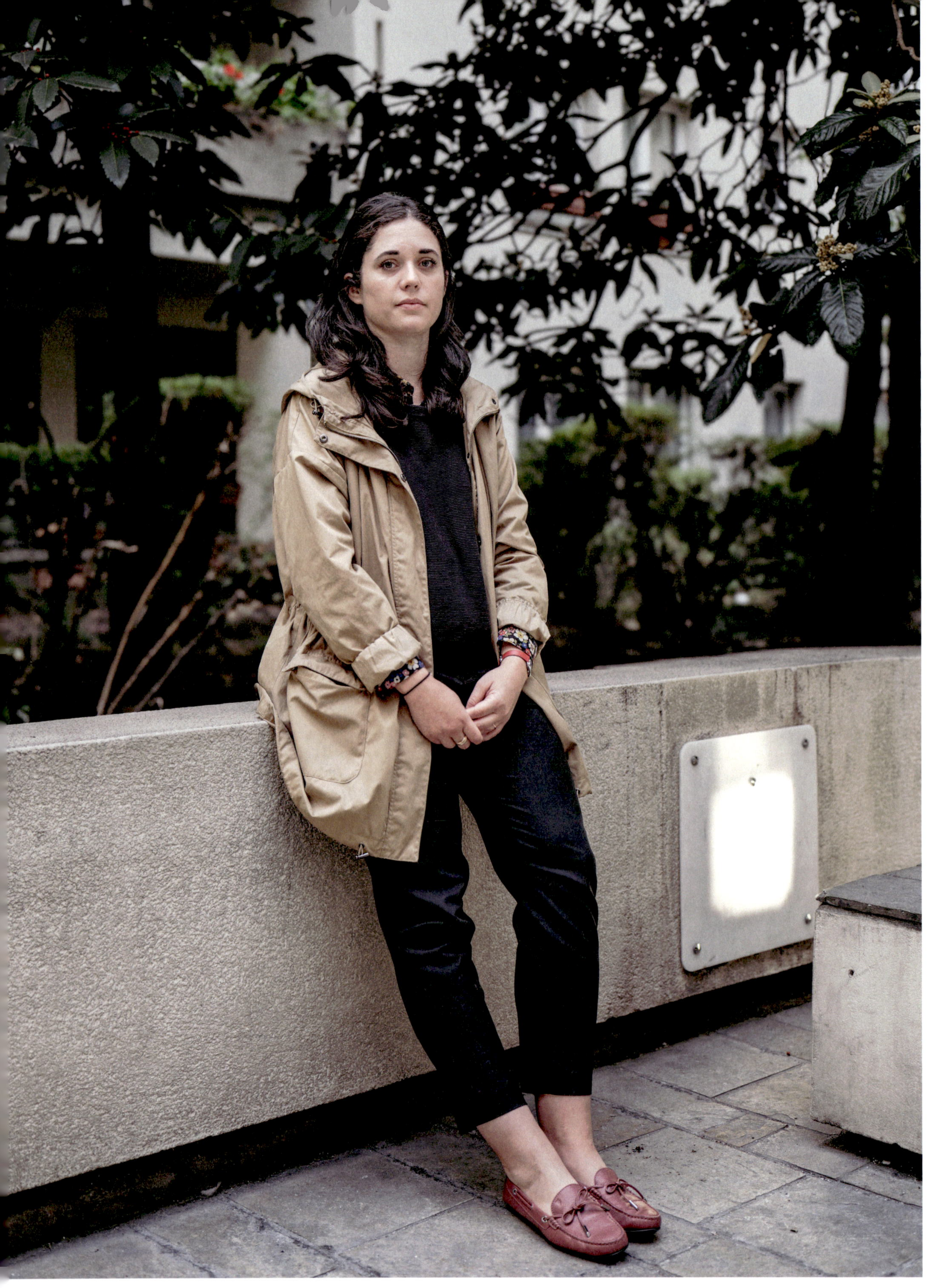

    Jessica Watson

Junge Frau
[Jeune femme / Young Woman]
1929

Arbeiter an der Maschine
[Ouvrier à la machine | Machine Operator]
1926

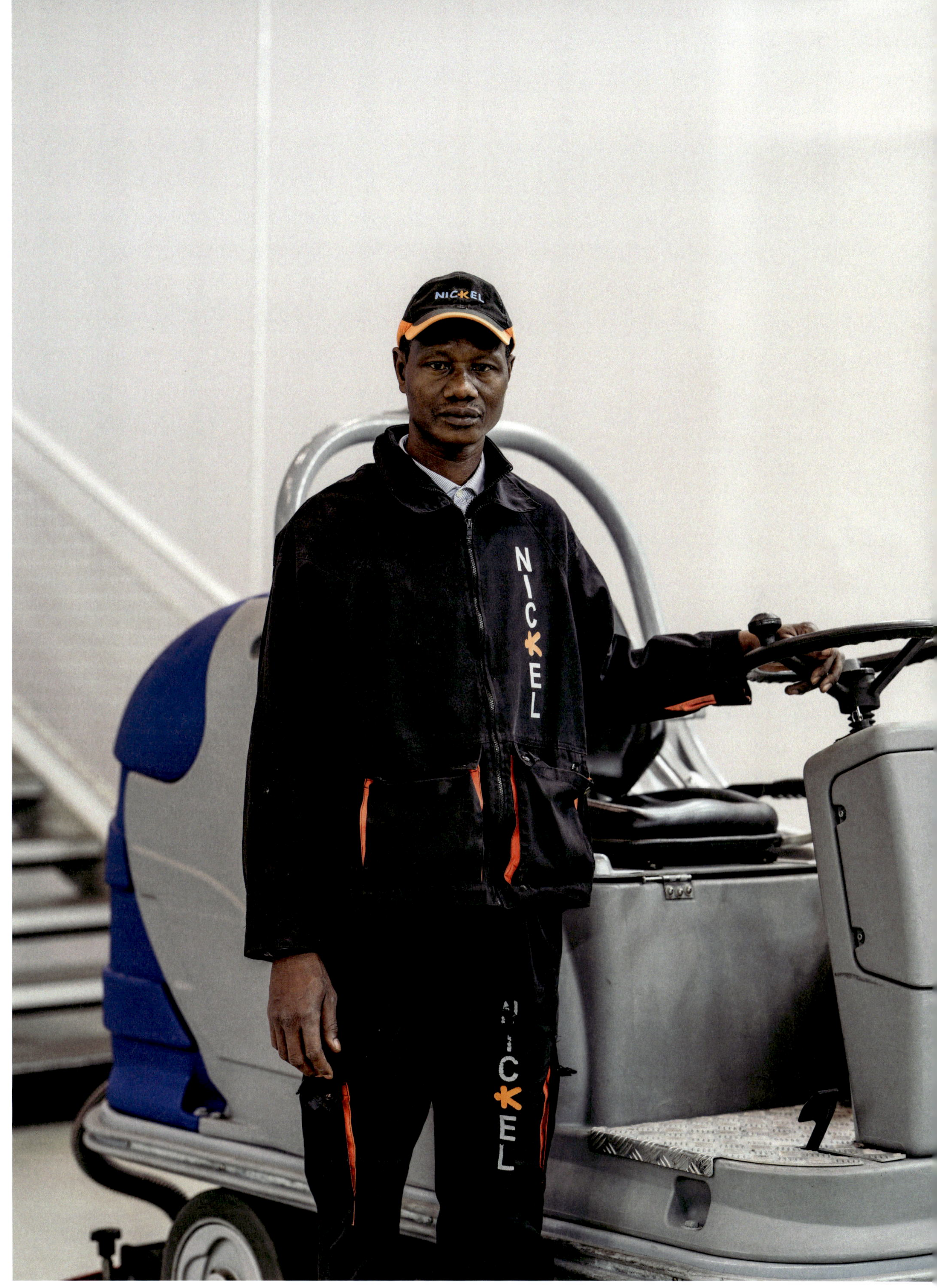

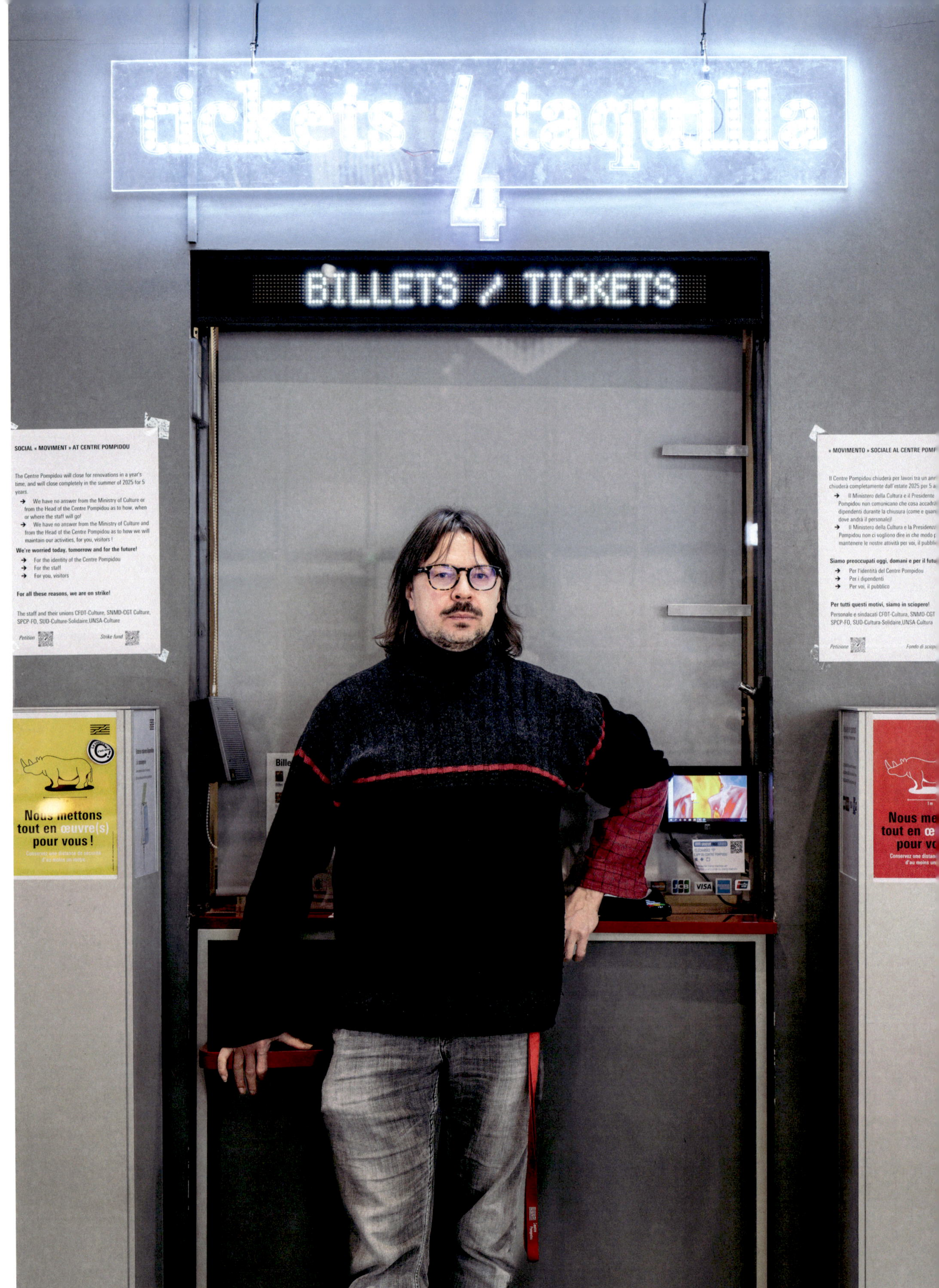

tickets / taquilla
4
BILLETS / TICKETS

SOCIAL « MOVIMENT » AT CENTRE POMPIDOU

The Centre Pompidou will close for renovations in a year's time, and will close completely in the summer of 2025 for 5 years.
→ We have no answer from the Ministry of Culture or from the Head of the Centre Pompidou as to how, when or where the staff will go!
→ We have no answer from the Ministry of Culture and from the Head of the Centre Pompidou as to how we will maintain our activities, for you, visitors !
We're worried today, tomorrow and for the future!
→ For the identity of the Centre Pompidou
→ For the staff
→ For you, visitors

For all these reasons, we are on strike!

The staff and their unions CFDT-Culture, SNMD-CGT Culture, SPCP-FO, SUD-Culture-Solidaire, UNSA-Culture

Petition   Strike fund

« MOVIMENTO » SOCIALE AL CENTRE POMP

Il Centre Pompidou chiuderà per lavori tra un ann chiuderà completamente dall'estate 2025 per 5 a
→ Il Ministero della Cultura e il Presidente Pompidou non comunicano che cosa accadrà dipendenti durante la chiusura (come e quan dove andrà il personale)!
→ Il Ministero della Cultura e la Presidenz Pompidou non ci vogliono dire in che modo p mantenere le nostre attività per voi, il pubbli

Siamo preoccupati oggi, domani e per il futu
→ Per l'identità del Centre Pompidou
→ Per i dipendenti
→ Per voi, il pubblico

Per tutti questi motivi, siamo in sciopero!
Personale e sindacati CFDT-Cultura, SNMD-CGT SPCP-FO, SUD-Cultura-Solidaire, UNSA-Cultura

Petizione   Fondo di sciop

Nous mettons tout en œuvre(s) pour vous !
Nous me tout en œ pour vo
VISA

Arbeiterschriftsteller
[Écrivain-ouvrier / Working-Class Writer]
1928

Zirkusarbeiter
[Travailleurs du cirque / Circus Artists]
1926–1932

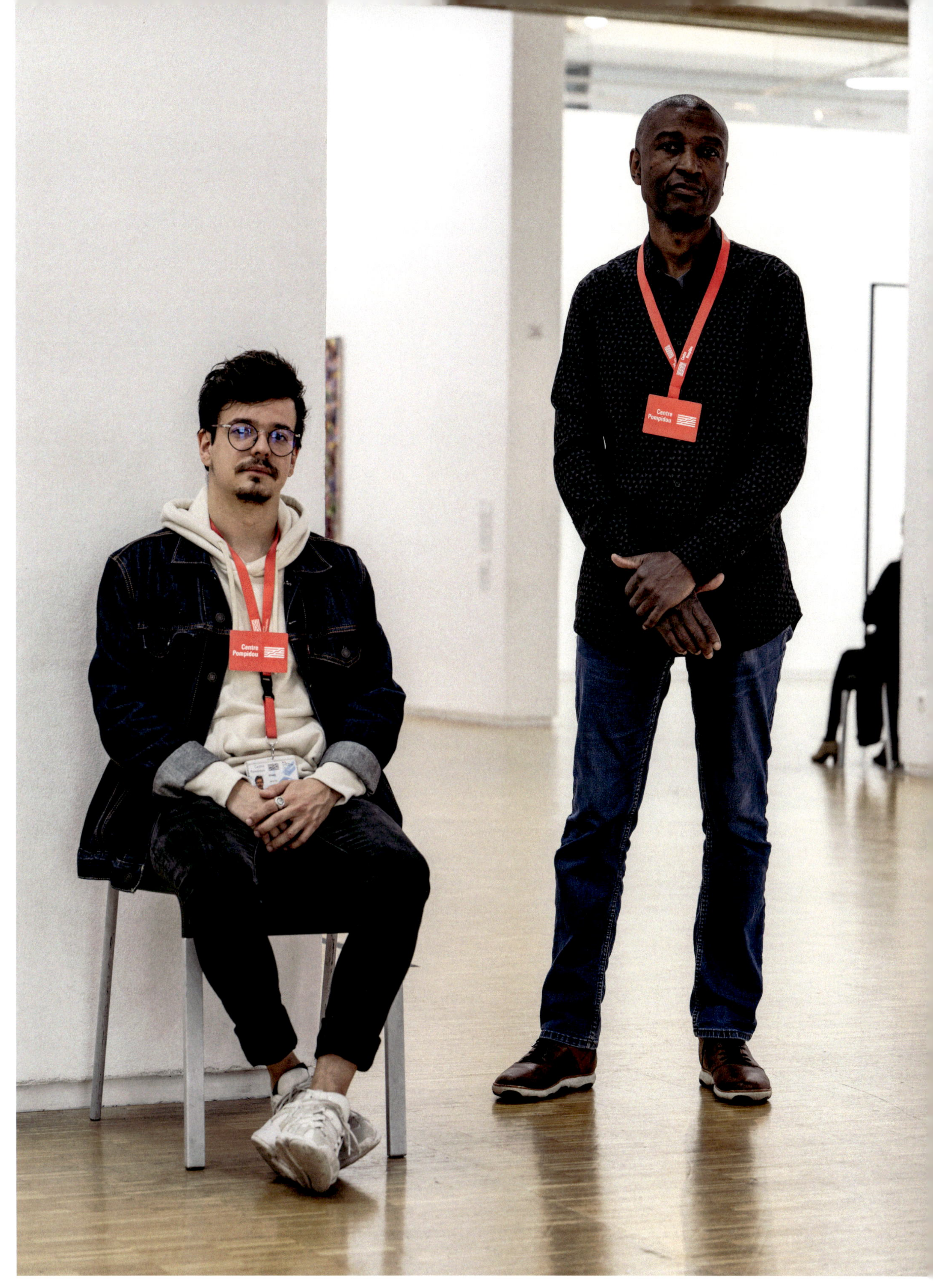

Jérémy Alves, Jean-Patient Lucenay 23

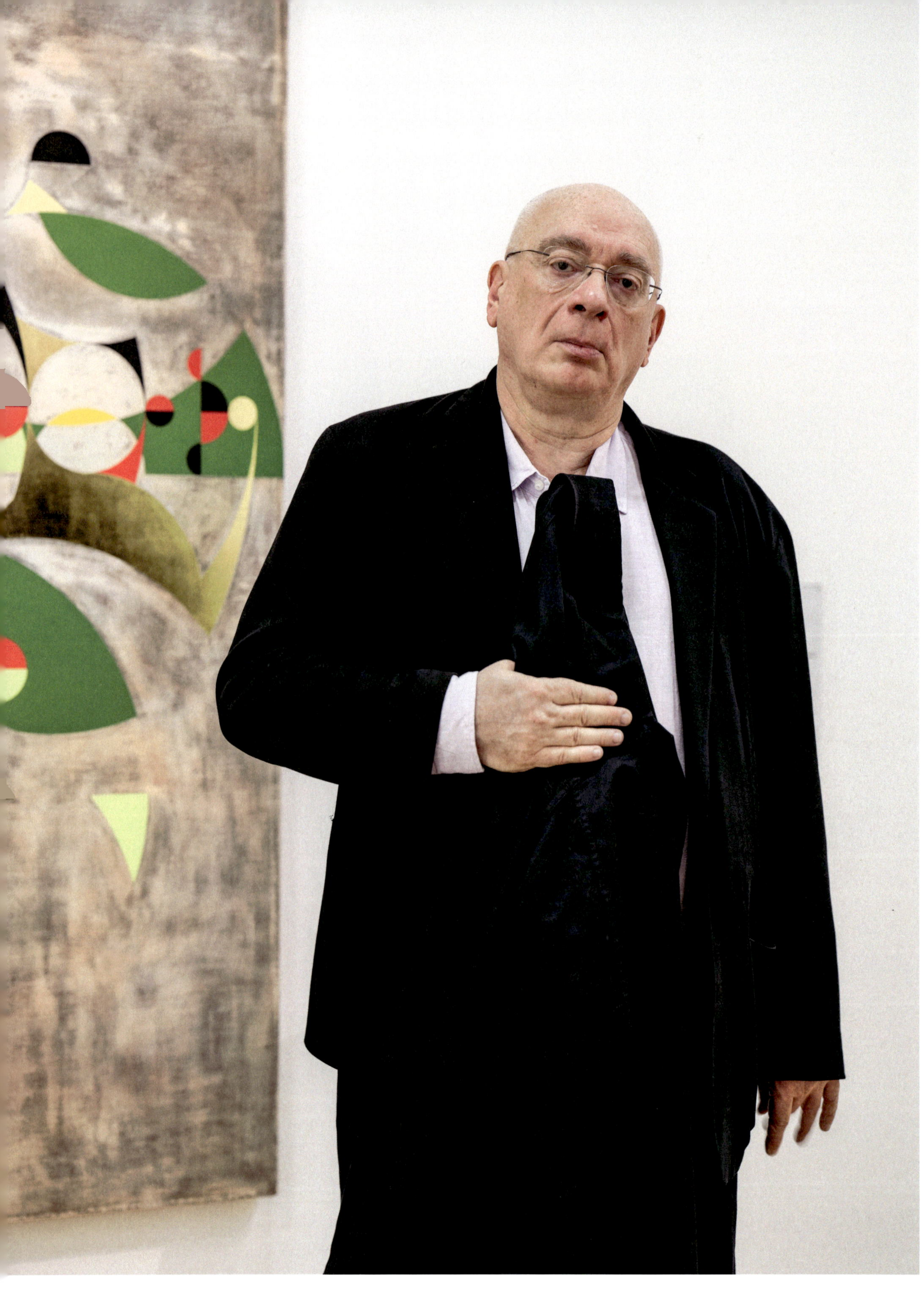

    Jean-Pierre Criqui

Kunstgelehrter
[Le connaisseur d'art / The Art Scholar]
1928

Bildhauerin
[Sculptrice / Sculptress]
1929

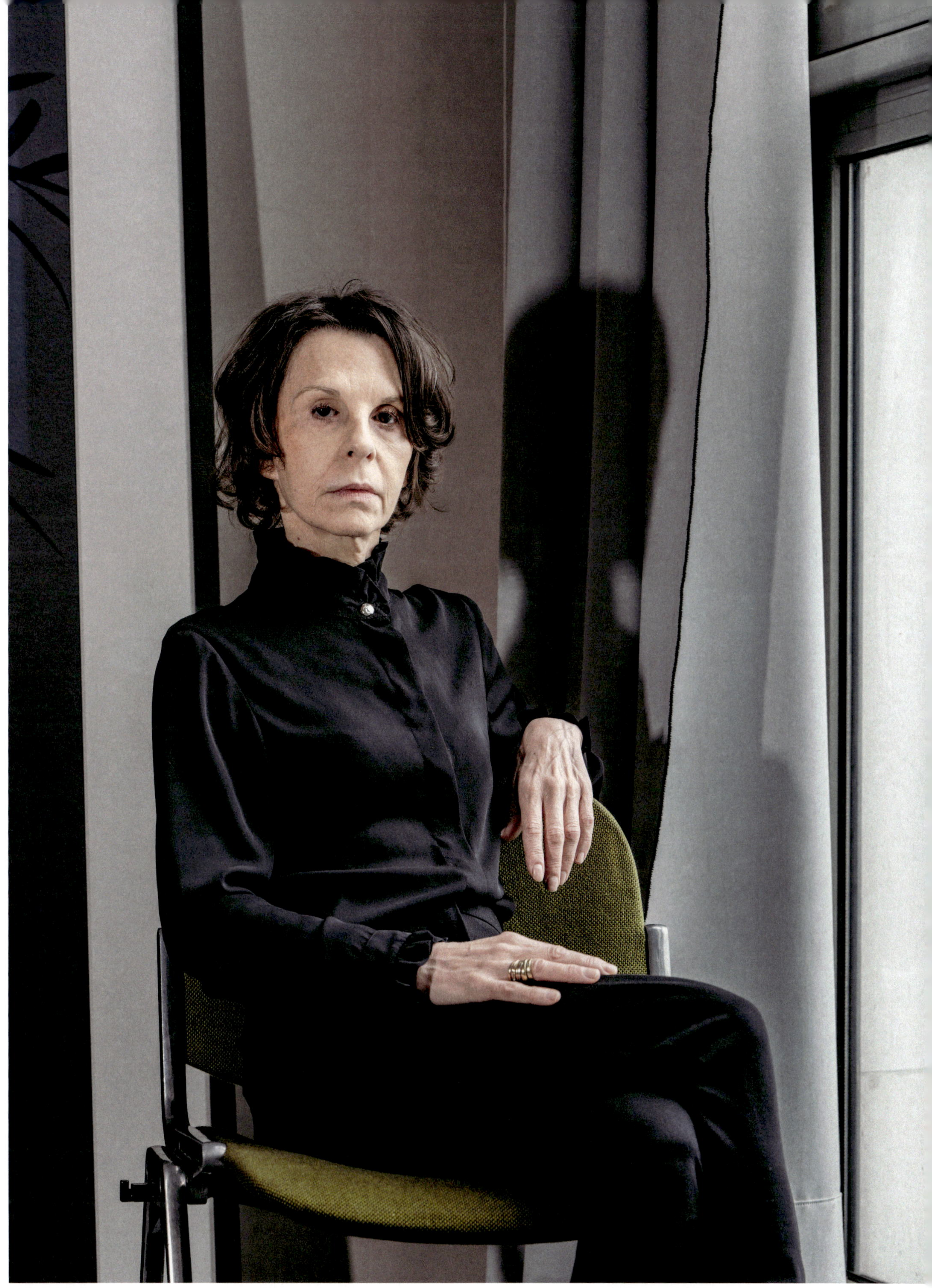

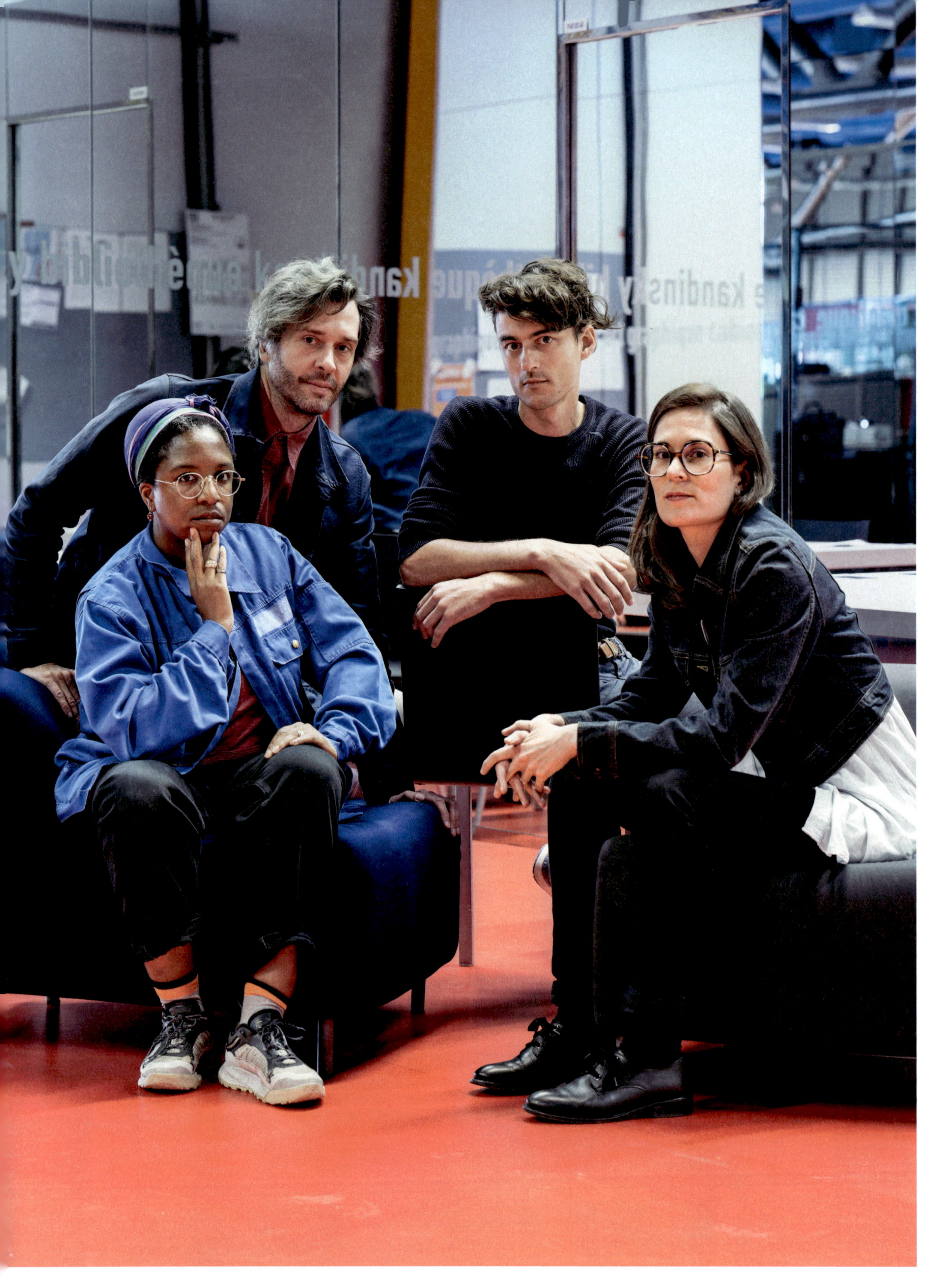

 Damarice Amao, Nicolas Liucci-Goutnikov, Jonathan Pouthier, Julie Jones

Geistesarbeiter des Proletariats
[Intellectuels du prolétariat / Proletarian Intellectuals]
ca. 1925

Betriebsingenieur
[Ingénieur exploitant / Production Engineer]
1926

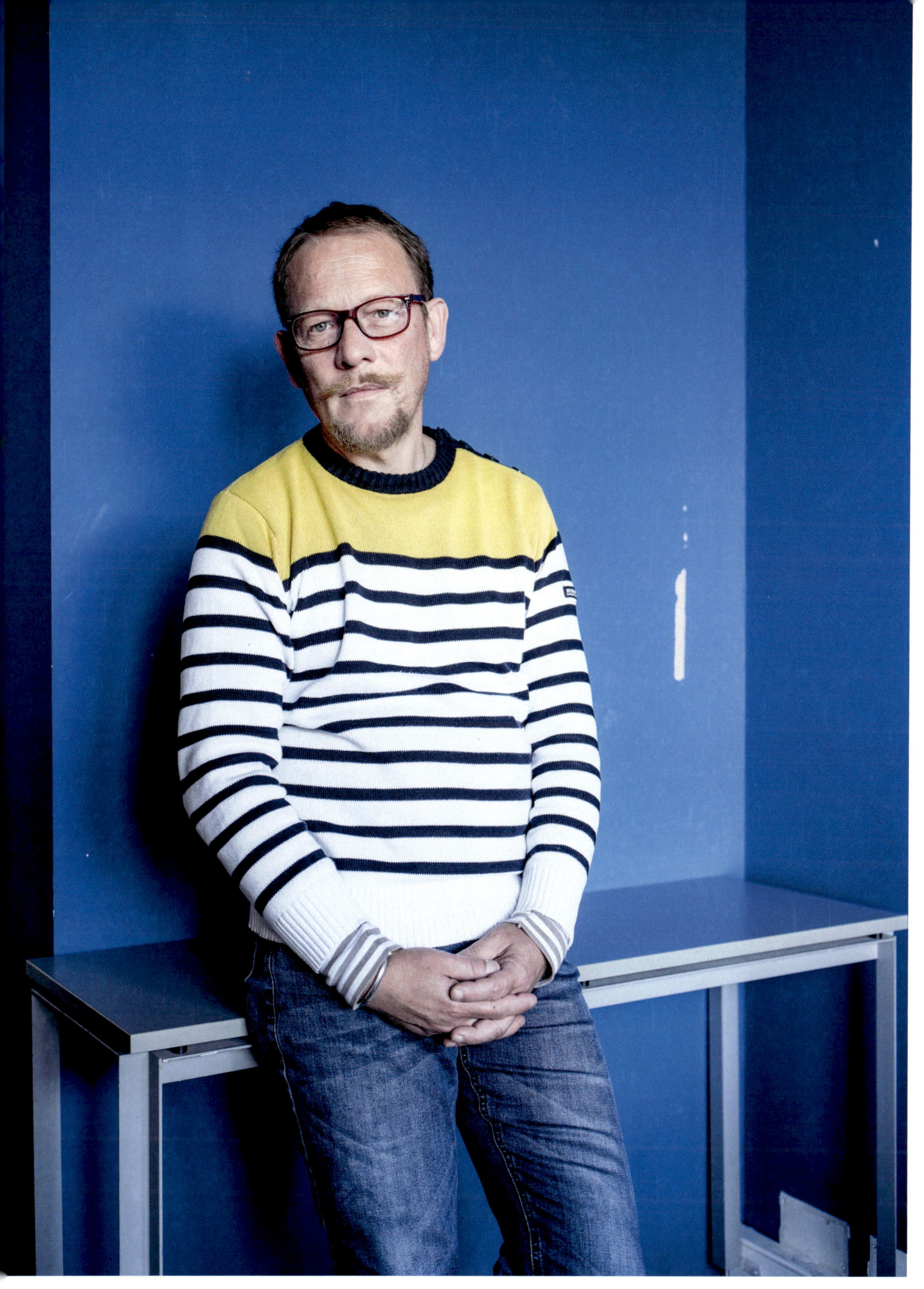

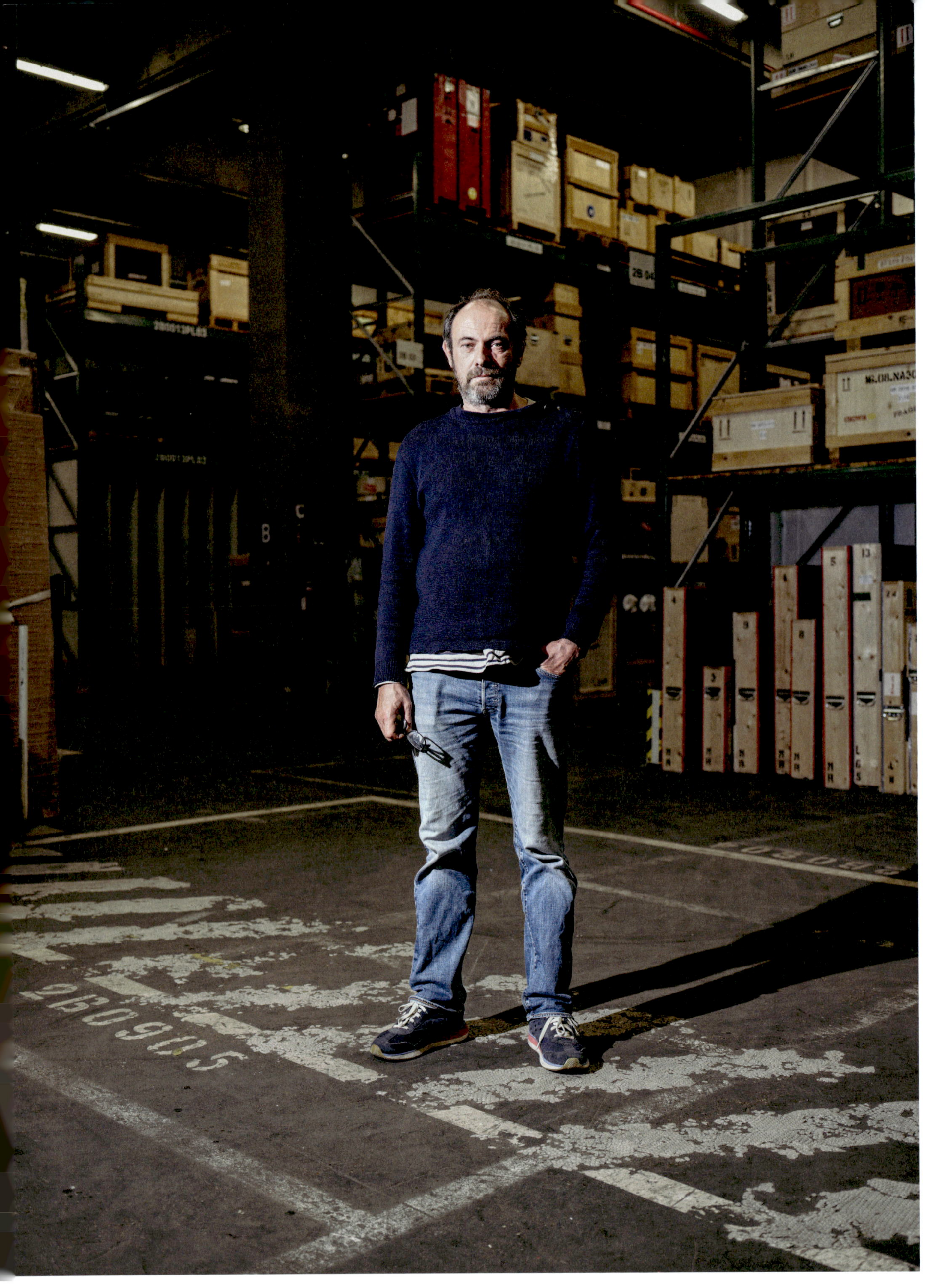

  Éric L'Hospitalier

Berliner Kohlenträger
[Porteur de charbon berlinois / Berlin Coalheaver]
1929

Landarbeiter
[Travailleur agricole / Country Worker]
ca. 1945

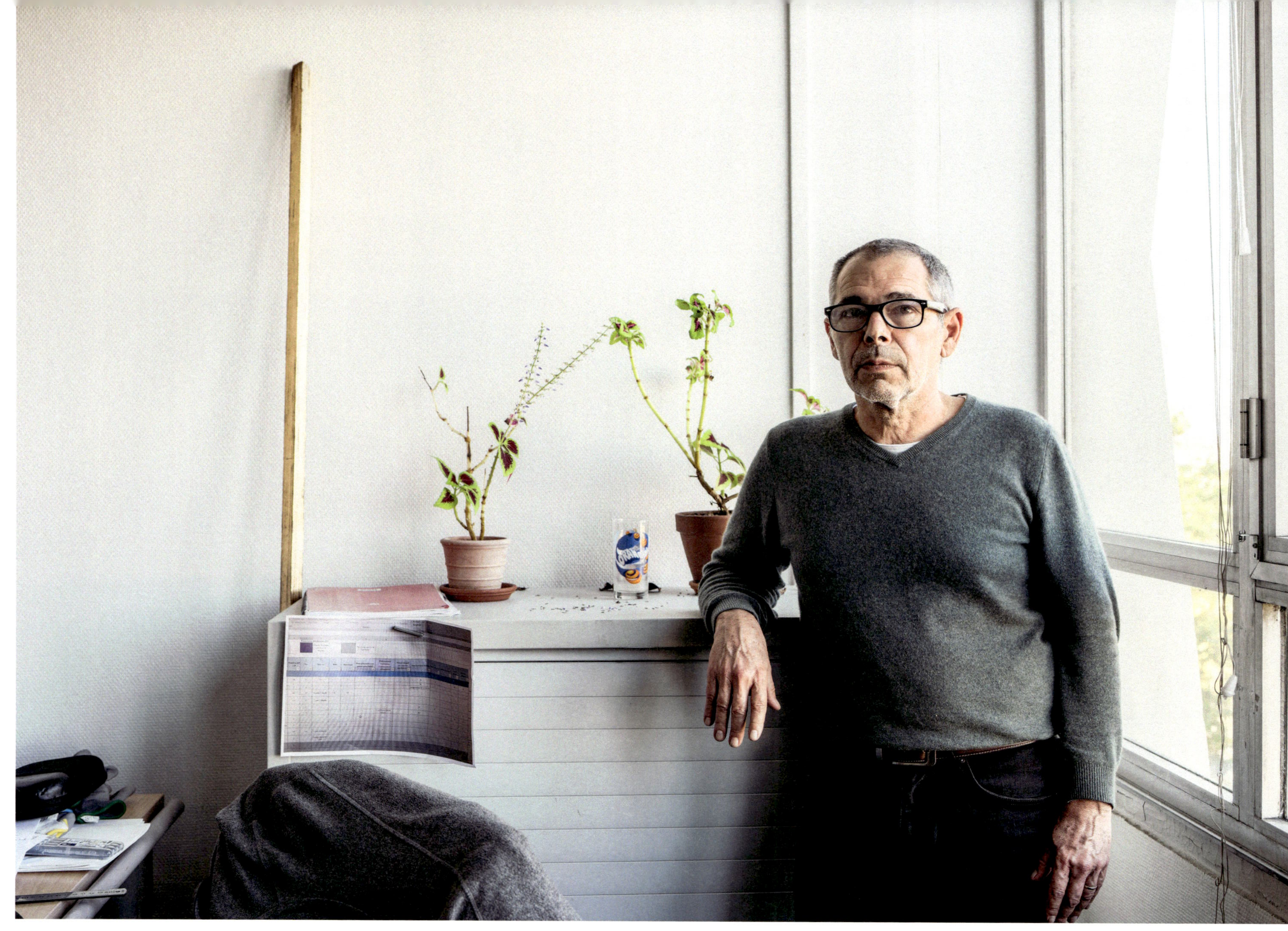

Éric Galliache

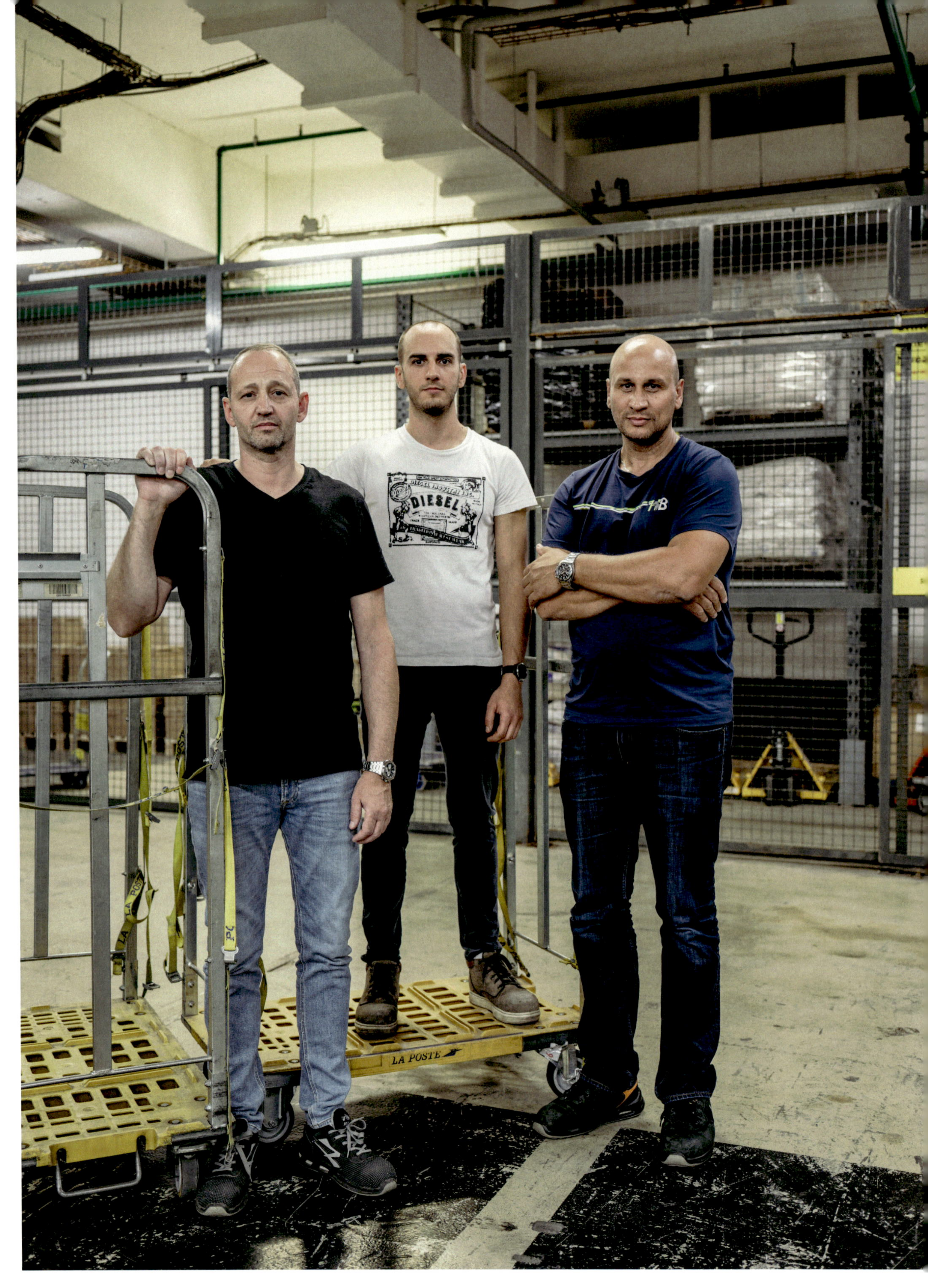

    Michaël Lando, Olivier Cremer, Salim Ait-Meddour

Bauernknechte
[Valets de ferme / Farmhands]
1929

Dienstmann
[Homme de service / Porter]
1929

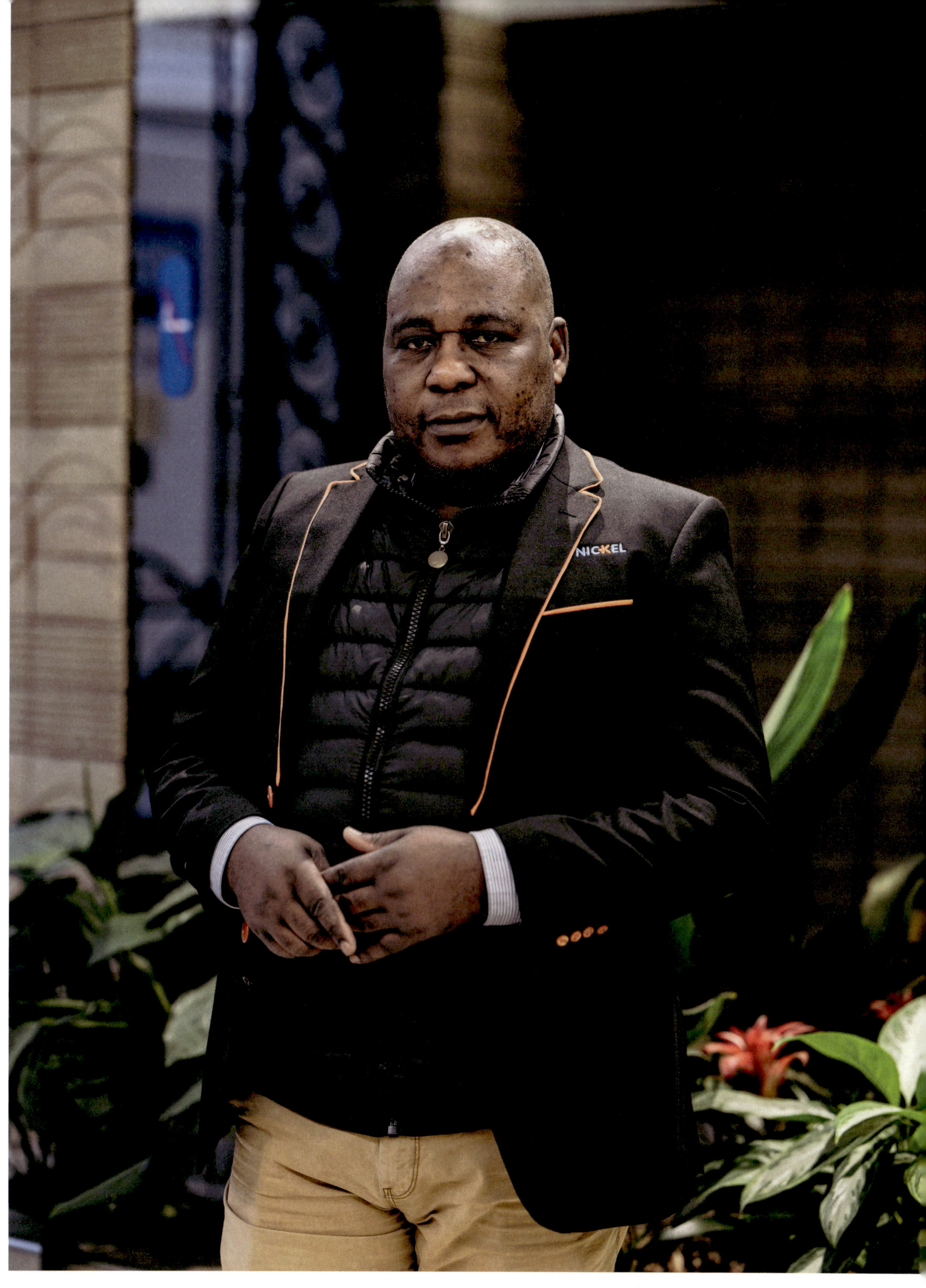

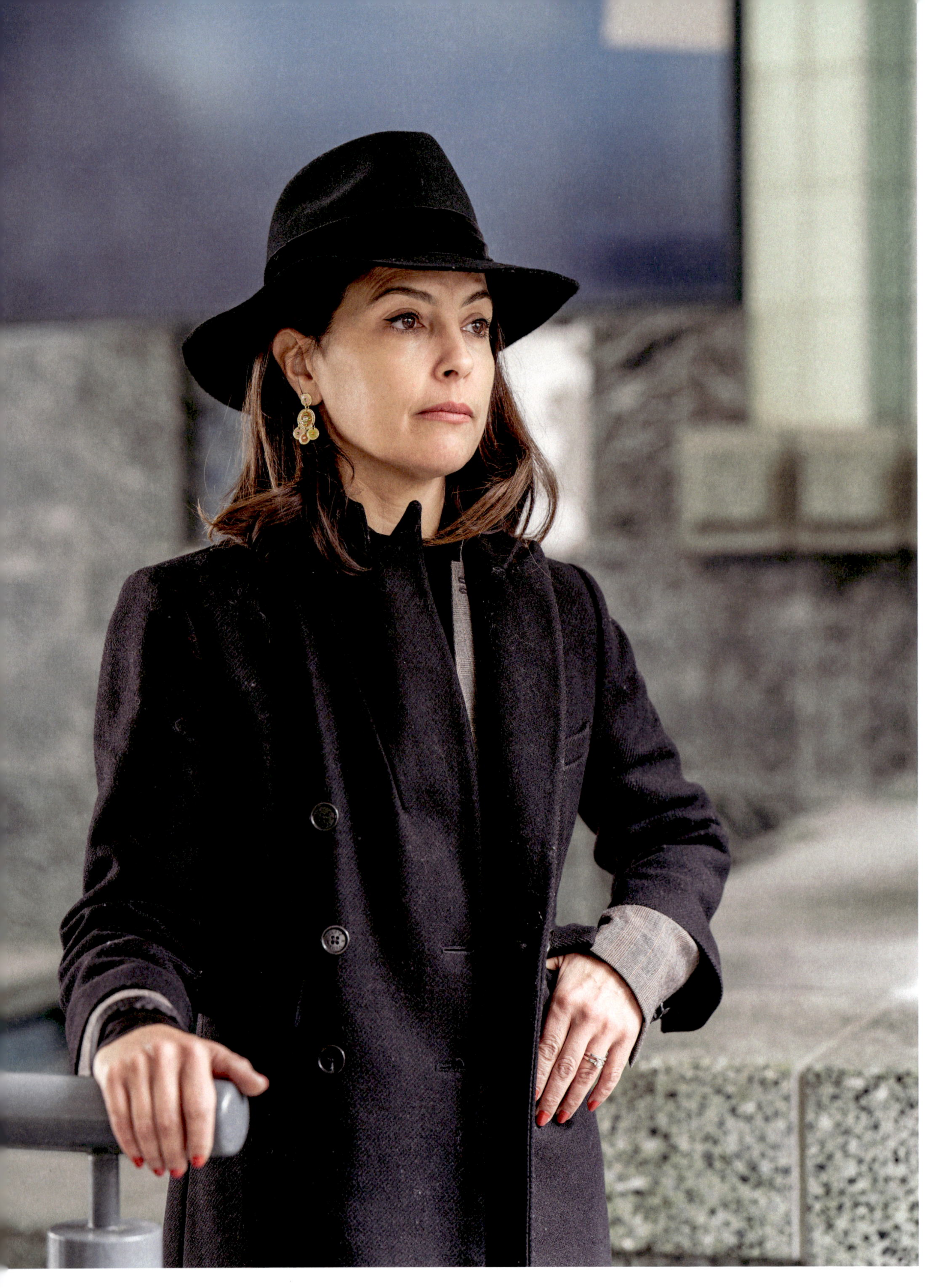

  Nahed Detemmerman-Oueslati

Bankbeamter
[Employé de banque / Bank Official]
1932

Kassierer in einer Sparkasse
[Caissier de caisse d'épargne / Savings Bank Cashier]
1928

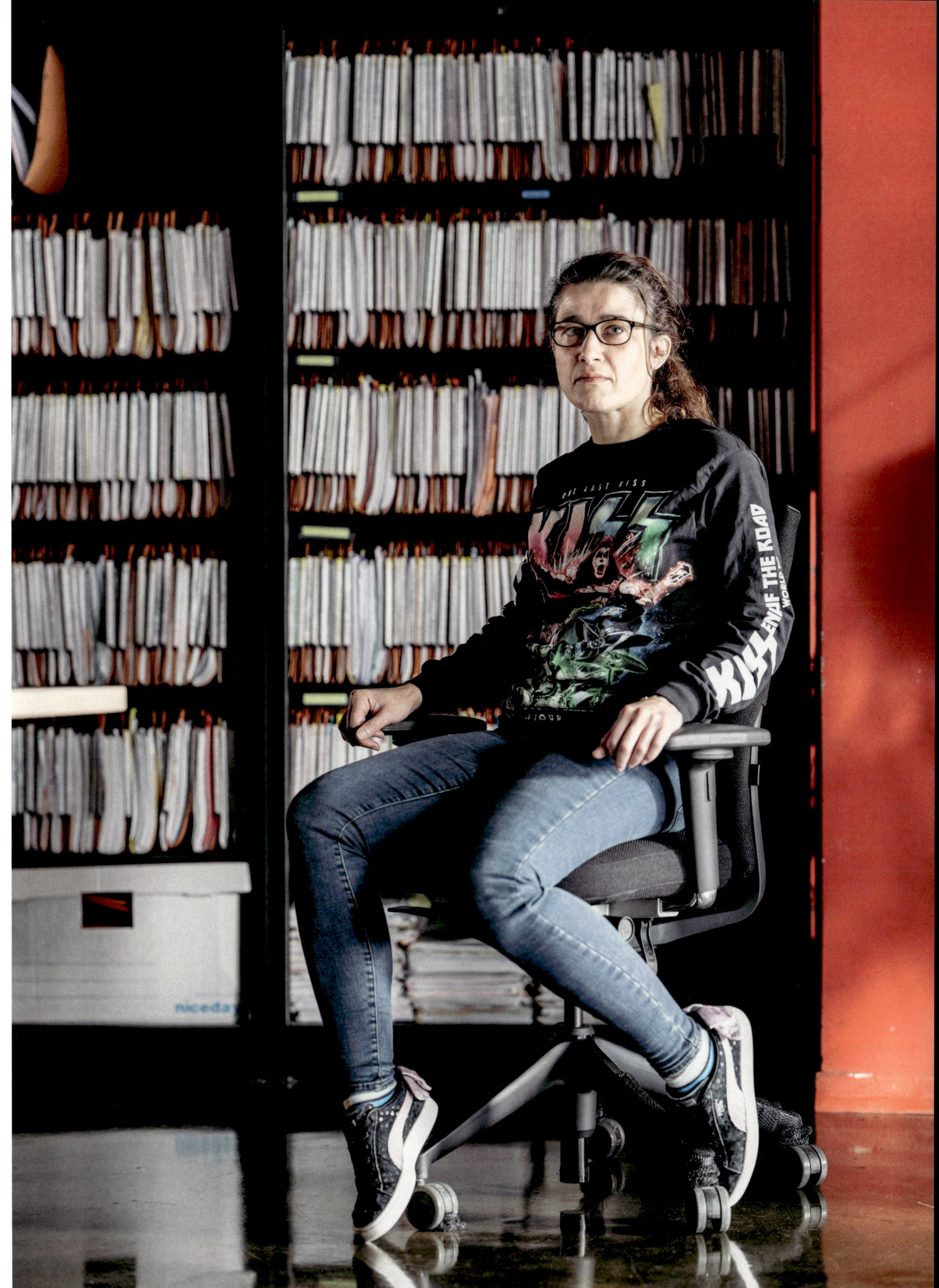

Maryline Ribeiro 33

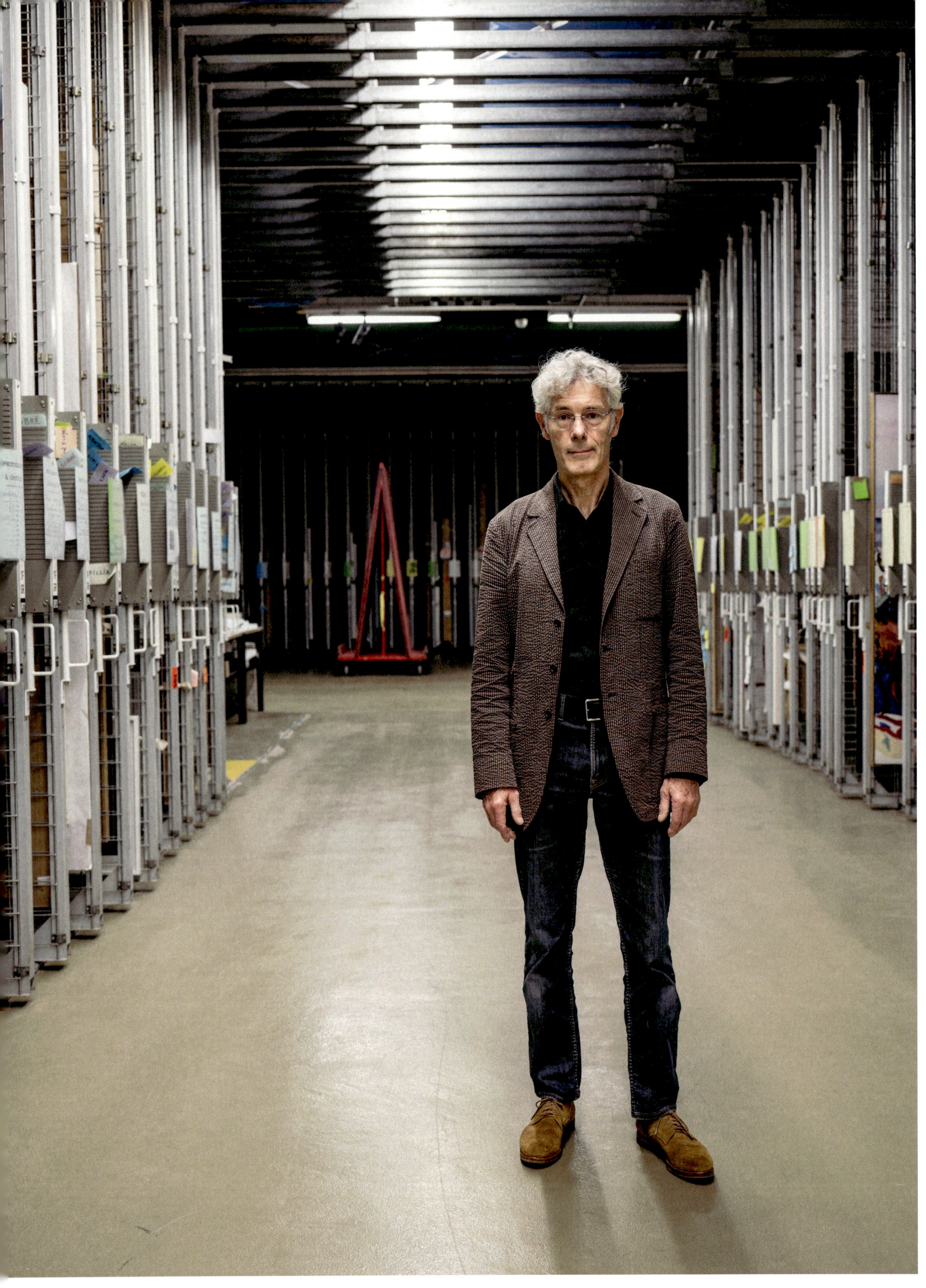

Maler
[Peintre / Painter]
1926

Schauerleute
[Dockers / Dock Workers]
ca. 1929

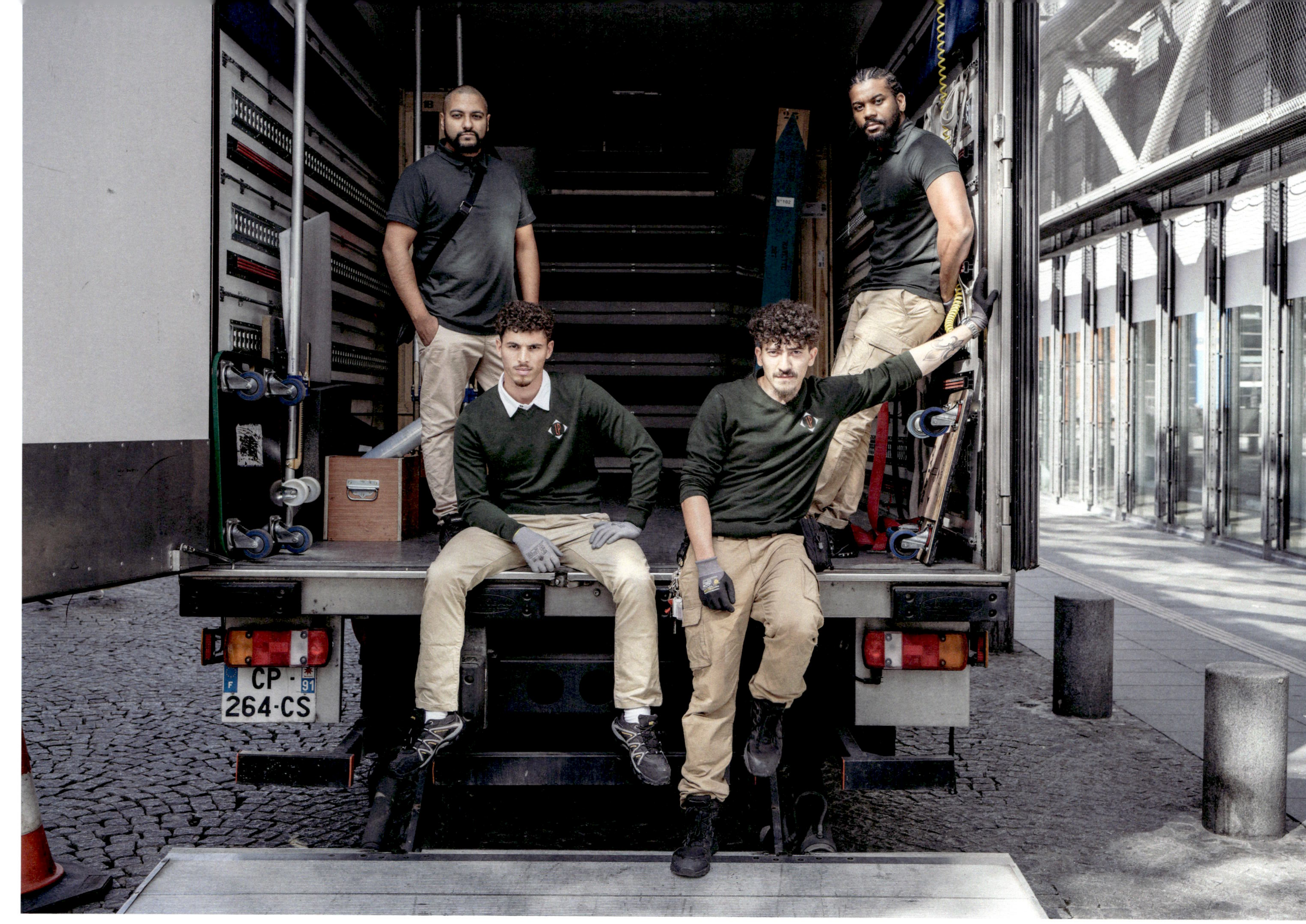

Rajiv Ramchurn, Dylan Aubrun, Anis Habrour, Jonathan Doloia

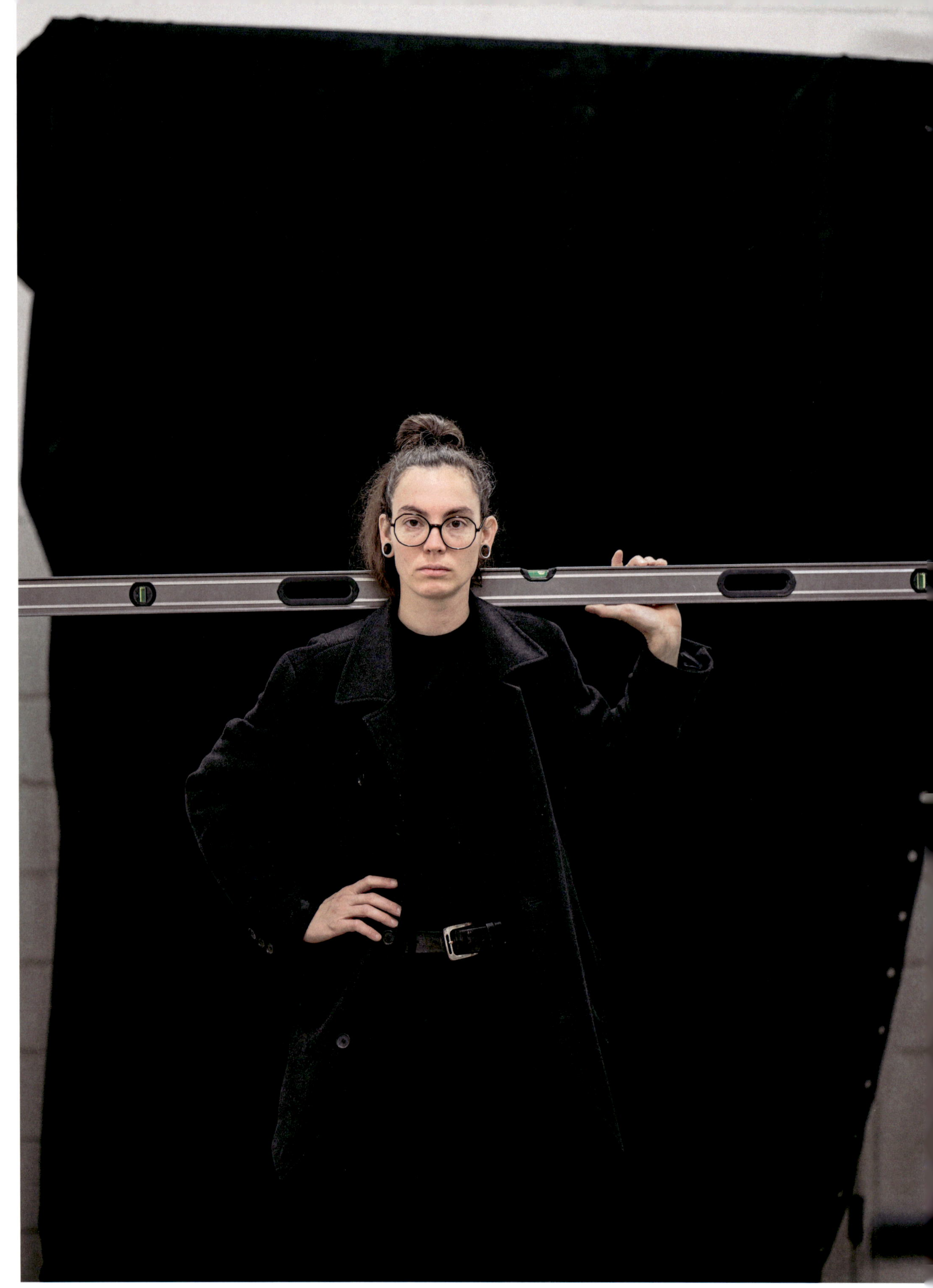

    Anne-Marie Spiroux

Handlanger

1928

Handlanger
[Manœuvre / Bricklayer]
1928

Schreinermeister
[Maître menuisier / Master Joiner]
1938

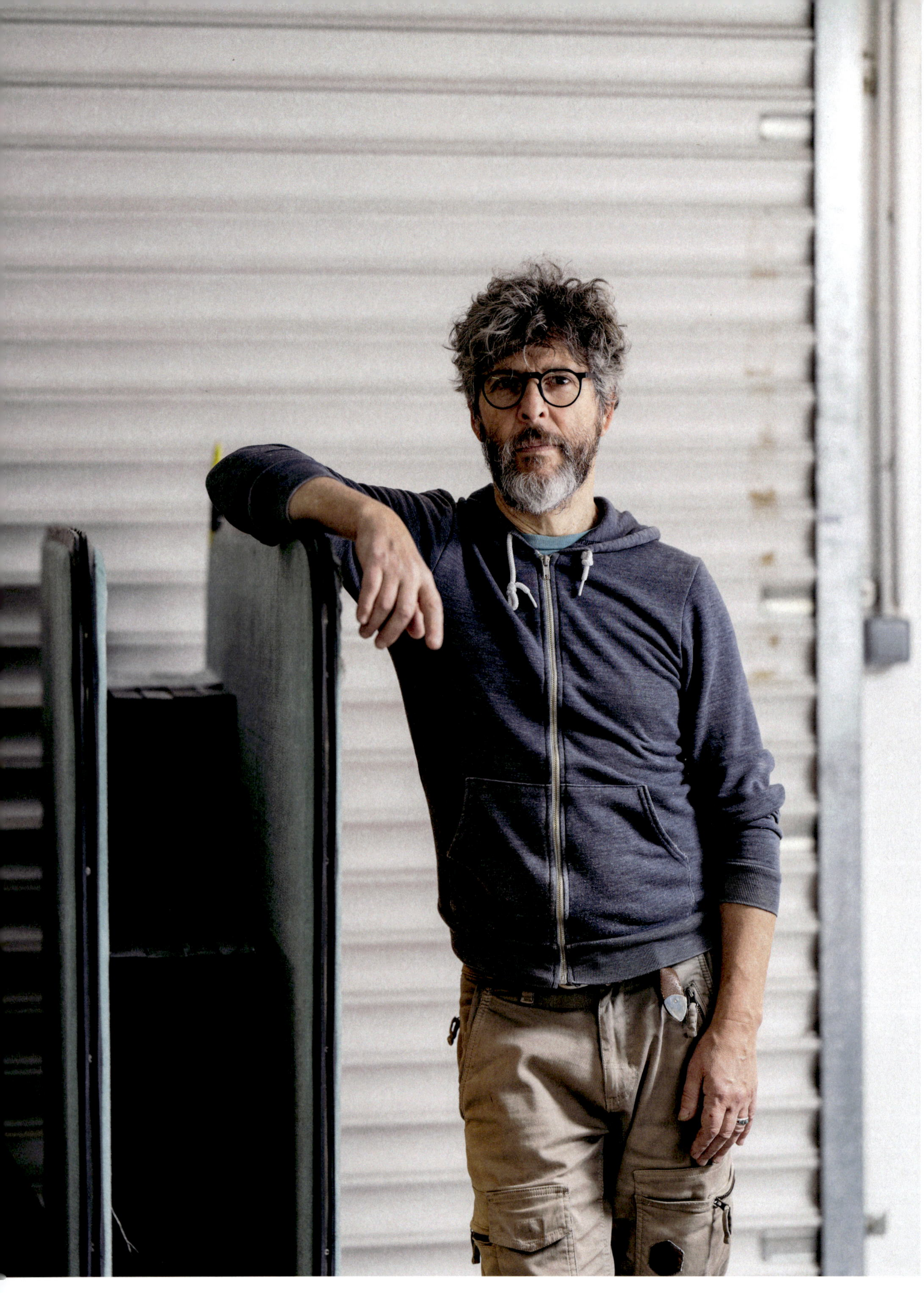

38   Jean-Gabriel Massardier

Hamburger Zimmerleute
[Charpentiers de Hambourg / Hamburg Carpenters]
ca. 1929

Junger Arzt
[Jeune médecin / Young Physician]
1926

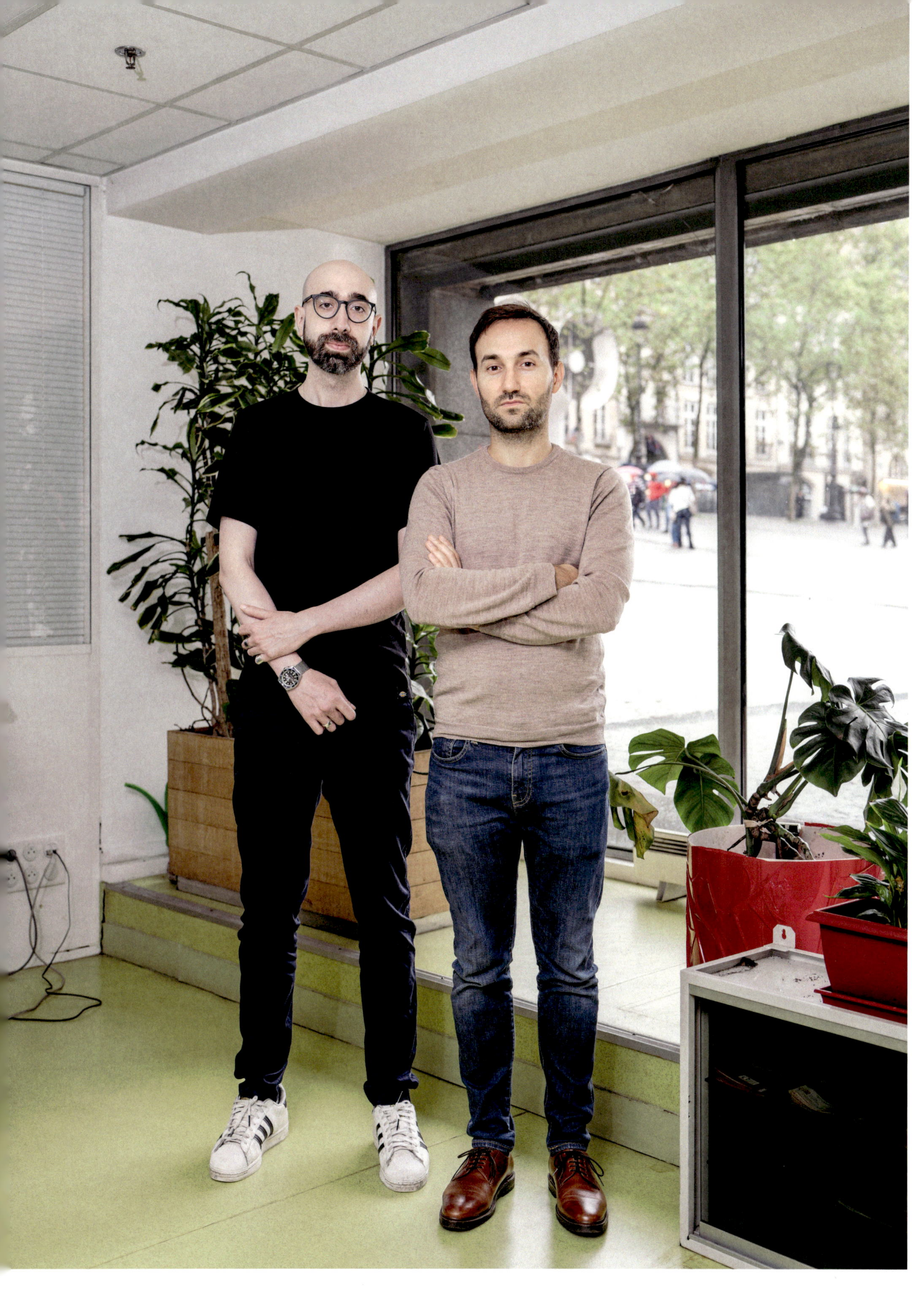

Matthias Ramillon, Nicolas Bourgeois 39

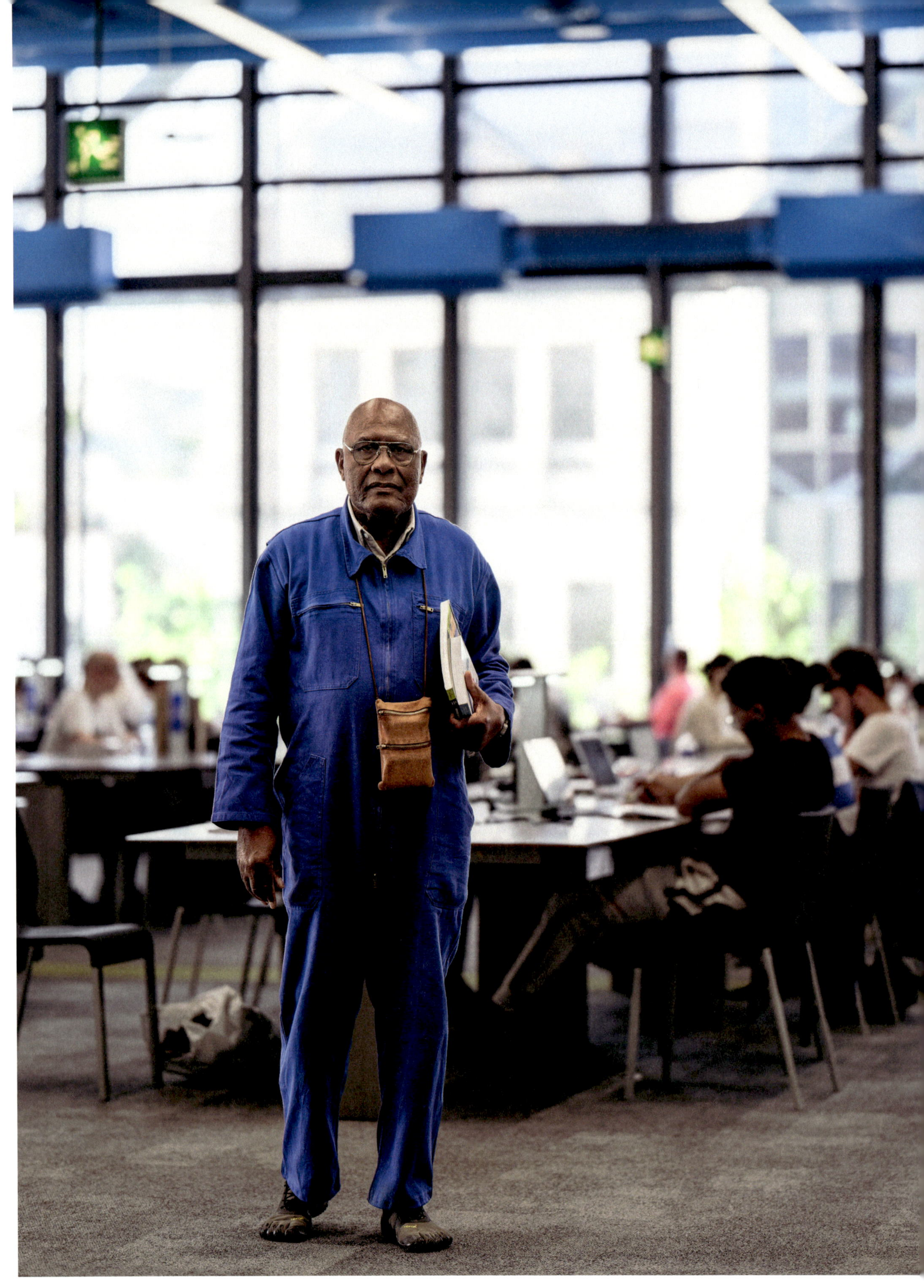

40   François Rodrigue

Apotheker
[Pharmacien / Pharmacist]
ca. 1930

Medizinstudentin
[Étudiante en médecine / Medical Student]
1927

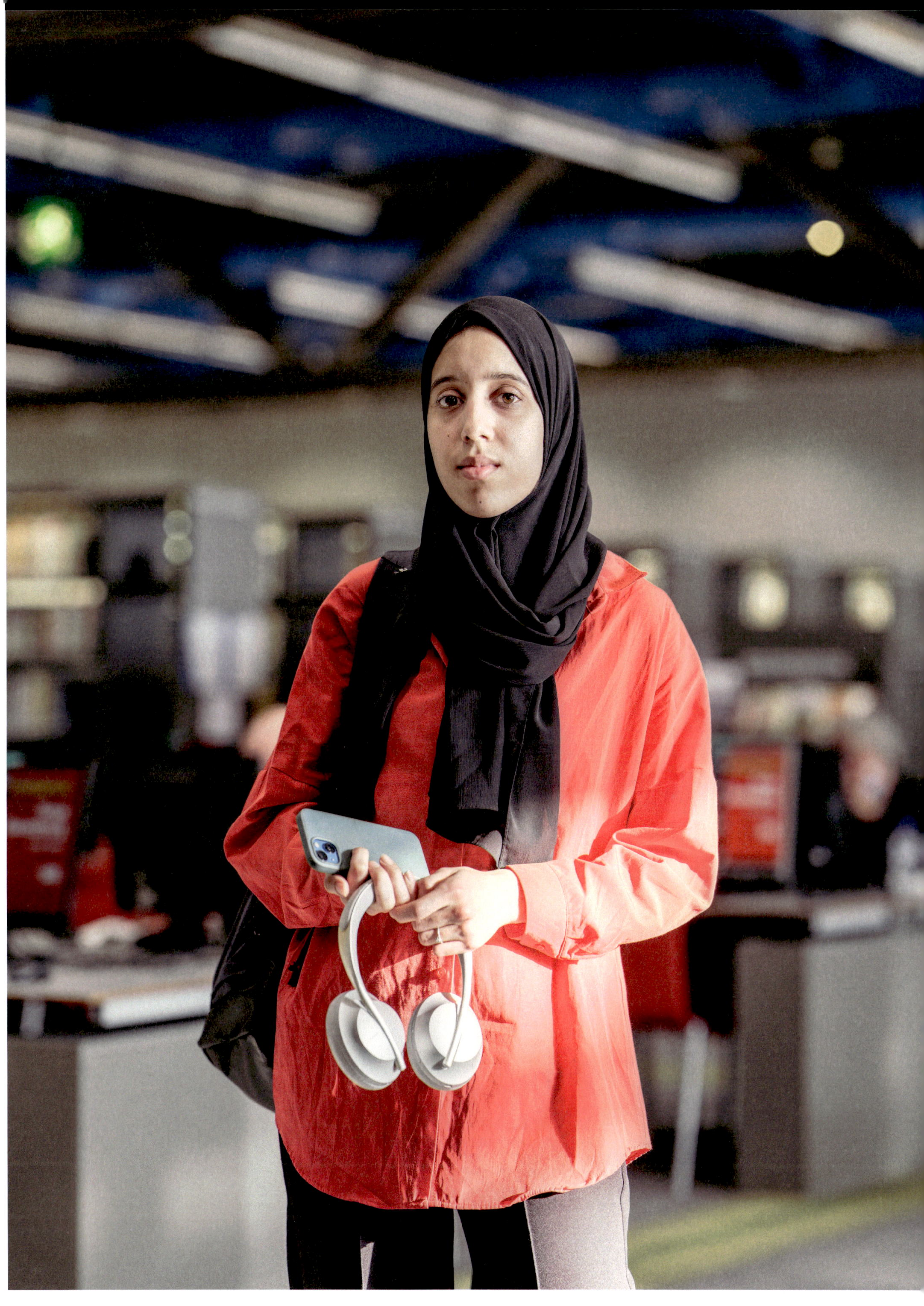

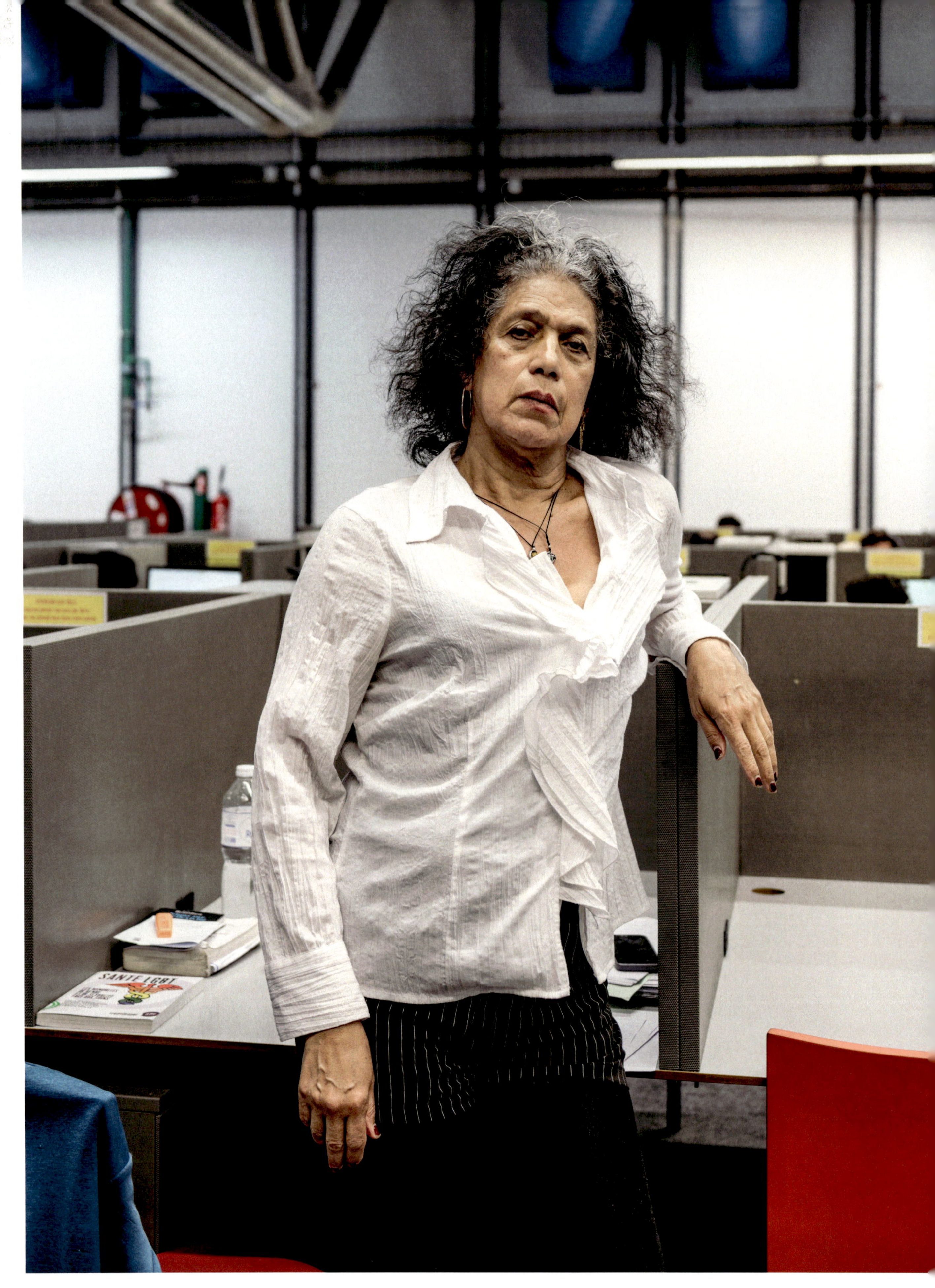

    Carla Lainez Martinez

Philosophiestudent
[Étudiant en philosophie / Student of Philosophy]
1926

Bohème
[Bohèmes / Bohemians]
1922–1925

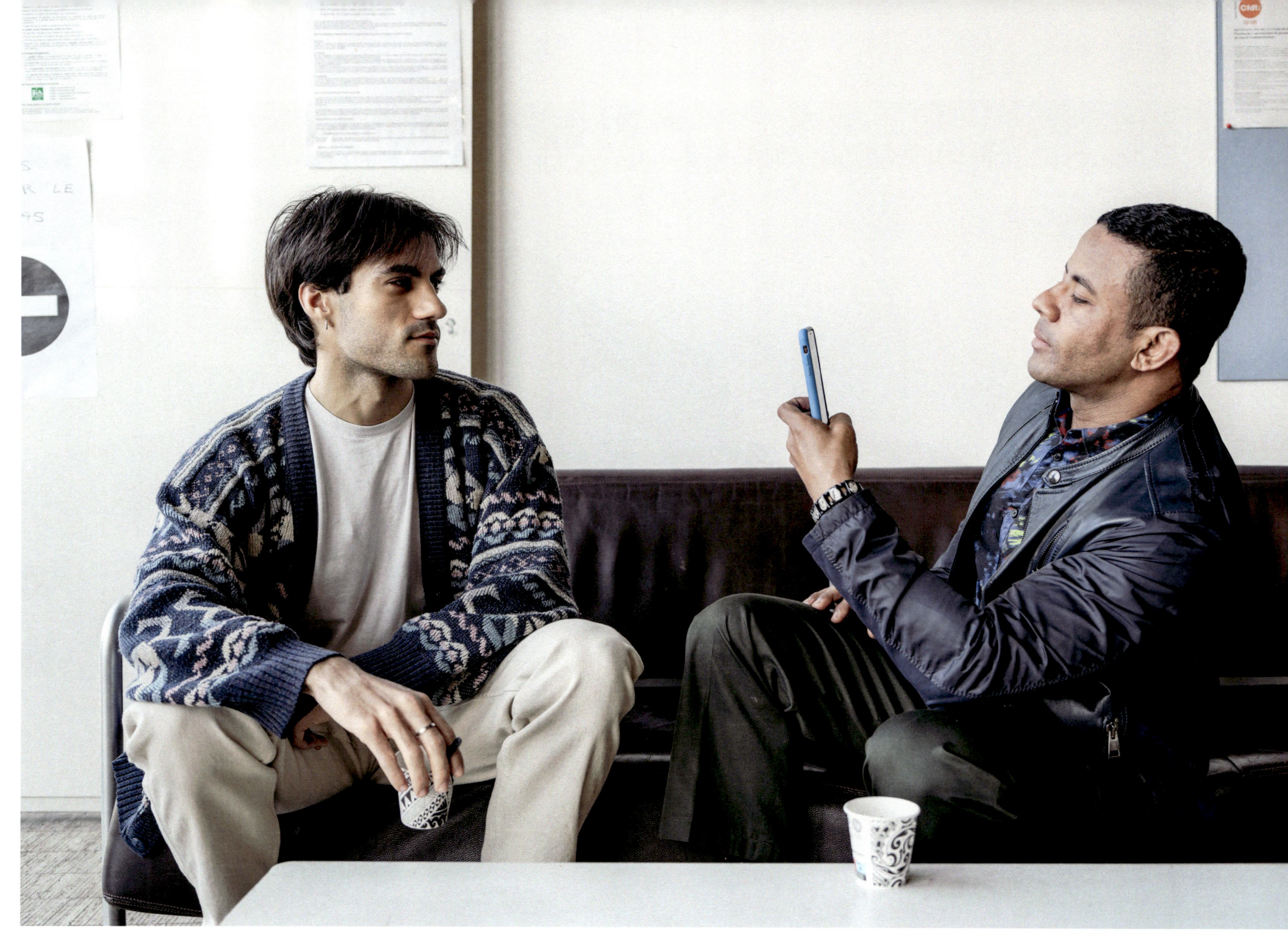

Anthony Dumas, Auricio Lemos Bomfim   43

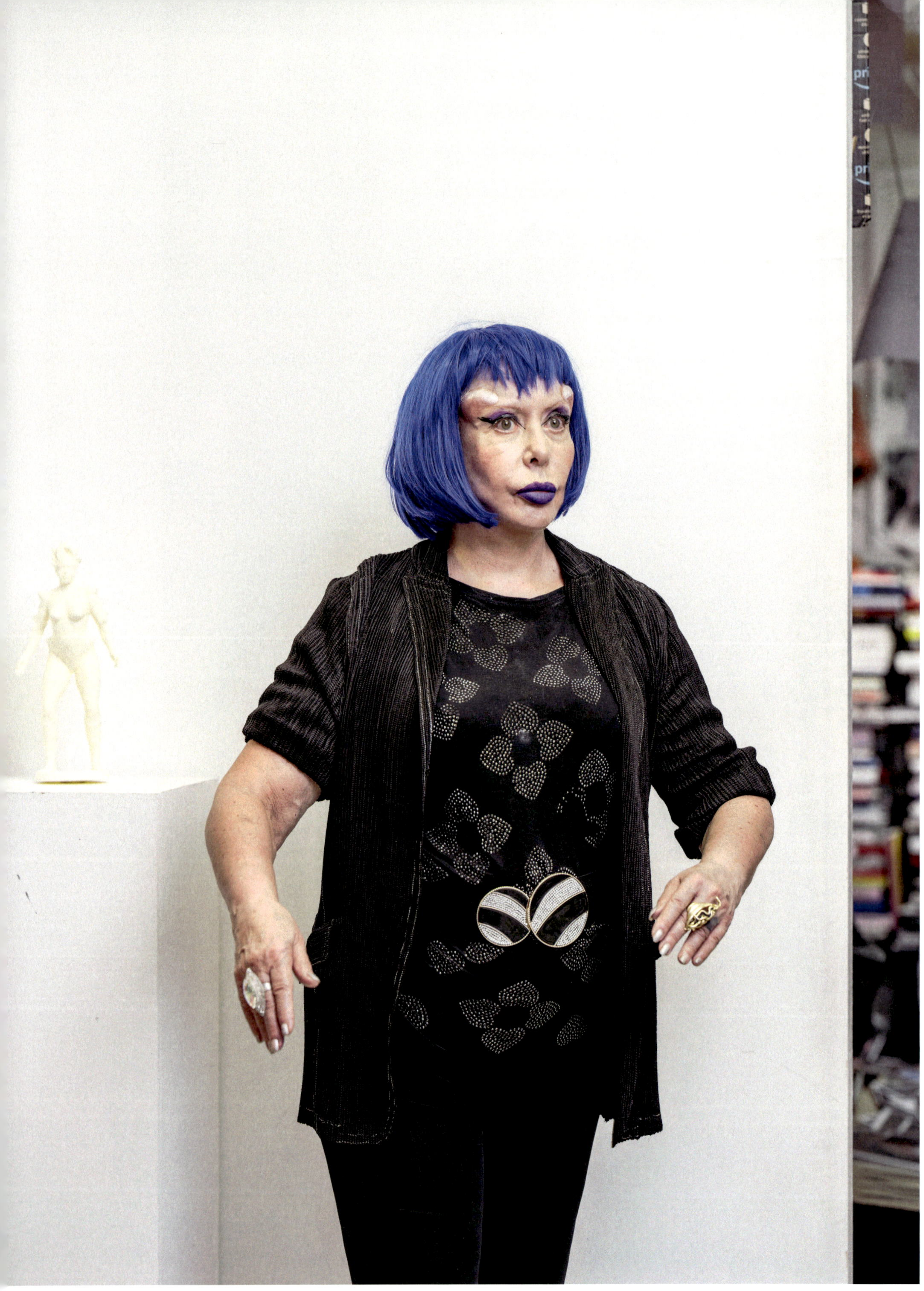

Malerin
[Peintre / Painter]
ca. 1925

Preisträger
[Lauréats / Prize-Winners]
1927

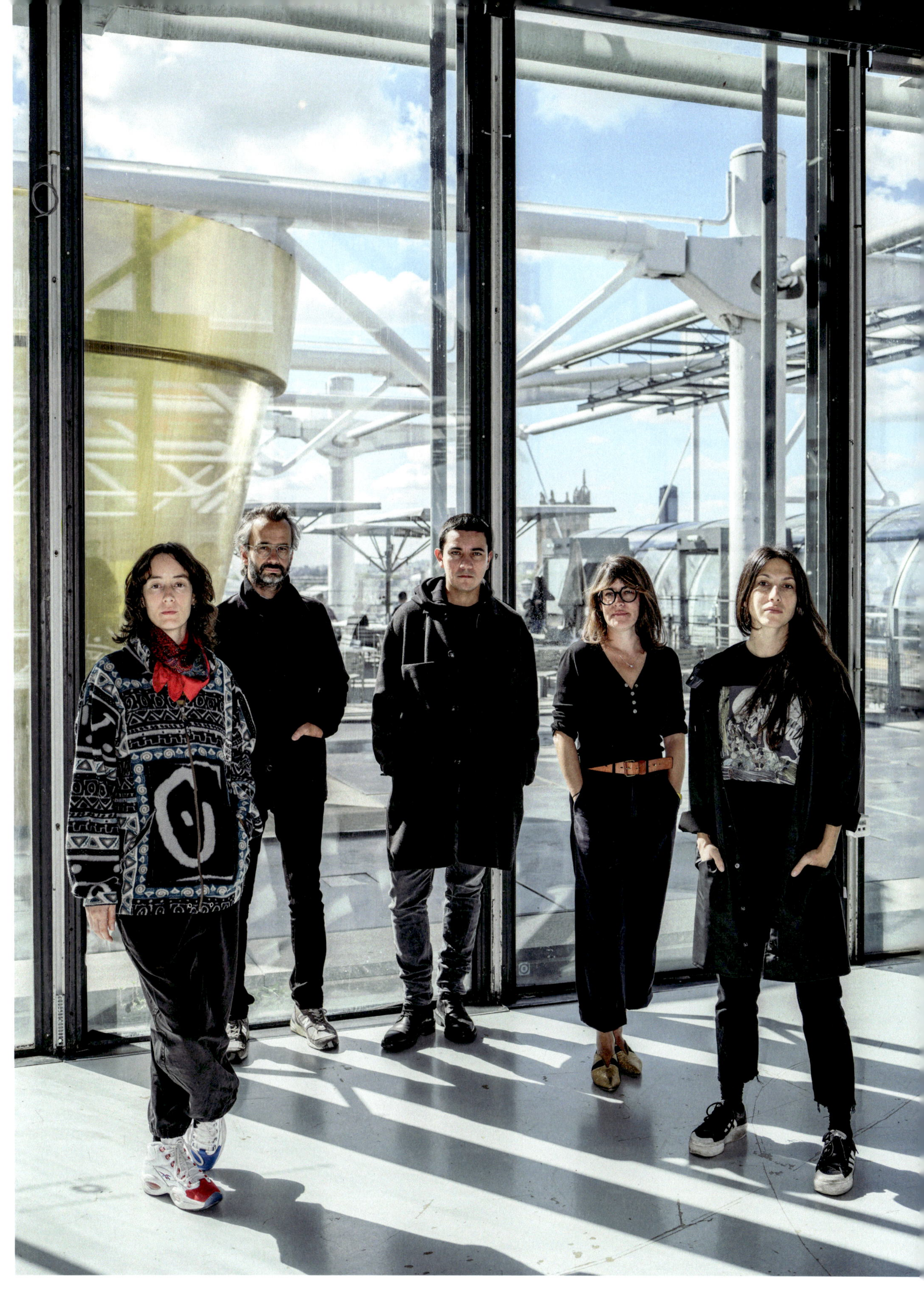

Mimosa Échard, Philippe Decrauzat, Iván Argote, Aurélie Verdier, Giulia Andreani

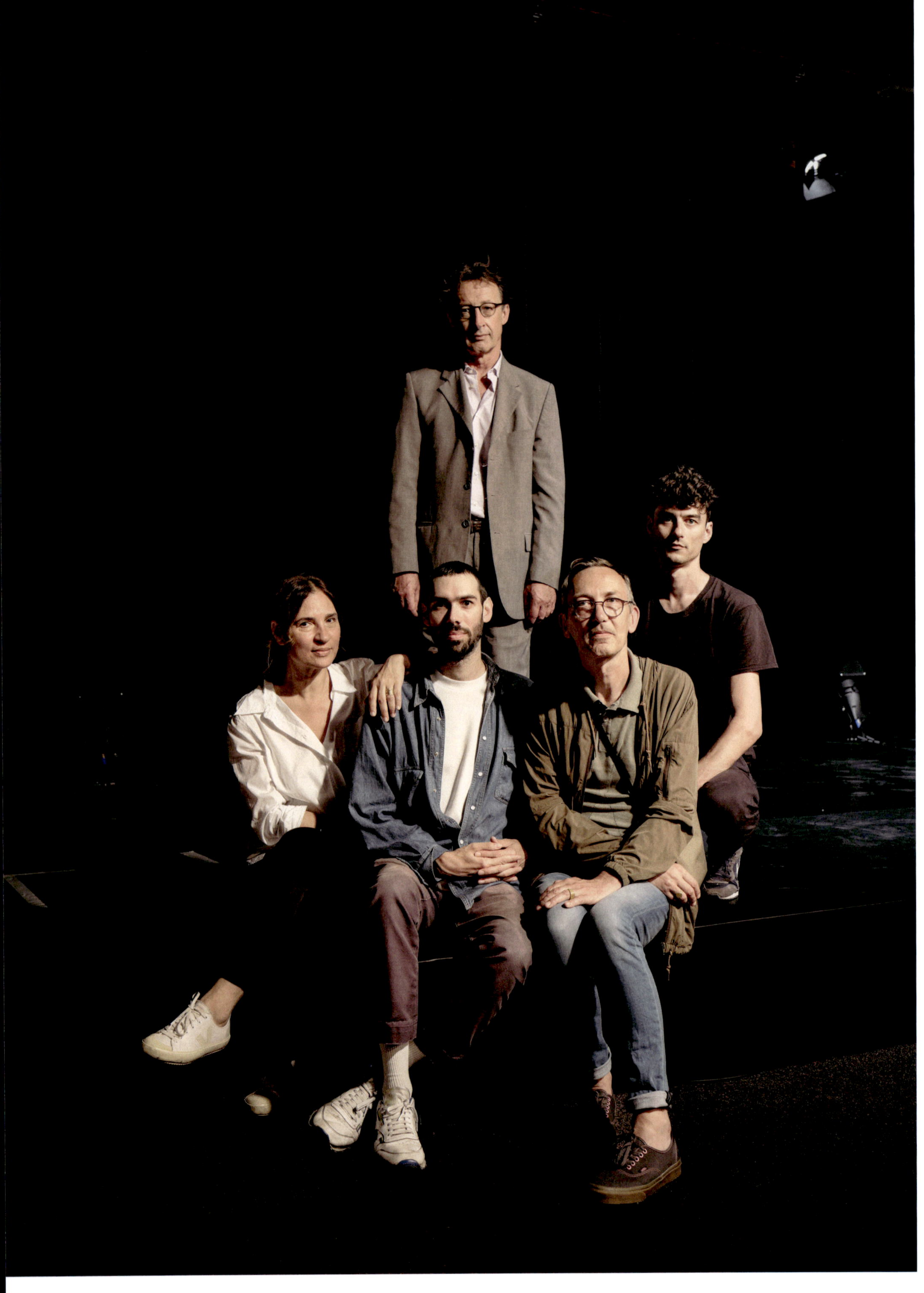

46   Cécile Zoonens-Peigne, Enrico Camporesi, Philippe-Alain Michaud,
Alexis Constantin, Jonathan Pouthier

Mitglieder der Piscator-Bühne
[Membres du théâtre Piscator / Members of the Piscator Theater]
1929

Filmschauspielerin
[Actrice de cinéma / Film Actress]
1933

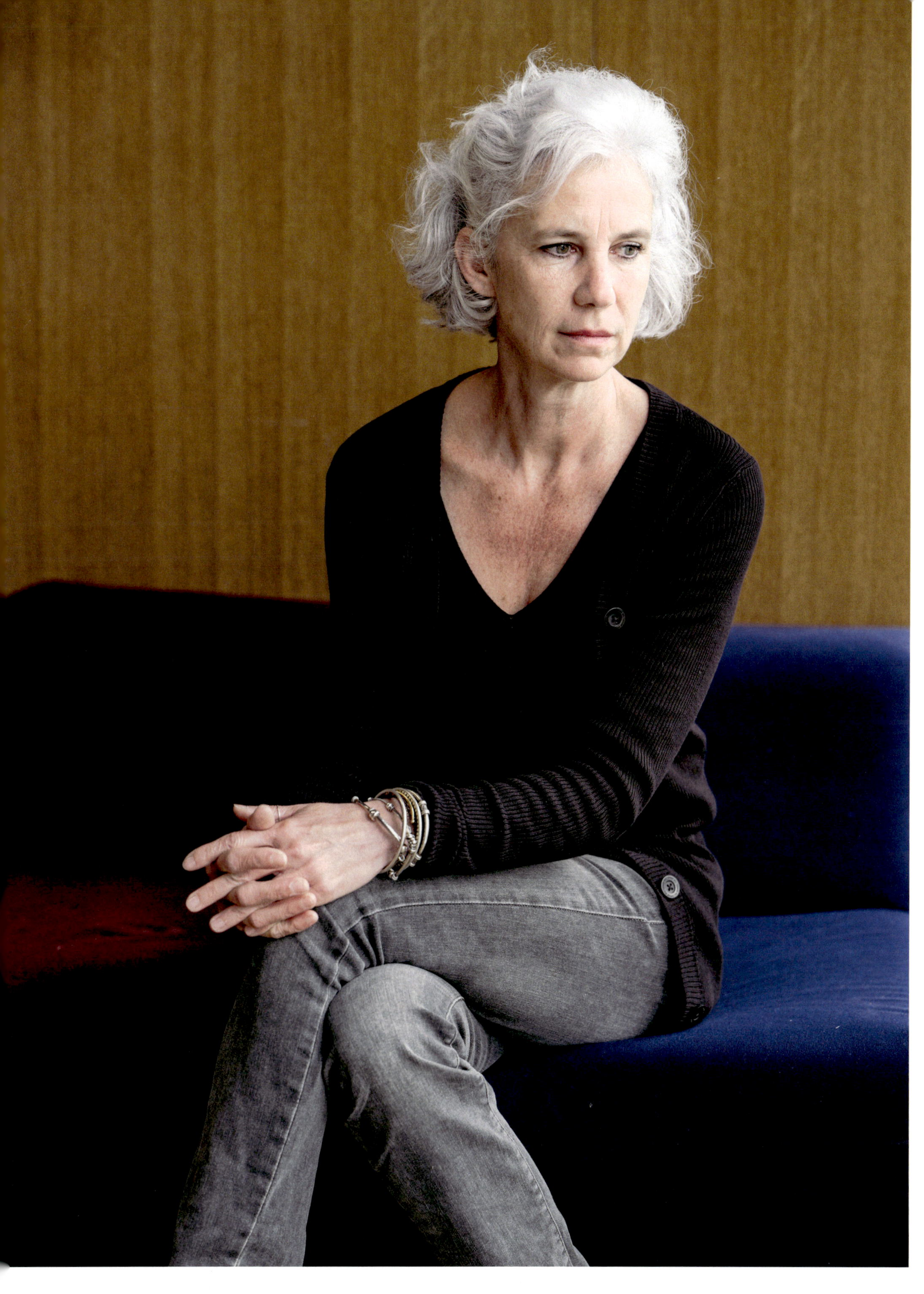

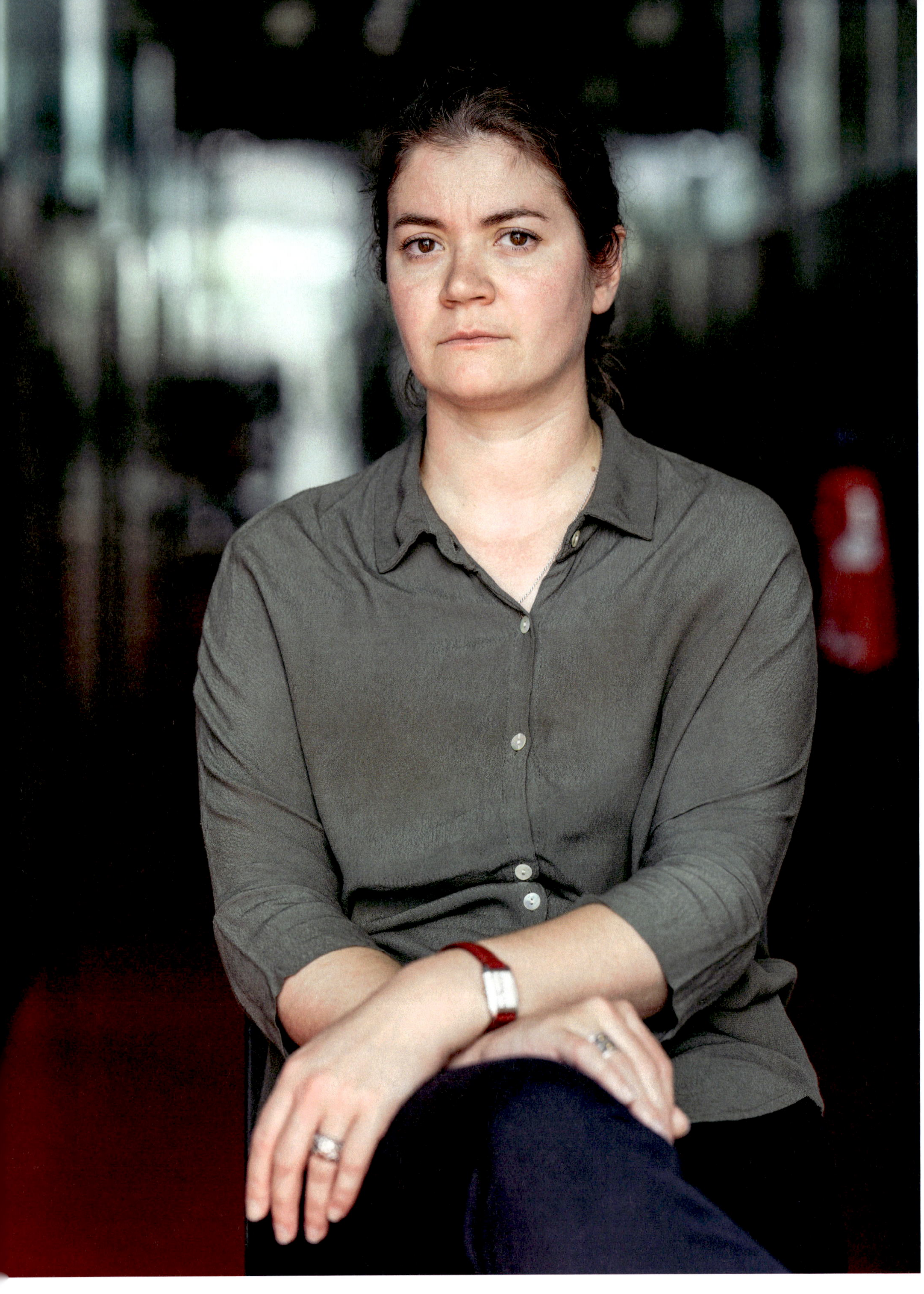

48   Mica Gherghescu

Islandforscher und Universitätsbibliothekar
*[Chercheur spécialiste de l'Islande et conservateur d'une bibliothèque
universitaire / Iceland Scholar and University Librarian]*, ca. 1914

Gelehrter
[Savant / Scholar]
1928

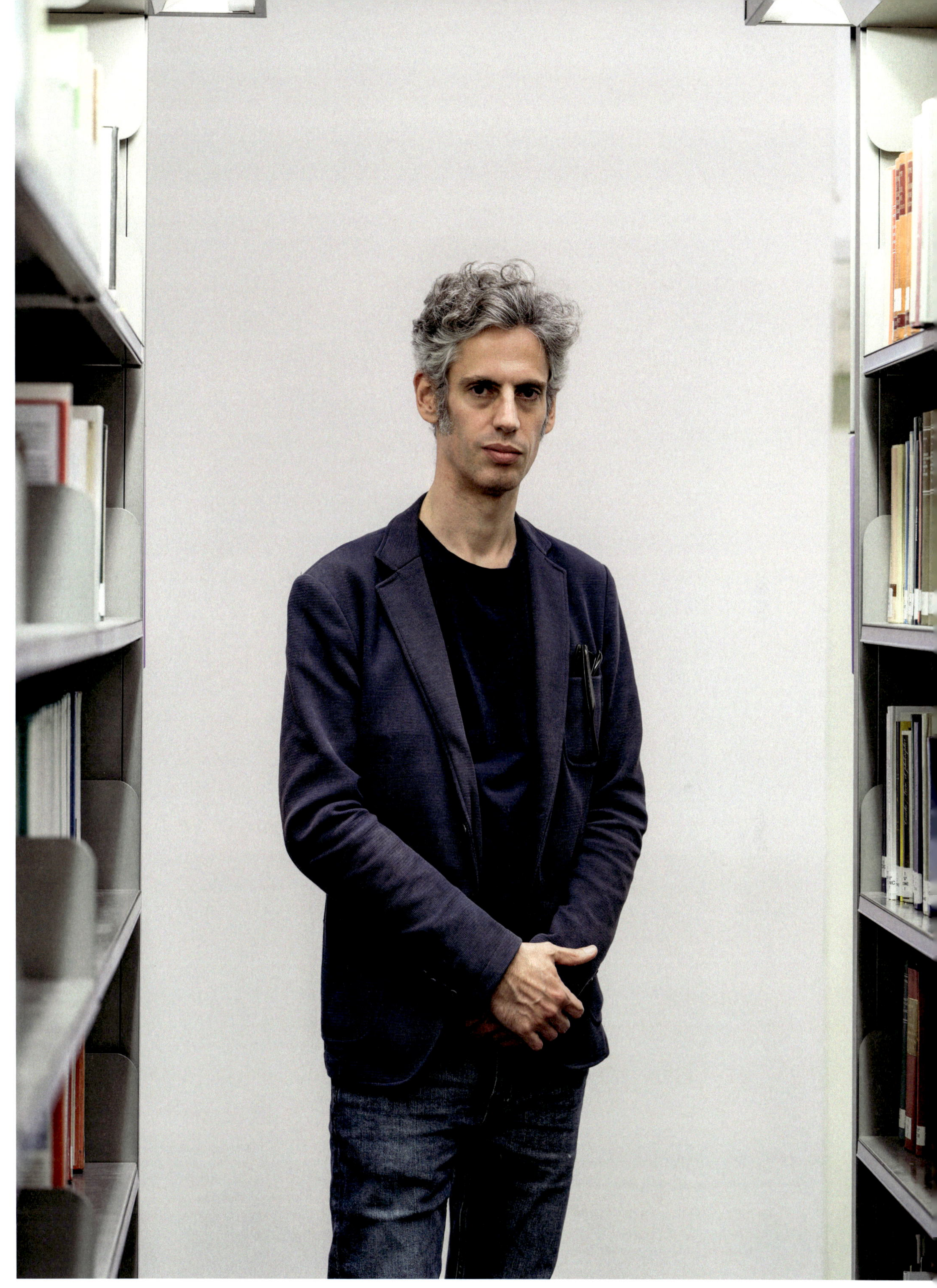

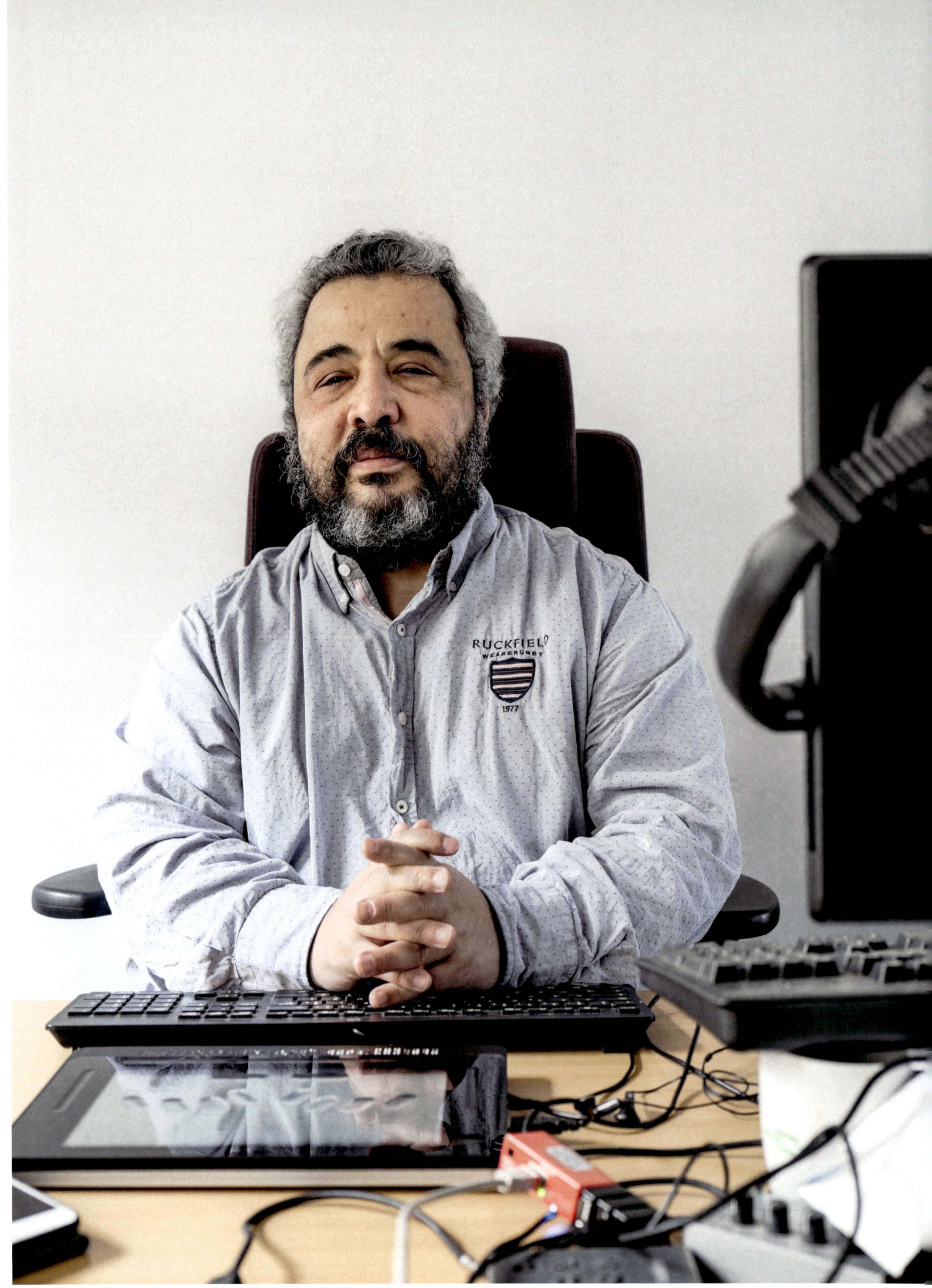

   Ali Chihani

Blinder Bergmann
[Mineur aveugle / Blind Miner]
ca. 1930

Schriftsteller und Hörspieldramaturg
[Écrivain et auteur pour la radio / Writer and Radio Play Author]
1924

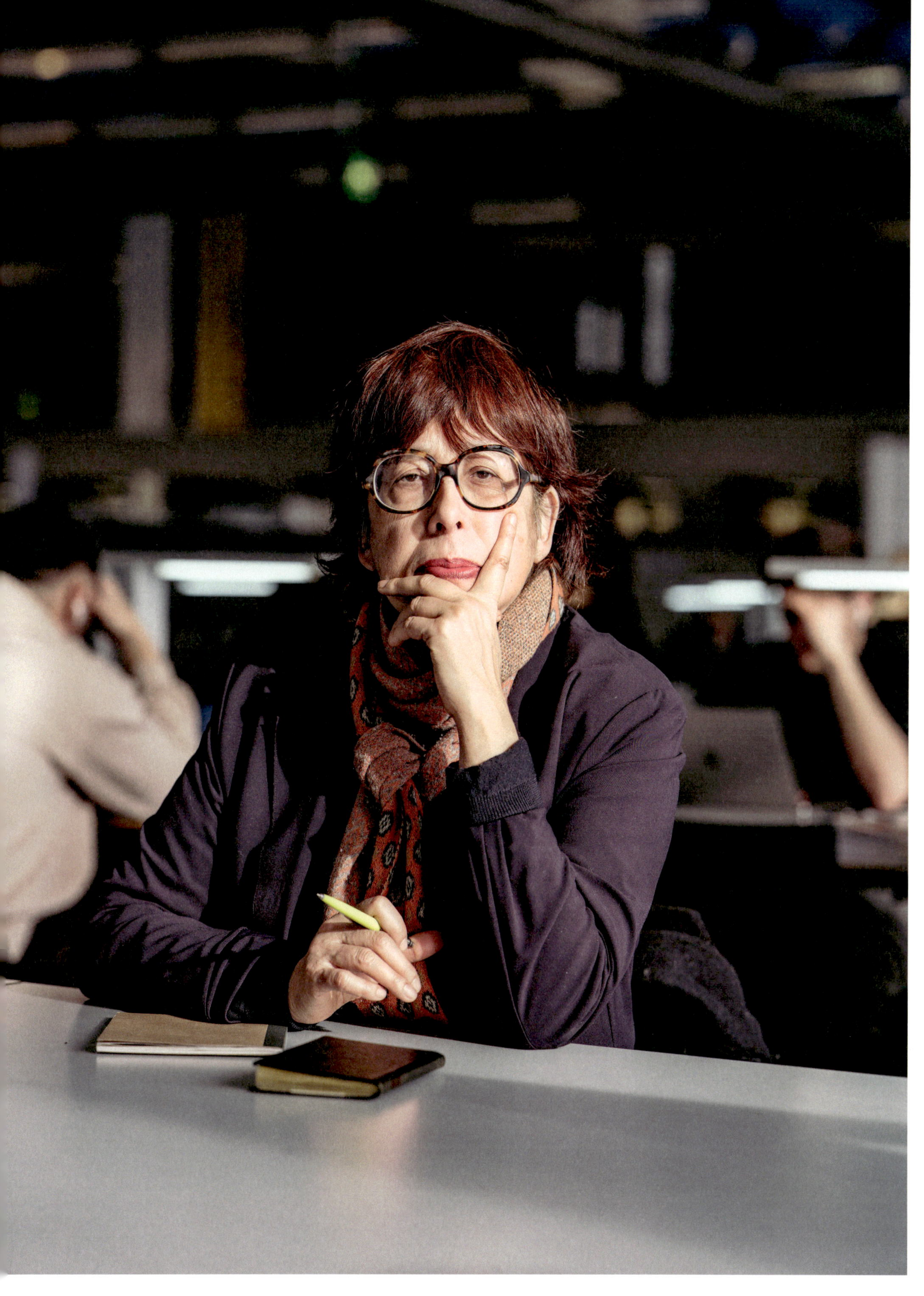

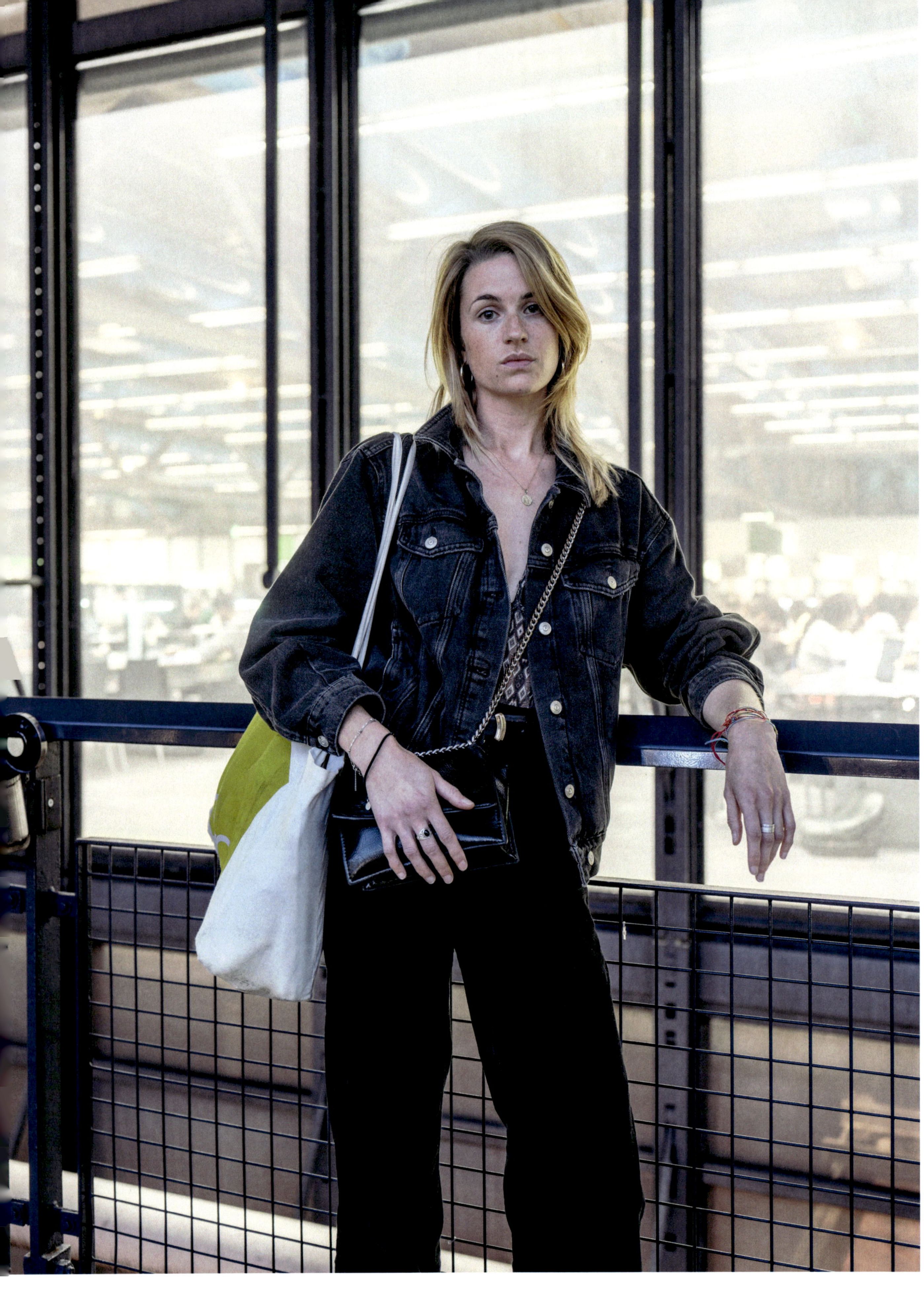

    Natacha Marini

Lyzealschülerin
[Lycéenne | High School Girl]
1928

Sekretärin beim Westdeutschen Rundfunk in Köln
*[Secrétaire à la Westdeutscher Rundfunk à Cologne / Secretary at
West German Radio, Cologne]*, 1931

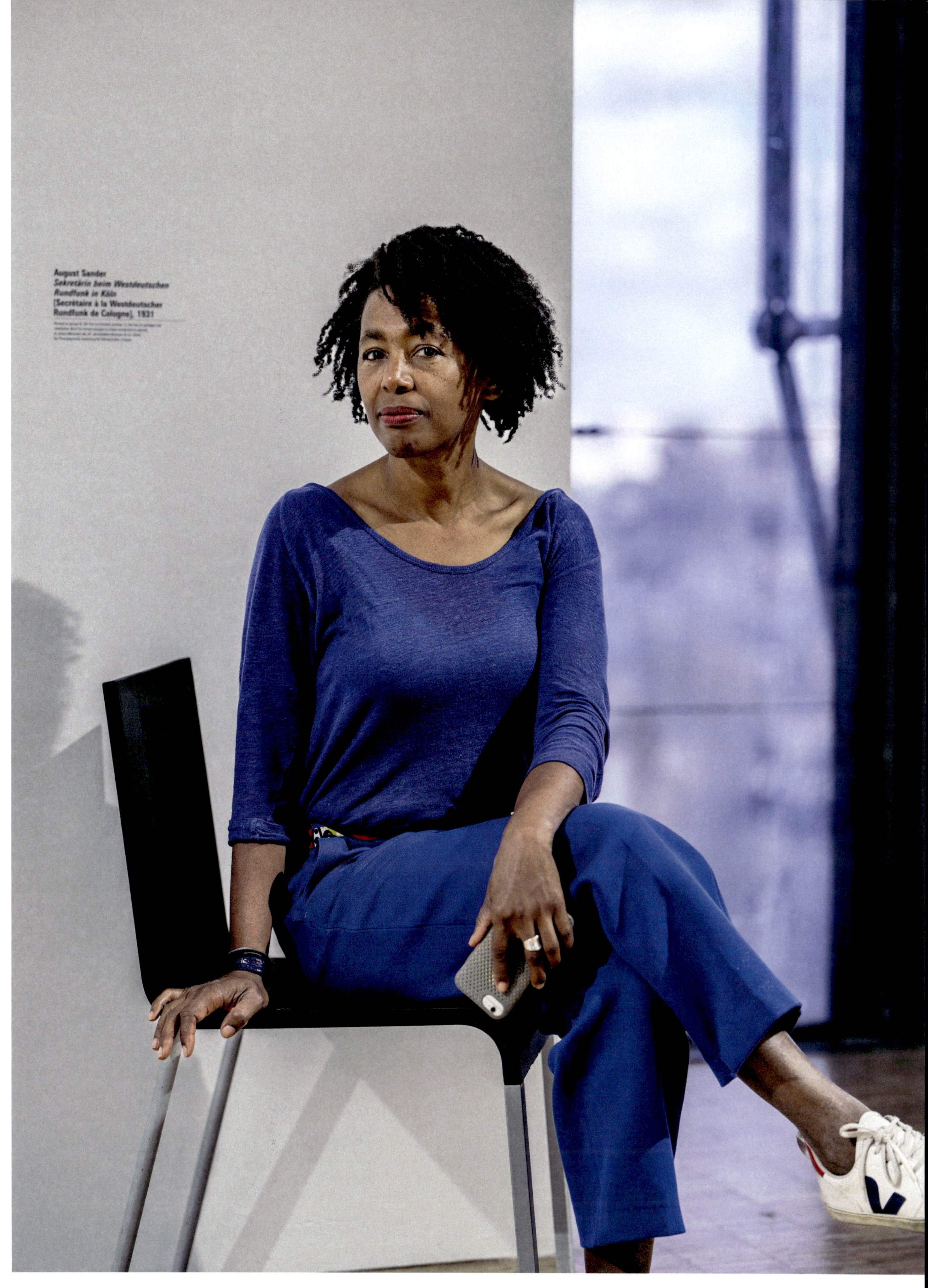

Carole Bourguignon 53

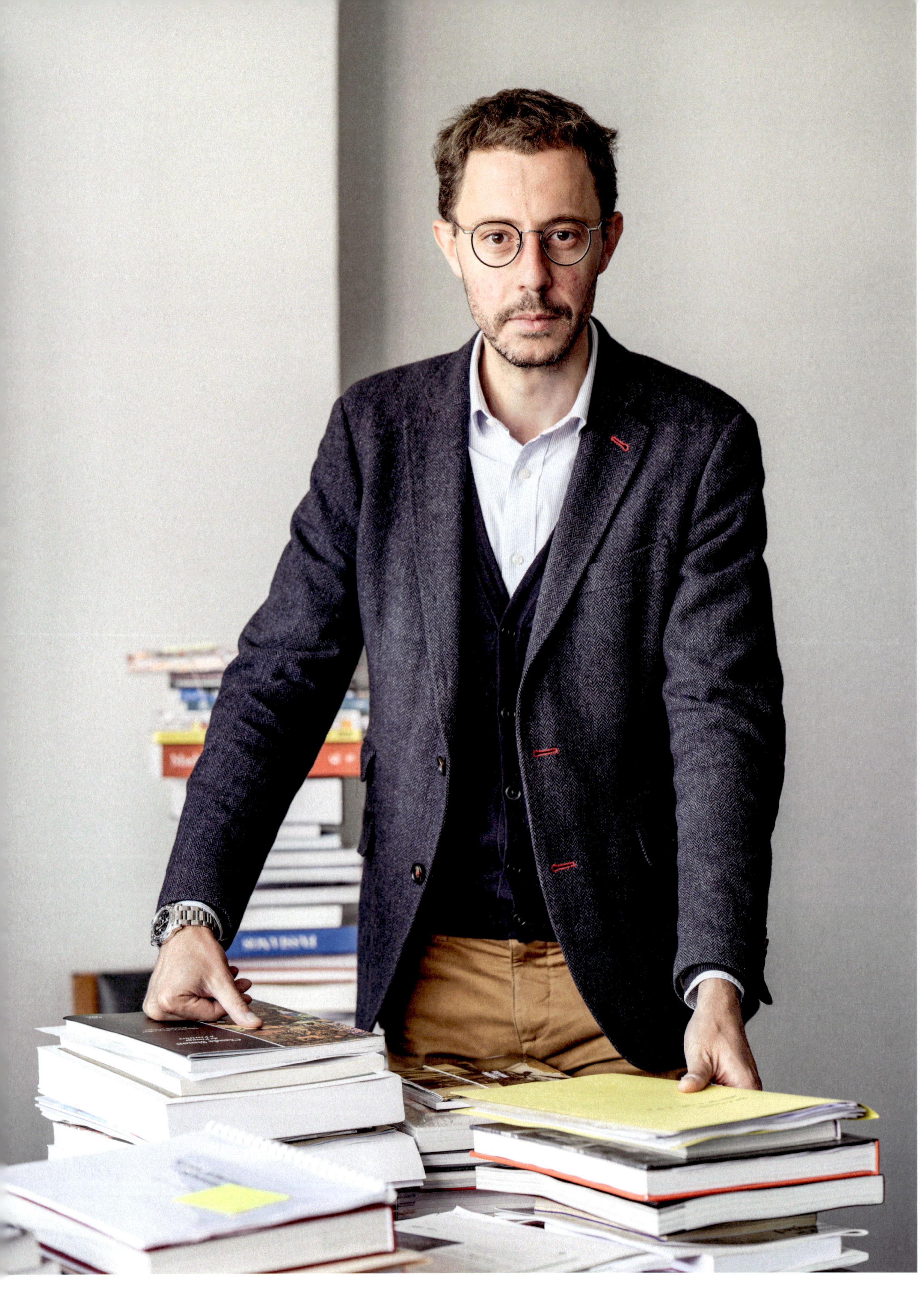

Kunstgelehrter
[Connaisseur d'art | Art Scholar]
1932

Der Herr Lehrer
[Monsieur l'instituteur / The Schoolmaster]
1910

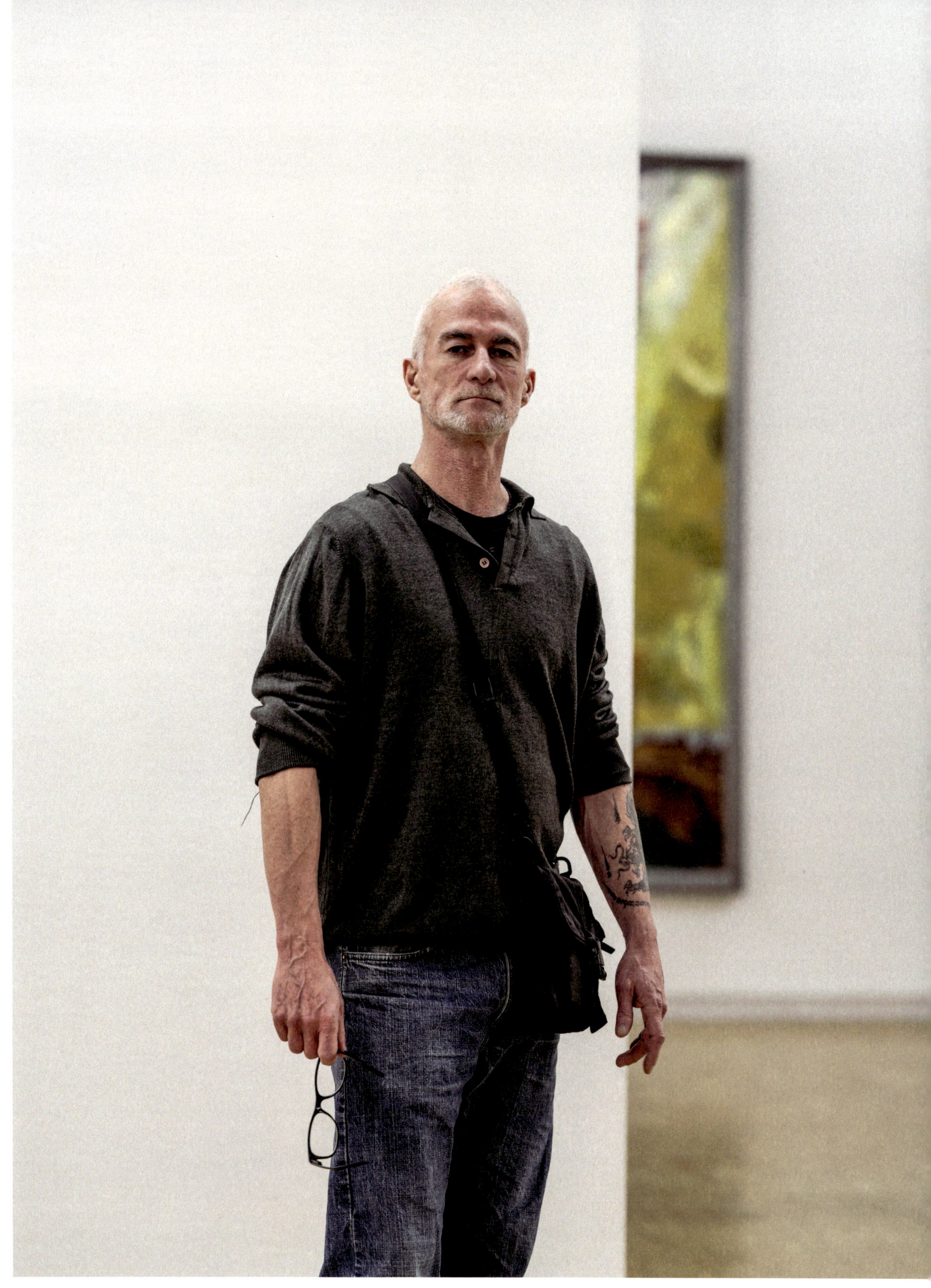

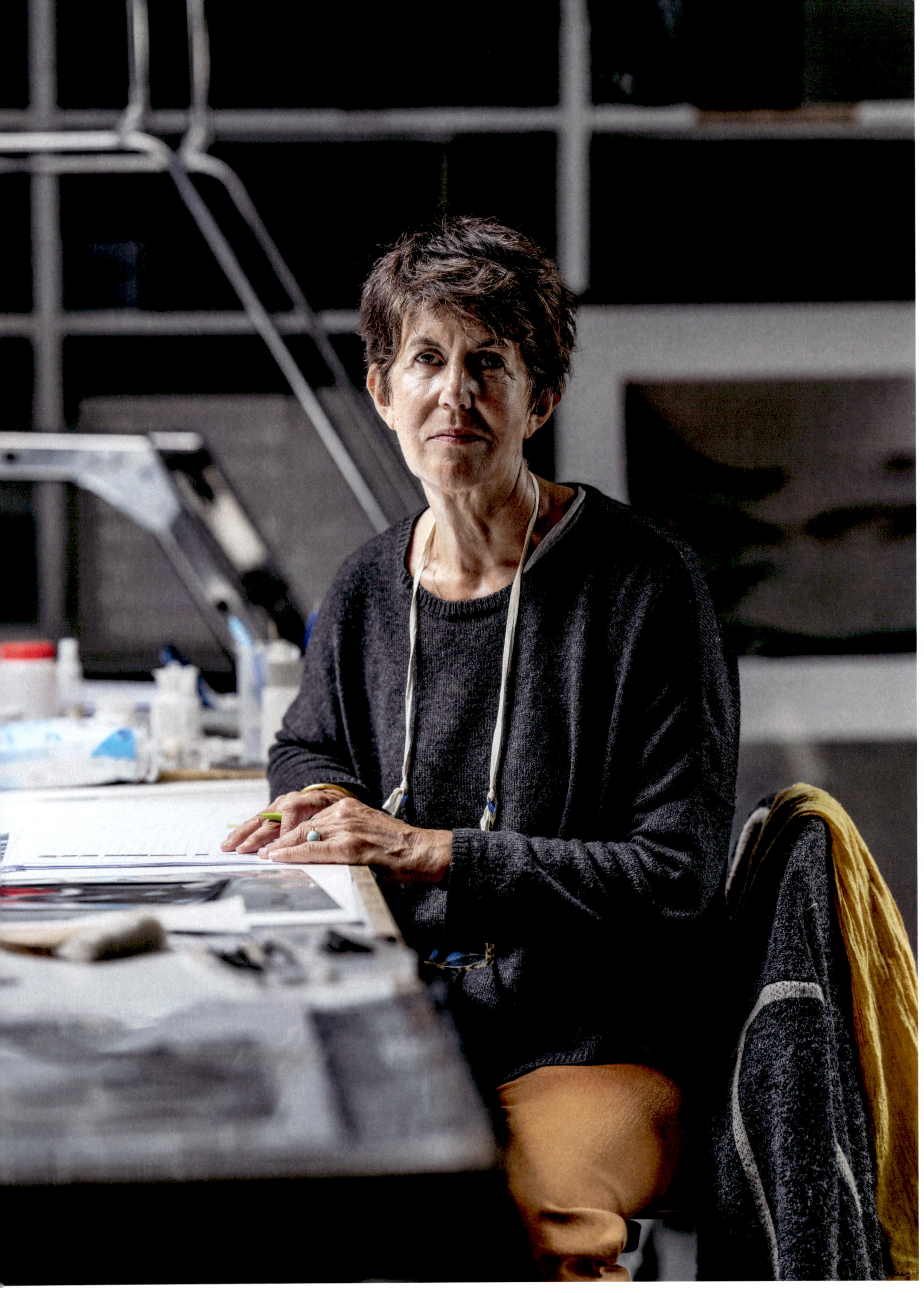

Porzellanmalerin
[Peintre sur porcelaine / Porcelain Painter]
1924

Technischer Zeichner
[Dessinateur industriel / Draftsman]
1938

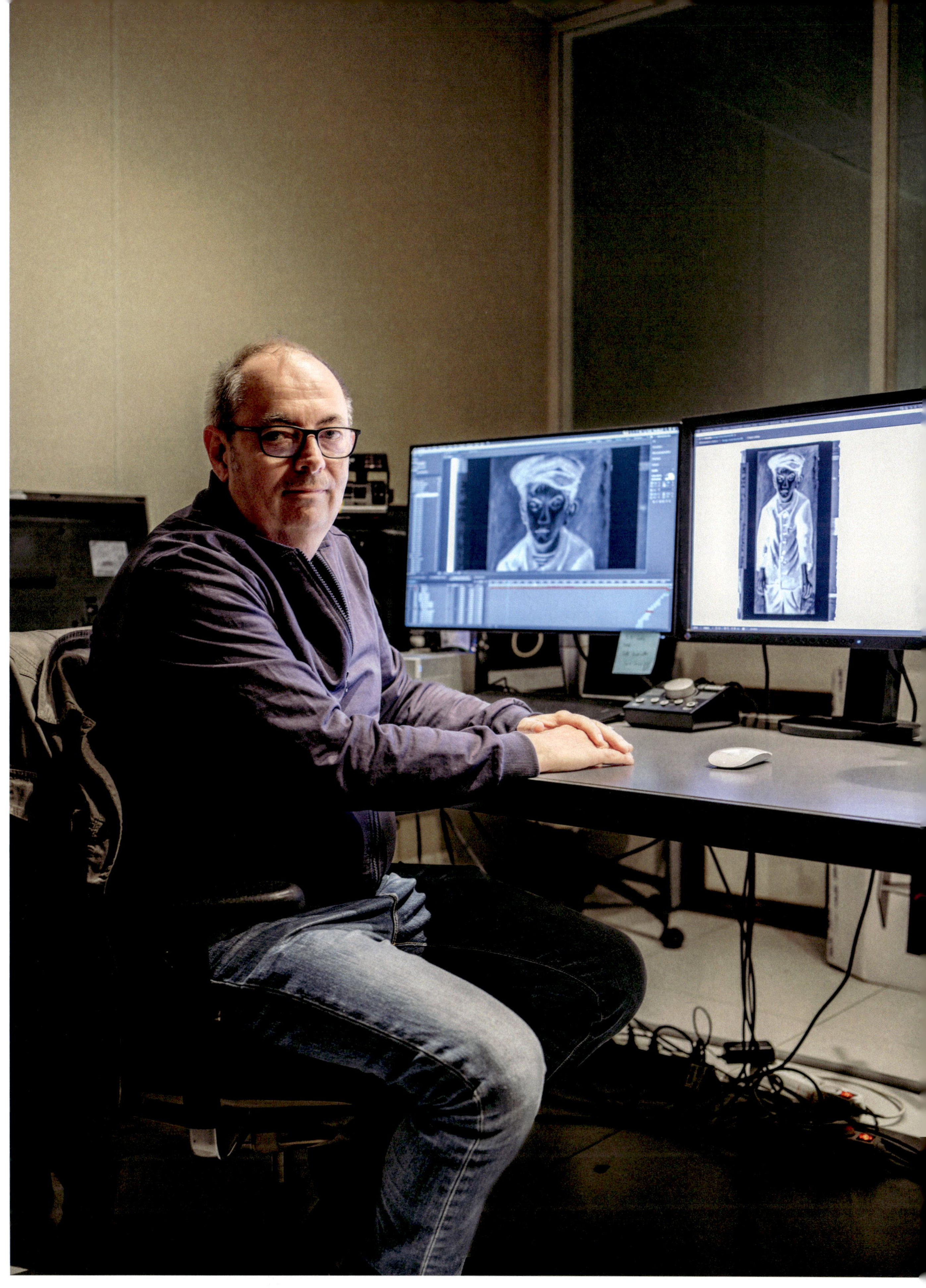

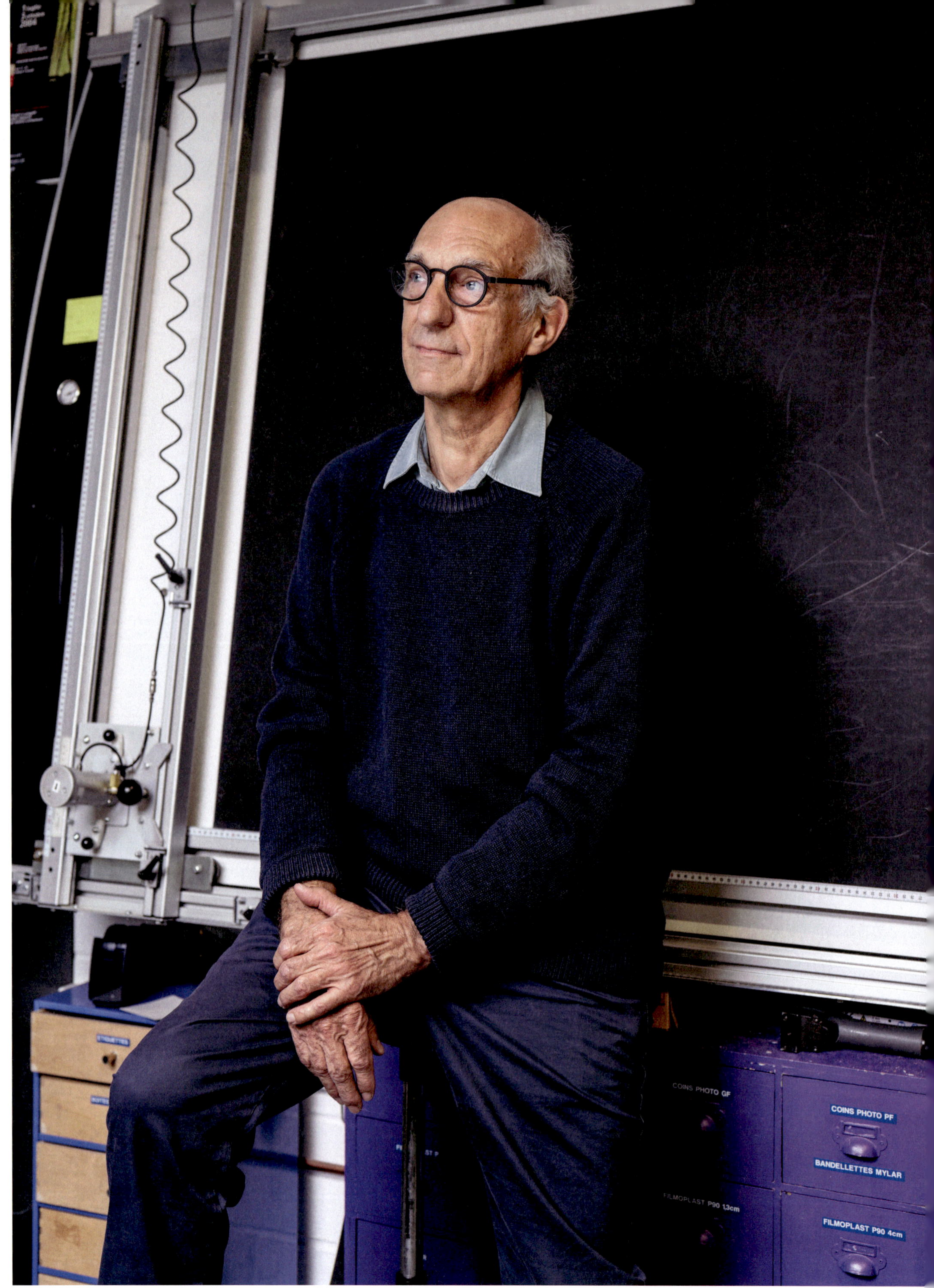

   Olivier Cinqualbre

Architekt
[Architecte | Architect]
1930

Photographin
[Photographe | Photographer]
1927

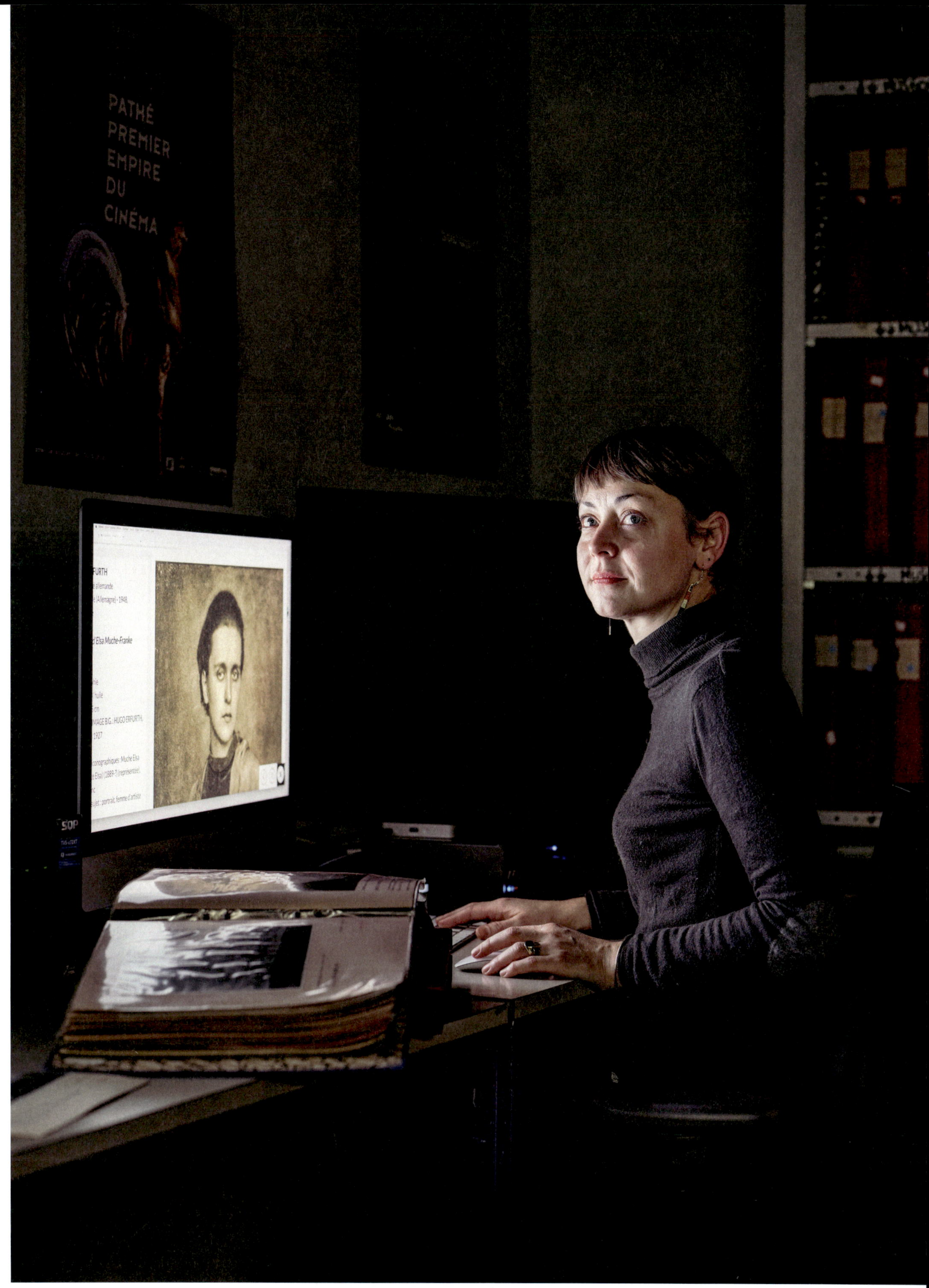

PATHÉ
PREMIER
EMPIRE
DU
CINÉMA

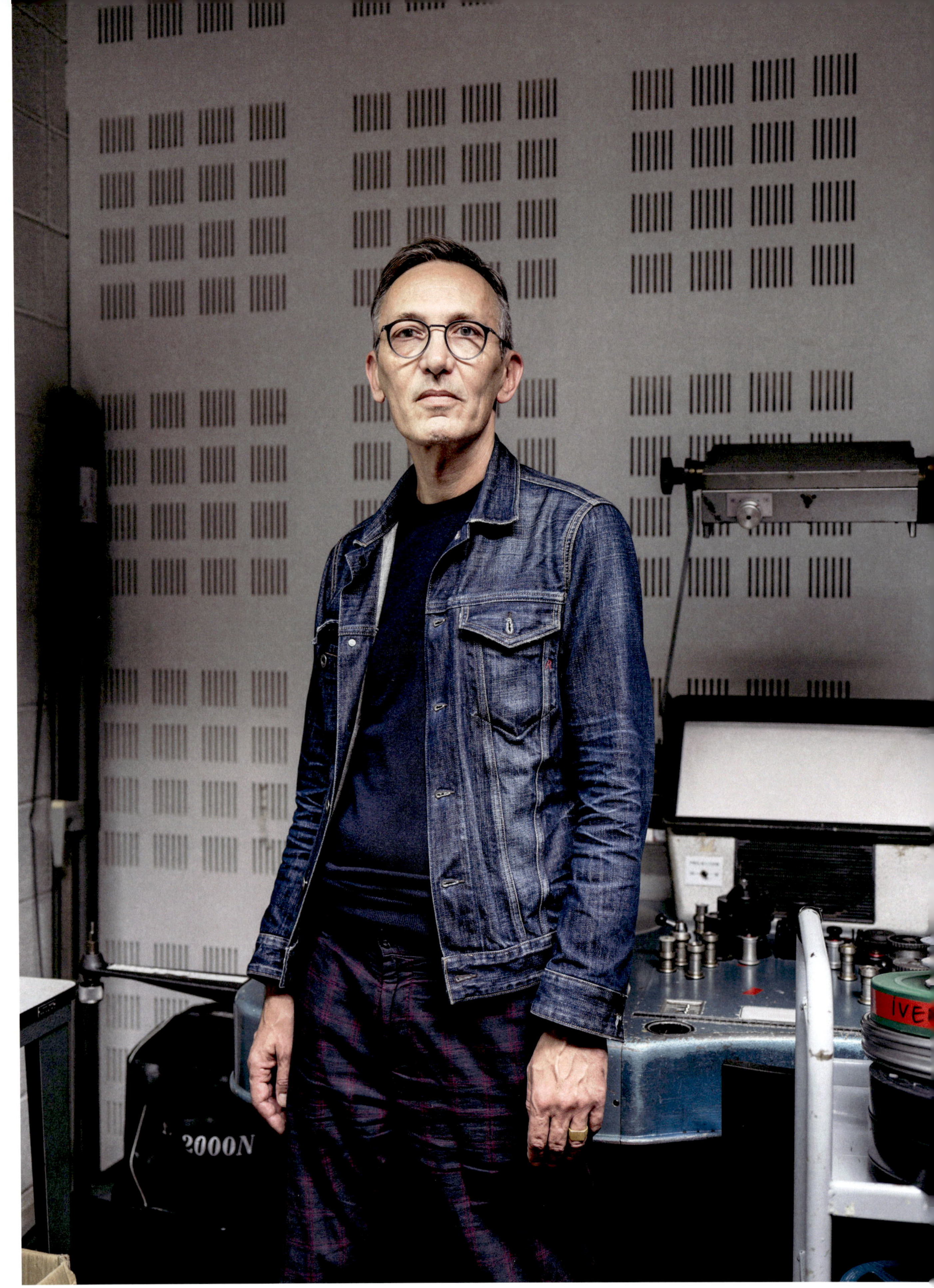

60   Alexis Constantin

Schriftsetzer in Wien
[Typographe à Vienne / Typesetter in Vienna]
1930

Werkstudentin
[Étudiante, formée en entreprise / Working Student]
ca. 1926

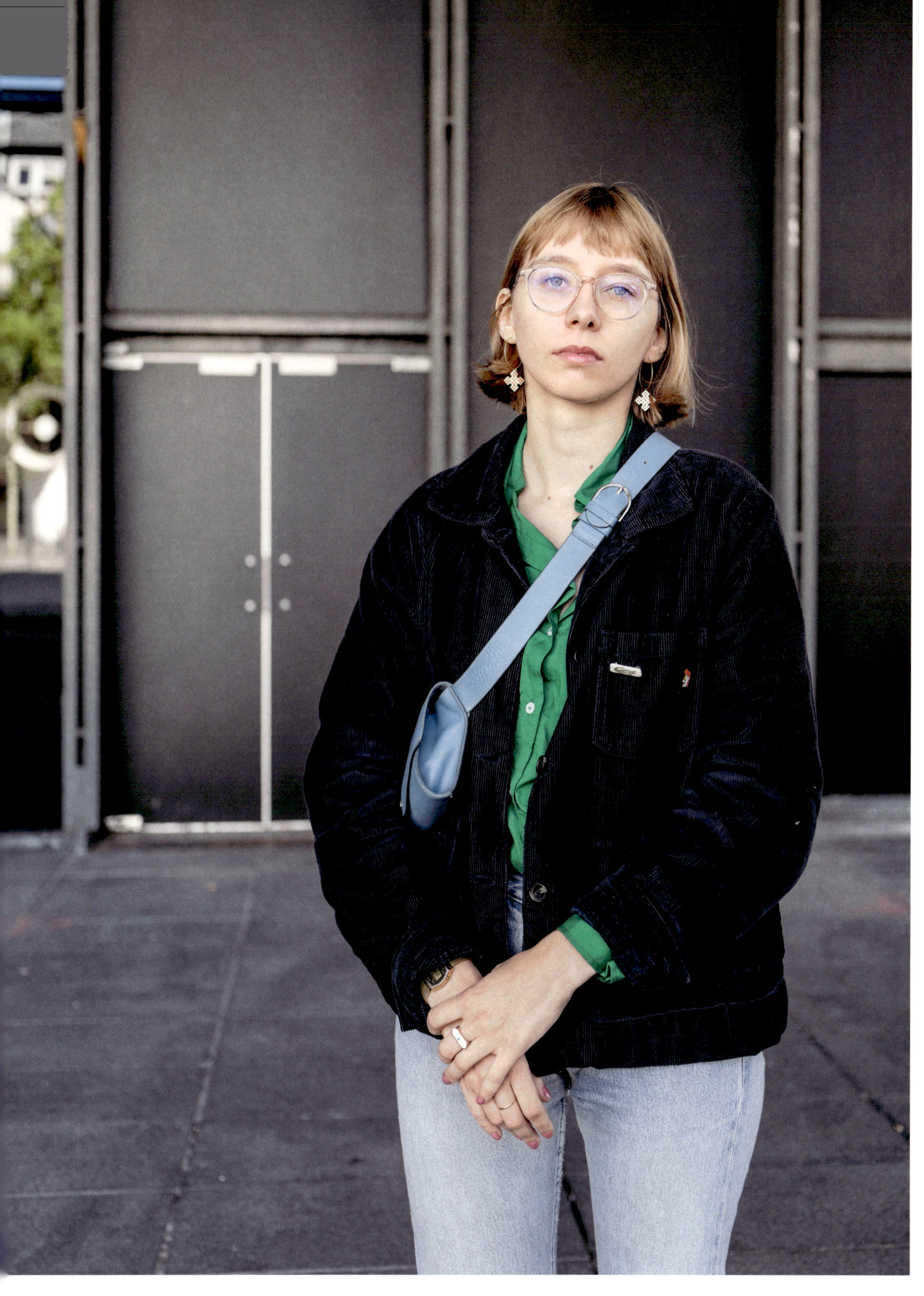

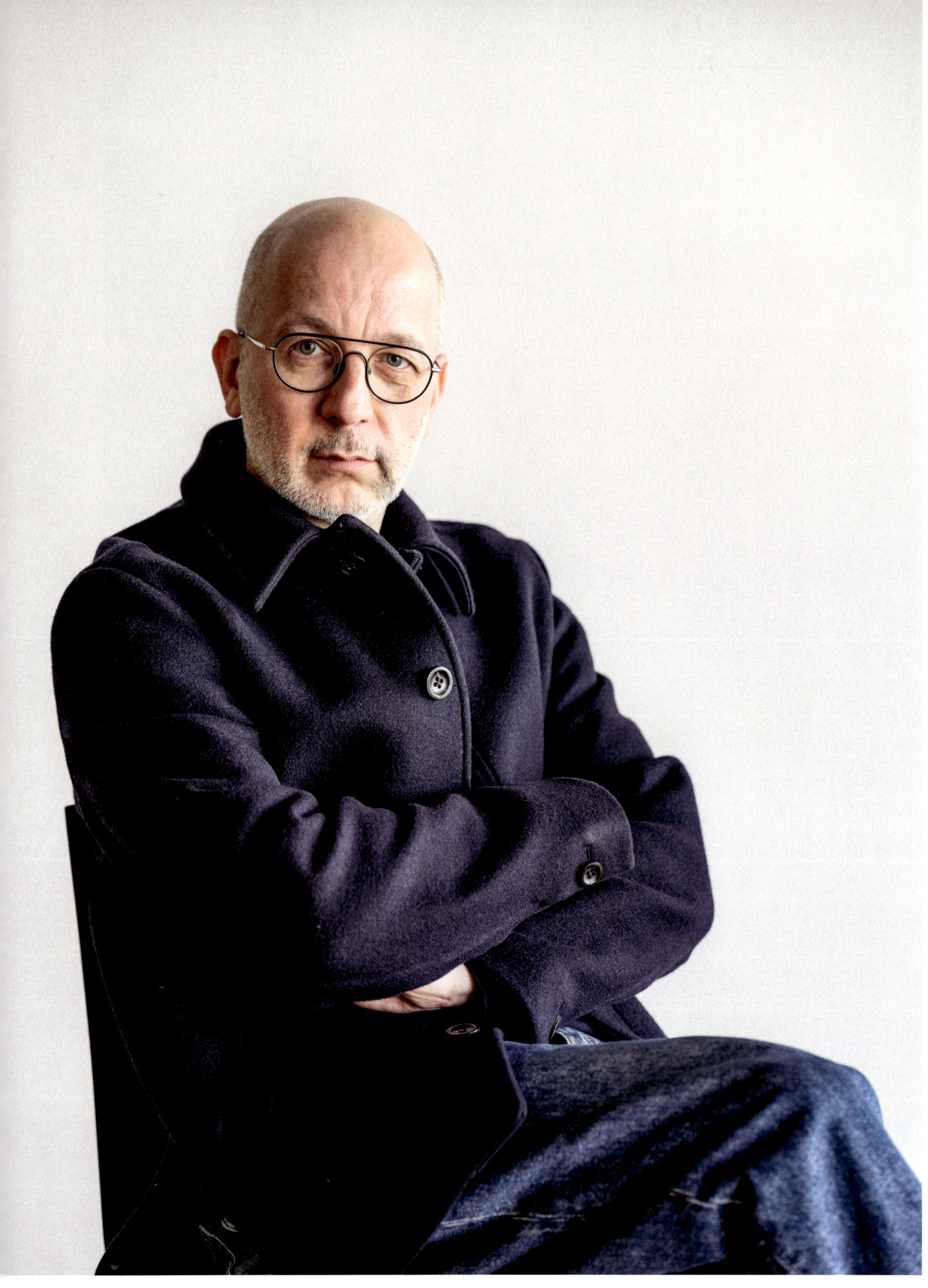

Maler
[Peintre / Painter]
1924

August Sander, *Straßenmusiker*
[Musicien de rue / Street Musician]
1928

1 NIDIAÏE AIMÉ
Musicienne de rue / *Straßenmusikerin* /
street musician

« Nidiaïe Aimé, Amoureuse d'Arts, Musique, Histoire, Astronomie, Philo, Grèce et Égypte antique, Reine d'un petit @v_e_r_s_a_i_e, Pirate troquant à @lamaisondurhum, @nidiaie_aime_siar »

»Nidiaïe Aimé, Liebhaberin von Kunst, Musik, Geschichte, Astronomie, Philosophie, Griechenland und dem alten Ägypten, Königin eines kleinen @v_e_r_s_a_i_e, Tausch-Piratin mit @lamaisondurhum, @nidiaie_aime_siar«

"Nidiaïe Aimé, Lover of Arts, Music, History, Astronomy, Philosophy, Ancient Greece and Egypt, Queen of a little @v_e_r_s_a_i_e, Pirate bartering at @lamaisondurhum, @nidiaie_aime_siar"

2 RAPHAËLE BIANCHI
Responsable des prêts et dépôts / *Leiterin Leihverkehr und Depositum* / Head of loans

August Sander, *Kontoristin*
[Employée de bureau / Office Worker]
ca. 1928

« Prêter est une mission essentielle du Musée qui permet de faire connaître notre collection au plus grand nombre et nous rappelle que les œuvres sont des biens publics dont nous avons la garde. L'échange est mutuel et nous enrichit du point de vue de l'emprunteur. »

»Leihgaben sind eine wesentliche Aufgabe des Museums, um unsere Sammlung einem breiten Publikum bekannt zu machen und um uns daran zu erinnern, dass die Werke öffentliches Eigentum sind, das wir verwahren. Der Austausch ist gegenseitig und bereichert uns um die Sichtweise des Leihnehmers.«

"Lending is an essential part of the museum's mission, enabling us to make our collection known to as many people as possible and reminding us that works of art are public property in our care. The exchange is mutual and enriches us from the borrower's point of view."

August Sander, *Zöllner*
[Douaniers / Customs Officers]
1926

3 FIROUD DIB, RUDY FRÉCHOU-MONDÉSIR
Agents de sûreté / *Sicherheitsmitarbeiter* /
Security agents

« Mon nom est Firoud Dib, je suis agent de sûreté au Centre Pompidou depuis le 1er octobre 1994. Bravo pour votre exposition sur les années 1920 en Allemagne, je m'intéresse à cette période, de la chute du Kaiser jusqu'à la fin de la République de Weimar. Et aussi au foot allemand des années 1970 avec les grands joueurs Rainer Bonhof, Berti Vogts, Günter Netzer de Mönchengladbach. »

»Mein Name ist Firoud Dib, ich bin seit dem 1. Oktober 1994 Sicherheitsmitarbeiter im Centre Pompidou. Mein Kompliment für ihre Ausstellung über die 1920er Jahre in Deutschland. Ich interessiere mich für diese Epoche, vom Sturz des Kaisers bis zum Ende der Weimarer Republik. Und auch für den deutschen Fußball der 1970er Jahre mit den großen Spielern Rainer Bonhof, Berti Vogts, Günter Netzer von Mönchengladbach.«

"My name is Firoud Dib, and I've been a security guard at the Centre Pompidou since October 1, 1994. Well done on your exhibition on the 1920s in Germany—I'm interested in this period, from the fall of the Kaiser to the end of the Weimar Republic. I'm also interested in German soccer in the 1970s, with the great players Rainer Bonhof, Berti Vogts, and Günter Netzer of Mönchengladbach."

4 PHILIPPE STRICHER
Peintre (scénographie) / *Maler (Szenografie)* /
Painter (set design)

August Sander, *Lackarbeiter*
[Vernisseur / Varnisher]
ca. 1930

« Je crois que j'ai un appareil similaire à celui que tu utilises. »
« Vraiment ? Oui, le mien est super. Donc, tu fais de la photo, toi aussi ? »
« Oui, j'aime beaucoup »

»Ich glaube, ich habe eine ähnliche Kamera, wie du sie benutzt.«
»Echt? Ja, die ist super. Du fotografierst also auch?«
»Ja, sehr sehr gerne.«

"I think I have a camera similar to the one you use."
"Really? It's a great camera. So you take pictures too?"
"Yes, I really enjoy it."

August Sander, *Frau eines Architekten*
[Femme d'un architecte / Architect's Wife]
1926 (Dora Lüttgen)

5 JULIE BOIDIN
Architecte et scénographe / *Architektin und Szenografin* / Architect and scenographer

« Sur la photo, je porte une bague qui appartenait à ma grand-mère. Dans les années 1930, mes grands-parents vivaient à Berlin. Mon grand-père y était né, ma grand-mère, qui était russe, était venue étudier dans une école de dessin, la Reimann Schule. Ils ont vécu à Berlin un peu une vie de bohème, avant l'exil, avant la guerre. »

»Auf dem Foto trage ich einen Ring meiner Großmutter. In den 1930er Jahren lebten meine Großeltern in Berlin. Mein Großvater war dort geboren, meine Grossmutter war aus Russland gekommen, um an einer Zeichenschule, der Reimann Schule, zu studieren. Sie hatten in Berlin ein Bohème-Leben geführt, bevor sie ins Exil gingen und der Krieg ausbrach.«

"In the photo, I'm wearing a ring that belonged to my grandmother. In the 1930s, my grandparents lived in Berlin. My grandfather was born there, and my grandmother, who was Russian, had come to study at a drawing school, the Reimann Schule. They lived a bit of a bohemian life in Berlin, before going into exile, before the war."

DAVID ROUGE, JÉRÉMY CARRASCO   6
Régisseur d'espace et accrocheur spécialisé /
Aufbauleiter und Ausstellungstechniker /
Exhibition space manager and Art Handler

August Sander, *Grobschmiede*
[Forgerons / Blacksmiths]
1926

« Les choses ne sont pas difficiles à faire, ce qui est difficile c'est de nous mettre en état de les faire. » (Constantin Brancusi)

»Die Dinge sind nicht schwer zu tun, schwer ist es, uns in die Lage zu versetzen, sie zu tun.« *(Constantin Brancusi)*

"Things are not difficult to make; what is difficult is putting ourselves in the state of mind to make them." (Constantin Brancusi)

August Sander, *Arbeiterrat aus dem Ruhrgebiet*
[Conseil ouvrier du bassin de la Ruhr / Workers' Council from the Ruhr]
1929

7   STEVEN DREZEN, AMIRA SAÏDI, CÉDRIC CHOUANE, SÉBASTIEN MALLET, JACQUES CREUZARD, CHRISTOPHE FORESTIER
Pompiers sur le poste de l'après-midi /
Feuerwehrleute der Nachmittagsschicht /
Firefighters on the afternoon shift

PATRICE PETIT   8
Responsable du pôle de sûreté et ancien gendarme / *Leiter der Sicherheitsabteilung und ehemaliger Gendarm* / Head of the security division and former gendarme

August Sander, *Oberst*
[Colonel / Colonel]
ca. 1916

« Ancien officier de gendarmerie, j'ai intégré le pôle sûreté du Centre Pompidou en qualité de responsable en 2021. Un nouveau challenge à relever. »

»Als ehemaliger Offizier der Gendarmerie bin ich seit 2021 als Leiter des Sicherheitsbereichs des Centre Pompidou tätig. Eine neue Herausforderung, der ich mich stellen wollte.«

"I used to be a former Gendarmerie officer and I joined the Centre Pompidou's security department as manager in 2021. A new challenge."

August Sander, *Leutnant*
[Sous-Lieutenant / Second Lieutenant]
1911 – 1914

9   LAURENT JOUANNEAU
Pompier au Centre Pompidou et ancien soldat /
Feuerwehrmann im Centre Pompidou und ehemaliger Soldat / Firefighter at the Centre Pompidou and former soldier

---

« Je suis au Centre depuis quatre ans et demi. Avant, j'ai été pompier de Paris pendant 27 ans, un métier que j'ai aimé jusqu'au bout. Je voulais rester dans le même domaine après ma carrière dans l'armée en tant que militaire du rang, toujours sur le terrain. Pendant cette période, j'étais responsable de 10 conducteurs. »

»Ich bin seit viereinhalb Jahren am Centre, davor habe ich 27 Jahre lang als Feuerwehrmann in Paris gearbeitet, was ich bis zum Schluss geliebt habe. Ich wollte nach meiner Karriere in der Armee im selben Bereich bleiben, in dem ich als einfacher Soldat immer im Einsatz war. Während dieser Zeit war ich für zehn Fahrer verantwortlich.«

"I've been at the Centre for four and a half years. Before that, I was a Paris firefighter for twenty-seven years, a profession I loved right up to the end. I wanted to stay in the same field after my career in the army as an enlisted soldier, always out in the field. During this period, I was responsible for ten drivers."

MOHAMED KASSI, STÉPHANE MOUTON   10
Gestionnaires des matériels de sécurité, pôle badge / *Techniker für Sicherheitsausstattung, Abteilung Zugangskarten* / Safety equipment managers, access badge unit

August Sander, *Schlossermeister*
[Maître serrurier / Master Locksmith]
1928

August Sander, *Immobilienmaklerin*
[Agente immobilière / Real Estate Agent]
1924

11   FRANCINE LOURARI
Responsable du pôle régie d'espaces /
Leiterin der Abteilung Raumunterhalt /
Head of site management

« Arrivée au Centre Pompidou en octobre 1998, au sein du service sûreté, j'ai évolué en tant qu'"ange gardien" comme j'aime à le dire. Parcours du combattant, milieu masculin où en tant que femme il faut faire ses preuves, me voilà cheffe d'équipe puis cheffe de groupe

»Ich begann im Oktober 1998 in der Sicherheitsabteilung des Centre Pompidou und habe mich, wie ich es nenne, als ›Schutzengel‹ verstanden. Als Frau muss man sich in einem von Männern dominierten Umfeld beweisen, und so wurde ich zunächst Team- und später Gruppenleiterin. Ich bin stolz darauf, als

"I joined the security department at the Centre Pompidou in October 1998, and have since become what I like to call a 'guardian angel.' It was an uphill battle, in a male-dominated environment where, as a woman, you have to prove yourself, but here I am, team leader and then group leader (the

(seule femme à ce jour nommée à ce poste), fière et honorée ! Autodidacte, passionnée, investie tout au long de ces années, j'ai changé de service il y a un an pour explorer autre chose. Ce que j'aime au Centre c'est cet aimant à diversité qu'il est, tant sur le plan artistique qu'humain. J'aime les gens qui, pour briller, n'éteignent pas les autres. La culture c'est comme le bonheur, ça se partage ! »

einzige Frau bisher in diese Position berufen worden zu sein. Als Autodidaktin war ich leidenschaftlich und engagiert in all diesen Jahren. Vor einem Jahr habe ich die Abteilung gewechselt, um etwas anderes kennenzulernen. Was ich am Centre liebe, ist seine magnetartige Anziehungskraft für alles Vielfältige, sowohl auf künstlerischer als auch auf menschlicher Ebene. Ich mag Menschen, die, um zu glänzen, andere nicht ausblenden. Kultur ist wie Glück, man muss es teilen!«

only woman to date appointed to this position). I feel proud and honored! I'm self-taught and invested myself in the job over the years with a passion. One year ago, I changed departments to explore something new. What I love about the Centre is that it's a magnet for diversity, both in artistic and human terms. I like people who don't need to extinguish the light of those around them in order to shine. Culture is like happiness: it has to be shared!"

HUGUES SPELLER, FRANCK BUISSON, LUCAS CHOL
Équipe de l'emballage des œuvres d'art /
Verpackungsteam Kunstwerke /
Artworks packaging team

12

August Sander, *Straßenarbeiter im Ruhrgebiet [Canonniers dans le bassin de la Ruhr / Workmen in the Ruhr]*, ca. 1928

« C'est effectivement dur de répondre précisément à cette question. Il est certain qu'il s'agit de milliers d'œuvres chaque année, mais cela varie énormément d'une année à l'autre. En effet, la première variable sont les acquisitions et donations qui arrivent au Centre et qui sont un peu plus nombreuses chaque année. Cela peut être des lots très réduits comme des lots de plusieurs centaines d'œuvres, auxquels il faut ajouter une bonne partie des mouvements entre le Centre et ses réserves ou des lieux d'exposition externes, pouvant varier en fonction des périodes mais qui représentent également des centaines d'œuvres. Il serait plus parlant mais aussi difficile de vous donner un volume car les œuvres vont du format carte postale et plus petit, à la sculpture monumentale. »

»Es ist in der Tat schwer, diese Frage genau zu beantworten. Sicherlich handelt es sich jedes Jahr um Tausende von Werken, aber das variiert stark von einem Jahr zum anderen. Die erste Variable sind nämlich die Ankäufe und Schenkungen, die im Centre eintreffen und die jedes Jahr etwas zahlreicher sind. Dabei kann es sich um sehr kleine Mengen handeln, aber auch um Ensembles von mehreren hundert Werken. Hinzu kommt ein großer Teil der Transporte zwischen dem Centre und seinen Lagerräumen oder externen Ausstellungsorten, die je nach Zeitraum variieren können, aber ebenfalls Hunderte von Werken umfassen. Es wäre aussagekräftiger, aber auch schwierig, euch ein Volumen zu nennen, da die Werke vom Postkartenformat und kleineren Formaten bis hin zu monumentalen Skulpturen reichen.«

"It's very hard to give a precise answer to this question. Certainly, we're talking about thousands of works a year, but this varies enormously from one year to the next. In fact, the first variable is the acquisitions and donations that arrive at the Centre, whose numbers are gradually rising year on year. These can range from very small batches to collections of several hundred works. On top of that, there is a good deal of traffic between the Centre and its storage facilities or external exhibition venues, which can vary according to the period but which also represent hundreds of works. It would be more meaningful, but also more difficult, to give you a volume, as the works range from postcard format and smaller, to monumental sculpture."

August Sander, *Jungbauern [Jeunes paysans / Young Farmers]*
1914

13

NOÉMIE GOKÉ LESSOUA
Agente d'accueil et de surveillance /
Museumsaufsicht / Guard
VINCENT MARTOS
Doctorant en acoustique à l'IRCAM (Institut de recherche et coordination acoustique/musique) /
Doktorand der Akustik am IRCAM / PhD student in acoustics at the IRCAM institute
ALIÉNOR PHILBERT
Chargée de production culturelle (Département culture et création) / *Projektmanagerin am Department für Kultur und Kreation* / Project manager at the Culture and Creation Department

A la soirée des vœux du président du Centre Pompidou, 17 janvier 2023
« Ce qui nous réunit sur cette photo, c'est le hasard du moment (car nous ne nous connaissions pas avant), l'envie d'être chic et d'aller danser tout comme les trois jeunes hommes dans leurs costumes. »

Am Abend der Neujahrsgrüße des Präsidenten des Centre Pompidou, 17. Januar 2023
»Was uns auf diesem Foto zusammenbringt, ist der Zufall des Augenblicks (weil wir uns vorher nicht kannten), der Wunsch, schick auszusehen und tanzen zu gehen, genauso wie die drei jungen Männer in ihren Anzügen.«

At the New Year's party of the president of Centre Pompidou, January 17, 2023
"What brings us together in this photo is the chance of the moment (because we didn't know each other before), the desire to look chic and to go dancing just like the three young men in their suits."

| MELANIJA MARIČIĆ 14
Agente d'entretien / *Reinigungskraft* / Cleaner | August Sander, *Putzfrau*
[Femme de ménage / Cleaning Woman]
1928 |

« En 1967, j'ai quitté la Yougoslavie et je suis arrivée en France, suivant mon futur mari, le père de mon enfant, qui avait trouvé un emploi comme couturier. Au début, tout marchait bien. Depuis 2009, je travaille au Centre Pompidou. »

»1967 verließ ich Jugoslawien und kam nach Frankreich. Ich folgte meinem zukünftigen Ehemann, dem Vater meines Kindes, der eine Stelle als Schneider gefunden hatte. Am Anfang lief alles gut. Seit 2009 arbeite ich im Centre Pompidou.«

"In 1967, I left Yugoslavia and came to France, following the man I would marry, the father of my child, who had found a job as a tailor. Things went well at first. Since 2009, I've been working at the Centre Pompidou."

| August Sander, *Bildhauer*
[Sculpteur / Sculptor]
1923 / 1928 | 15 LUCILLE ROYAN
Restauratrice / *Restauratorin* / Restorer |

| NATASHA MILOVZOROVA 16
Chargée de recherche à la Bibliothèque Kandinsky / *Wissenschaftliche Mitarbeiterin an der Bibliothèque Kandinsky* / Research associate, Kandinsky Library | August Sander, *Studie eines Russen*
[Étude d'un russe / Study of a Russian]
1925–1930 |

« Je me dis parfois : quel beau pays nous aurions, si nous l'avions ! » (Bertolt Brecht, *Dialogues d'exilés*, Paris : L'Arche, 1972, p. 79)

»Ich denke manchmal: Was für ein hübsches Land hätten wir, wenn wir es hätten!« (Bertolt Brecht, Flüchtlingsgespräche, *Große kommentierte Berliner und Frankfurter Ausgabe, Prosa 3*, Berlin: Aufbau Verlag 1995 S. 257)

"I sometimes think: what a lovely country we'd have, if we had it." (Bertolt Brecht, *Bertolt Brecht's Refugee Conversations*, trans. Romy Fursland, ed. Tom Kuhn, London: Methuen, 2020, p. 58)

| August Sander, *Polizeibeamter. Der Herr Wachtmeister*
[Monsieur l'agent de police / Police Officer]
1925 | 17 PHILIPPE BOISSEVAL
Pompier dans les réserves du site Paris-Nord / *Feuerwehrmann im Kunstdepot Paris-Nord* / Firefighter at the Paris-Nord storage facility |

« Au début, on ne s'y intéresse pas … ou très peu. Et quand on voit ce que l'art peut donner aux gens, tout devient plus clair. L'art est partout et tout est art. »

»Zu Beginn interessiert man sich nicht dafür … oder nur sehr wenig. Doch wenn man sieht, was die Kunst den Menschen geben kann, wird alles klarer. Kunst ist überall und alles ist Kunst.«

"To start with, you're not interested in it … or only a little bit. But when you see what art can give people, everything becomes clearer. Art is everywhere and everything is art."

| LAURENT LE BON 18
Président du Centre national d'art et de culture Georges Pompidou / *Präsident des Centre national d'art et de culture Georges Pompidou* / President of the Centre national d'art et de culture Georges Pompidou | August Sander, *Der Fabrikant*
[Le fabricant / The Manufacturer]
1914 |

| August Sander, *Chauffeur*
[Le chauffeur / The Chauffeur]
1929 | 19 ALAIN RIVAULT
Chauffeur à la présidence du Centre Pompidou / *Fahrer des Präsidenten des Centre Pompidou* / Chauffeur for the president of the Centre Pompidou |

« Mes grands-pères ont connu la guerre. L'un, prisonnier de guerre en Allemagne durant quatre ans, fut employé de ferme pour remplacer les hommes partis au front. L'autre, plus jeune, prit le maquis quand le STO [Service du travail obligatoire] fut instauré. Des récits qu'ils m'ont faits,

»Meine Großväter haben den Krieg erlebt. Der eine war vier Jahre lang Kriegsgefangener in Deutschland und arbeitete auf einem Bauernhof, um die Männer zu ersetzen, die an die Front gegangen waren. Der andere, jüngere, ging in den Untergrund, als der Zwangsarbeitsdienst (STO) eingeführt wurde.

"My grandfathers lived through the war: one, who was a prisoner of war in Germany for four years, worked as a farmhand, substituting for men who had left for the front. The other, who was younger, joined the Resistance when the STO (Compulsory Work Service) was introduced.

j'ai détesté l'Allemagne, les Allemands. Période où j'étais imperméable à tout pardon. Puis j'ai pleuré en voyant Mitterrand et Kohl, main dans la main. Était venu mon temps à moi, celui de pardonner, de découvrir tout ce que l'Allemagne avait à offrir et d'imaginer tout ce que nous pourrions faire ensemble. »

Die Geschichten, die sie mir erzählt haben, haben mich Deutschland und die Deutschen hassen lassen. Damals war ich unempfänglich für Vergebung. Dann weinte ich, als ich Mitterrand und Kohl Hand in Hand sah. Meine Zeit, um zu vergeben und alles zu entdecken, was Deutschland zu bieten hatte, war gekommen.«

From the stories they told me, I hated Germany and the Germans. At that time I wasn't open to forgiveness. Then I cried when I saw Mitterrand and Kohl, hand in hand. The time had come for me to forgive, to discover what Germany had to offer, and to imagine what we could do together."

JESSICA WATSON — 20
Chargée de mission auprès du président / *Referentin des Präsidialbüros* / Research associate in the president's office

August Sander, *Junge Frau*
[Jeune femme / Young Woman]
1929

August Sander, *Arbeiter an der Maschine*
[Opérateur de machines / Machine Operator]
1926

21 — **DALLA KOÏTA**
Machiniste, service de ménage, société Nickel / *Maschinist beim Reinigungsdienst, société Nickel* / Machinist, cleaning service, Nickel corporation

---

TARAH GEOFFRE ORGUSAARE — 22
Agent de caisse / *Eintrittskartenverkäufer* / Ticket sales

August Sander, *Arbeiterschriftsteller*
[Écrivain-ouvrier / Working-Class Writer]
1928

Tarah Geoffre Orgusaare : fameuse exposition personnelle de photos *Venise* à la prestigieuse galerie en haut de la tour Kiek in de Kök (musée des fortifications de Tallinn) en 2017, devenue par la suite une exposition itinérante en Estonie // Lauréat de trois concours de photos : *Paris métisse* du magazine *En Vue* des bibliothèques de la ville de Paris, n°68, 2014 ; *Trésor(s)* pour la photo couleur du personnel du Ministère de la Culture en 2016 ; *#MADsurlesquais* du Musée des Arts décoratifs en 2021. // Avec le même plaisir, sous les noms de Xaintorxare ou Montbelialtz, il écrit des poèmes, dessine, fait des courts métrages … // Fils du cinéaste subversif, réfugié soviétique depuis 1976, V. G. Karasjov-Orgusaar (1931–2015), qui n'a pas pu tourner de films en France.

Tarah Geoffre Orgusaare: Berühmte Einzelfotoausstellung Venedig *in der renommierten Galerie auf der Spitze des Turms Kiek in de Kök (Festungsmuseum Tallinn) 2017, die später zu einer Wanderausstellung in Estland wurde // Preisträger von drei Fotowettbewerben:* Paris métisse *des Magazins* En Vue *der Bibliotheken der Stadt Paris, Nr. 68, 2014;* Trésor(s) *(zur Farbfotografie) für die Angestellten des Kultusministeriums im Jahr 2016;* #MADsurlesquais *des Musée des Arts décoratifs, 2021. // Mit demselben Vergnügen schreibt er unter den Namen Xaintorxare oder Montbelialtz Gedichte, zeichnet, dreht Kurzfilme … // Sohn des subversiven Filmemachers und sowjetischen Flüchtlings (seit 1976) V. G. Karasjov-Orgusaar (1931–2015), der in Frankreich nie einen Film drehen konnte.*

Tarah Geoffre Orgusaare: Famous solo photo exhibition *Venice* at the prestigious gallery at the top of the Kiek in de Kök tower (Tallinn Fortifications Museum) in 2017, which subsequently toured Estonia // Winner of three photo competitions: *Paris métisse* from *En Vue: Le magazine des bibliothèques de la Ville de Paris 68* (2014); *Trésor(s)* (color photography) for the staff of the ministry of culture, 2016; *#MADsurlesquais* from the Musée des Arts décoratifs, 2021. // He also enjoys drawing, making short films, and writing poems under the names Xaintorxare or Montbelialtz … // Son of the subversive filmmaker V. G. Karasjov-Orgusaar (1931–2015), a Soviet refugee from 1976 on, who was unable to make any films in France.

August Sander, *Zirkusarbeiter*
[Travailleurs du cirque / Circus Artists]
1926–1932

23 — **JÉRÉMY ALVES, JEAN-PATIENT LUCENAY**
Agents d'accueil et de surveillance / *Museumsaufsichten* / Museum guards

« Mon premier contact avec le Centre Pompidou s'est fait en 1993. Grâce à mon ‹ laissez-passer › en poche, j'ai pu découvrir l'offre culturelle proposée dans ce lieu. Dans les rayonnages de la Bibliothèque publique d'information, à la section photographie, je suis tombé sur l'ouvrage *Entre vues* de Frank Horvat, ce livre m'a beaucoup marqué. » (Jean-Patient Lucenay)

»Mein erster Kontakt mit dem Centre Pompidou fand 1993 statt. Dank meines ›Laissez-Passer‹ in der Tasche konnte ich das kulturelle Angebot an diesem Ort entdecken. In den Regalen der Öffentlichen Informationsbibliothek (BPI) in der Abteilung für Fotografie stieß ich auf das Buch Entre vues *von Frank Horvat, dieses Buch hat mich sehr beeindruckt.« (Jean-Patient Lucenay)*

"My first contact with the Centre Pompidou was in 1993. With my 'Laissez-Passer' in my pocket, I was able to discover the cultural offerings of the Centre Pompidou. In the photography section of the Public Information Library (BPI), I came across Frank Horvat's *Entre vues*, a book that made a deep impression on me." (Jean-Patient Lucenay)

JEAN-PIERRE CRIQUI
Conservateur au service des collections contemporaines et rédacteur en chef des *Cahiers du musée*, à côté du tableau *Eclaircie* (2008–2019) de Gabriel Orozco / *Kurator in der Sammlung zur Zeitgenössischen Kunst und Chefredakteur der* Cahiers du musée, *neben dem Gemälde* Eclaircie *(2008–2019) von Gabriel Orozco* / Curator in the contemporary art department and editor-in-chief of *Cahiers du musée*, next to the painting *Eclaircie* (2008–2019) by Gabriel Orozco

24

August Sander, *Kunstgelehrter*
[Le connaisseur d'art | The Art Scholar]
1928 (Fritz Witte)

« Une photographie est un secret à propos d'un secret. Plus elle vous en dit, moins vous en savez. »
(Diane Arbus)

»*Eine Fotografie ist ein Geheimnis über ein Geheimnis. Je mehr sie Ihnen davon erzählt, desto weniger wissen Sie darüber.*«
(Diane Arbus)

"A photograph is a secret about a secret. The more it tells you the less you know."
(Diane Arbus)

August Sander, *Bildhauerin*
[Sculptrice | Sculptress]
1929 (Ingeborg von Rath)

25 VALÉRIE BELIN
Artiste / *Künstlerin* / Artist

« Qu'on photographie une personne ou un objet, il y a toujours une part de "social" dans l'image, souvent de manière fantasmatique. Mais ce qui est important pour moi n'est pas tellement le sujet lui-même – ce qui est en jeu est plutôt mon rapport au sujet et la forme qu'il prendra. C'est cet aspect formel qui pour moi est le plus important, ce qui nous renvoie d'une certaine manière à la sculpture. »

»*Egal, ob man eine Person oder ein Objekt fotografiert, es gibt immer einen Teil ›Soziales‹ im Bild, oft auf fantastische Weise. Für mich ist jedoch nicht so sehr das Motiv selbst wichtig – vielmehr geht es um meine Beziehung zum Motiv und die Form, die es annimmt. Es ist dieser formale Aspekt, der für mich am wichtigsten ist und der uns in gewisser Weise auf die Skulptur verweist.*«

"Whether you're photographing a person or an object, there's always an element of the 'social' in the image, often in a fantastical way. But what's important for me is not so much the subject itself—what's at stake is rather my relationship to the subject and the form it will take. It's this formal aspect that's most important to me, which in a way brings us back to sculpture."

DAMARICE AMAO, JULIE JONES
Attachée de conservation ; conservatrice ; les deux travaillent à la collection de photographie / *Assistenz-Kuratorin; Kuratorin; beide arbeiten in der Fotografischen Sammlung* / Associate curator; curator; both working in the photography department
NICOLAS LIUCCI-GOUTNIKOV
Conservateur et chef de service à la Bibliothèque Kandinsky / *Leitender Kurator in der Bibliothèque Kandinsky* / Chief curator at the Kandinsky Library
JONATHAN POUTHIER
Attaché de conservation à la collection de film / *Assistenz-Kurator in der Sammlung Film* / Associate curator in the film department

Membres du groupe de recherche sur un « art de gauche » / *Mitglieder einer Arbeitsgruppe zur ›Linken Kunst‹* / Members of the research group studying "left-wing art"

26

August Sander, *Geistesarbeiter des Proletariats*
[Intellectuels du prolétariat | Proletarian Intellectuals]
ca. 1925 (Else Schuler, Tristan Rémy, Franz Wilhelm Seiwert, Gerd Arntz)

« Vous tous qui possédez des connaissances, des talents, si vous avez du cœur, venez donc, vous et vos connaissances, les mettre au service de ceux qui en ont le plus besoin.

„*Ihr alle endlich, die ihr Kenntnisse und Fähigkeiten besitzt, kommt, wenn ihr ein Herz habt, ihr und eure Gefährtinnen, sie dem Dienste jener zu weihen, die dieselben am meisten nötig haben.*

"Lastly, all of you who possess knowledge, talent, capacity, industry, if you have a spark of sympathy in your nature, come, you and your companions, come and place your services

Et sachez que si vous venez, non pas en maîtres, mais en camarades de lutte ; non pas pour gouverner, mais pour vous inspirer vous-mêmes dans un milieu nouveau qui marche à la conquête de l'avenir ; moins pour enseigner que pour concevoir les aspirations des masses, les deviner et les formuler, et puis travailler, sans relâche, continuellement et avec tout l'élan de la jeunesse, à les faire entrer dans la vie, – sachez qu'alors, mais alors seulement, vous vivrez d'une vie complète, d'une vie rationnelle. Vous verrez que chacun de vos efforts faits dans cette voie porte amplement ses fruits – et ce sentiment d'accord établi entre vos actes et les commandements de votre conscience, vous donnera des forces que vous ne soupçonniez pas vous-mêmes. La lutte pour la vérité, pour la justice, pour l'égalité, au sein du peuple – que trouvez-vous de plus beau dans la vie ? »
(Pierre Kropotkine, « Aux jeunes gens », lettre publiée dans *Les Temps nouveaux*, n° 31, 1904)

Und wißt, daß, wenn ihr nicht als Führer, sondern als Kampfesgenossen kommt, nicht um zu dirigieren, sondern um aus neuen Lebensverhältnissen neue Begeisterung zu schöpfen; weniger um zu lehren, sondern eher um die Bestrebungen der Massen kennen zu lernen, dieselben zu erraten und ihnen Form zu geben, und um dann ohne nachzulassen, mit dem ganzen Feuer der Jugend fortwährend daran zu arbeiten, um diesen Bestrebungen im Leben Geltung zu verschaffen – wißt, daß ihr dann, aber nur dann, ein volles vernunftgemäßes Leben leben werdet! Ihr werdet sehen, daß jede Anstrengung in dieser Richtung reichlich Früchte tragen wird; – und dieses Gefühl der Übereinstimmung zwischen eueren Taten und eurem Gewissen wird euch Kräfte geben, deren Dasein in euch ihr nicht einmal geahnt habt. Der Kampf für die Wahrheit, die Gerechtigkeit, die Gleichheit in der Mitte des Volkes – was könntet ihr im Leben Schöneres finden?"
(Peter Kropotkin, „An die jungen Leute", in: ders., Worte eines Rebellen, hg. und eingeleitet von Dieter Marc Schneider, übersetzt von Pierre Ramus, Reinbek bei Hamburg: Rowohlt 1972, S. 33–52, hier S. 47)

at the disposal of those who most need them. And remember, if you do come, that you come not as masters, but as comrades in the struggle; that you come not to govern but to gain strength for yourselves in a new life which sweeps upward to the conquest of the future; that you come less to teach than to grasp the aspirations of the many; to divine them, to give them shape, and then to work, without rest and without haste, with all the fire of youth and all the judgment of age, to realize them in actual life. Then and then only will you lead a complete, a noble, a rational existence. Then you will see that your every effort on this path bears with it fruit in abundance, and this sublime harmony once established between your actions and the dictates of your conscience will give you powers you never dreamt lay dormant in yourselves. The never-ceasing struggle for truth, justice and equality among the people, whose gratitude you will earn—what nobler career can the youth of all nations desire than this?"
(Pëtr Kropotkin, "An Appeal to the Young," translated by the British socialist H. M. Hyndman, https://theanarchistlibrary.org/library/petr-kropotkin-an-appeal-to-the-young)

August Sander, *Betriebsingenieur*
[Ingénieur exploitant / Production Engineer]
1926

27 TONY BASSET
Adjoint à la cheffe du service des collections, gestion des réserves du site de Paris-Nord / *Stellvertretender Leiter der Sammlungsabteilung, Depotverwaltung, Standort Paris-Nord* / Assistant to the head of the collections department, art storage management, Paris Nord division

« Point stratégique d'un musée, une réserve est le lieu de conservation de la majorité des trésors mais surtout le lieu de préparation des œuvres avant leur présentation aux publics. Une réserve est souvent cachée, a contrario de la salle d'exposition qui reçoit tous les honneurs, mais l'un ne va pas sans l'autre. Son activité suit un tempo, celui des prêts / dépôts et de la programmation culturelle ; un rythme coordonné sur place par un chef d'orchestre qui doit savoir maîtriser continuellement l'art du déséquilibre équilibré, comme un tableau de Mondrian. »

»Das Kunstdepot ist ein strategischer Ort des Museums. Dort werden nicht nur die meisten Schätze aufbewahrt, sondern auch die Werke vorbereitet, bevor sie der Öffentlichkeit präsentiert werden. Ein Depot ist oft versteckt, im Gegensatz zu den Ausstellungsräumen, denen die ganze Aufmerksamkeit gilt, aber das eine funktioniert nicht ohne das andere. Sein Betrieb folgt einem bestimmten Rhythmus, dem der Leihgaben / Deposita und des kulturellen Programms; ein Rhythmus, der vor Ort von einem Dirigenten koordiniert wird, der beständig die Kunst des ausgewogenen Ungleichgewichts beherrschen muss, wie in einer Malerei Mondrians.«

"A strategic point in a museum, the storage space is where most of its treasures are kept and, most importantly, where works are prepared before being presented to the public. A storeroom is often hidden, in contrast to the exhibition space, which has all the kudos, but one cannot exist without the other. Its activity follows a tempo, that of loans / storage and cultural programming; a rhythm coordinated on-site by a conductor who must continually master the art of balanced imbalance, like a painting by Mondrian."

ÉRIC L'HOSPITALIER — 28
Régisseur des réserves du site de
Paris-Nord / *Verwalter des Kunstdepots,
Standort Paris-Nord* / Art storage manager,
Paris Nord division

August Sander, *Berliner Kohlenträger*
[Porteur de charbon berlinois / Berlin Coalheaver]
1929

« Je suis fier de me considérer comme un Gardien. Au gré des voyages et des prêts que les caisses, dont je prends soin, connaissent, je découvre ou redécouvre les œuvres qu'elles protègent. Autant de boîtes aux trésors qui renferment une immense part de la beauté et de la grâce de l'Humanité. »

»Ich bin stolz darauf, mich als Wächter zu bezeichnen. Durch die Ausleihe und Reisen, auf die sich die mir anvertrauten Kisten begeben, entdecke oder entdecke ich die Werke wieder, die in ihnen geschützt sind. Es sind Schatzkisten, die einen riesigen Teil der Schönheit und Anmut der Menschheit enthalten.«

"I'm proud to call myself a Custodian. Thanks to the journeys that the crates I look after embark on when they go off on loan, I discover or rediscover the works they protect. So many treasure boxes that contain an immense portion of humanity's beauty and grace."

August Sander, *Landarbeiter*
[Travailleur agricole / Country Worker]
ca. 1945

29 ÉRIC GALLIACHE
Encadreur, réserves du site de Paris-Nord / *Rahmenmacher, Standort Paris-Nord* / Framer, Paris Nord division

« J'ai de la chance, j'aime ce que je fais. »

»Ich habe Glück: Ich liebe, was ich tue.«

"I'm lucky, I love what I do."

MICHAËL LANDO, OLIVIER CREMER, SALIM AIT-MEDDOUR — 30
Equipe de la cellule livraison-manutention / *Team des Liefer- und Zustelldienstes* / Delivery and handling service team

August Sander, *Bauernknechte*
[Valets de ferme / Farmhands]
1929

« On reçoit en moyenne 25 grandes livraisons, 50 colis et une dizaine de palettes par semaine. »

»Wir erhalten durchschnittlich 25 Großlieferungen, 50 Pakete und etwa zehn Paletten pro Woche.«

"We receive an average of twenty-five big deliveries, fifty parcels, and around ten pallets a week."

August Sander, *Dienstmann*
[Homme de service / Porter]
1929

31 ELEMI OSSEBI ANICET WILFRID
Chef des équipes de ménage des bâtiments annexes, Société Nickel / *Leiter der Reinigungsteams für die Nebengebäude, Société Nickel* / Head of cleaning teams for annex buildings, Nickel corporation

« Je suis arrivé au Centre Pompidou en 2017. Avant je travaillais à Nevers. Maintenant je suis le chef des équipes de ménage pour les cinq grands bâtiments annexes : l'IRCAM, le 4 rue Brantôme, les 4 et 6 rue Beaubourg et le 25 rue du Renard. Dans mon équipe, travaillent 28 agentes et agents dont je prends soin. »

»Ich bin seit 2017 am Centre Pompidou tätig. Zuvor habe ich in Nevers gearbeitet. Jetzt bin ich der Leiter der Reinigungsteams für die fünf großen Nebengebäude: das IRCAM, Rue Brantôme 4, Rue Beaubourg 4/6 und Rue du Renard 25. In meinem Team arbeiten 28 Reinigungskräfte, um die ich mich kümmere.«

"I arrived at the Centre Pompidou in 2017. Before that, I was working in Nevers. Now I'm head of the cleaning teams for the five large annex buildings: IRCAM, 4 rue Brantôme, 4 and 6 rue Beaubourg, and 25 rue du Renard. There are twenty-eight people in my team, and I take good care of them."

NAHED DETEMMERMAN-OUESLATI — 32
Cheffe du service de l'achat publique / *Abteilungsleiterin, öffentliche Beschaffung* / Department manager, public purchasing

August Sander, *Bankbeamter*
[Employé de banque / Bank Official]
1932

August Sander, *Kassierer in einer Sparkasse*
[Caissier de caisse d'épargne / Savings Bank Cashier]
1928

33 MARYLINE RIBEIRO
Attachée de gestion / *Verwaltungsangestellte* / Administrative staff

« Ici au pôle ordonnancement du SFCG/DJF [Service des finances et du contrôle de gestion / Direction juridique et

»Hier in der Stelle ›Zahlungsverkehr‹ der SFCG/DJF [Abteilung für Finanzen und Controlling / Direktion für Recht und

"Here, in the payment-scheduling office at SFCG/DJF [Finance and Controlling Department / Legal and

financière], on veille à ce que les dépenses et les recettes s'exécutent conformément à la réglementation publique et aux normes comptables et fiscales. Cela représente environ 12 000 dossiers en dépense par an et 800 en recette – tous objets confondus, répartis entre cinq personnes. L'objectif poursuivi étant que tout se passe au mieux pour tous, directions, fournisseurs et clients, dans le respect des règles. On tente de répondre efficacement aux enjeux de chacun·e·s. C'est un peu comme dans une symphonie : nous sommes au fond de l'orchestre, aux percussions … Pour accompagner en rythme et donner de temps à autre un coup de timbale :) »

Finanzen] wird darauf geachtet, dass die Ausgaben und Einnahmen gemäß den öffentlichen Vorschriften und den Buchhaltungs- und Steuerstandards ausgeführt werden. Das sind – alle Transaktionen zusammengenommen – jährlich etwa 12.000 Ausgaben und 800 Einnahmen, die auf fünf Personen verteilt werden. Ziel ist es, dass sich alle Beteiligten, das heißt Direktionen, Lieferanten und Kunden, an die Vorschriften halten und alles so reibungslos wie möglich abläuft. Es wird versucht, die Probleme aller effizient zu lösen. Es ist ein bisschen wie in einer Symphonie: Wir sind im hinteren Teil des Orchesters, an den Percussions … Um rhythmisch zu begleiten und ab und zu auf die Pauke zu hauen :)«

"Financial Department], we ensure that expenditure and revenue are processed in accordance with public regulations and accounting and tax standards. This involves some 12,000 expense records a year and 800 income records—all the items are combined and divided between five people. The aim is to ensure that everything runs smoothly for everyone—management, suppliers, and customers—while complying with the rules. We try to respond efficiently to everyone's concerns. It's a bit like in a symphony: we're at the back of the orchestra, on percussion … The idea is to provide rhythmic accompaniment and occasionally hit the timpani :-)"

FRANK PÉQUIGNAT   34
Régisseur principal des réserves transit / *Leiter des Transitdepots* / Transit storage manager

August Sander, *Maler*
[Peintre / Painter]
1926 (Anton Räderscheidt)

« Rien à voir ?
Mais si je tire une seule de ces grilles,
lentement apparaîtront
des soleils rouge, une lune nouvelle,
des tempêtes humaines…
des mondes au-delà du visible. »

»Nichts zu sehen?
Aber wenn ich ein einziges dieser
Gitter ziehe, dann erscheinen langsam
rote Sonnen, ein neuer Mond,
menschliche Stürme …
Welten jenseits des Sichtbaren.«

"Nothing to see?
But if I pull out just one of these racks,
red suns, a new moon,
human tempests
slowly appear …
worlds beyond the visible."

August Sander, *Schauerleute*
[Dockers / Dock Workers]
ca. 1929

35   RAJIV RAMCHURN, DYLAN AUBRUN,
ANIS HABROUR, JONATHAN DOLOIA
Transporteurs d'œuvres d'art / *Kunstransporteure* / Art transporters

---

ANNE-MARIE SPIROUX   36
Régisseuse d'espace, adjointe à la cheffe de service des ateliers et moyens techniques / *Aufbauleiterin für Ausstellung und stellvertretende Leiterin der Werkstätten und der Abteilung Technische Ressourcen* / Exhibition space manager and assistant to the head of the workshops and technical resources department

August Sander, *Handlanger*
[Manœuvre / Bricklayer],
1928

August Sander, *Schreinermeister*
[Maître menuisier / Master Joiner]
1938

37   FLAVIE MARMONNIER
Encadreure et responsable de la réserve de photographie / *Einrahmerin und Verantwortliche des Fotografiedepots* / Framer and manager of the photography storage facility

---

« Quand on parle de cadres et d'encadrement, on pense tout de suite au bois, à la dorure, aux moulures. Pourtant, je pense qu'aujourd'hui une part non négligeable du métier d'encadreure se trouve dans le choix et l'assemblage des matériaux utilisés, sur la façon de montrer l'œuvre dans le but de sauvegarder son intégrité et d'assurer sa conservation dans

»Wenn man von Rahmen und Einrahmung spricht, denkt man sofort an Holz, Vergoldung und Zierleisten. Ich denke jedoch, dass ein nicht unerheblicher Teil des Berufs der Rahmenmacherin heute in der Auswahl und Zusammenstellung der verwendeten Materialien liegt, in der Art und Weise, wie das Werk gezeigt wird, um seine Unversehrtheit zu wahren und seine

"When we think of frames and framing, we immediately think of wood, gilding, and moldings. However, I believe that today a significant part of the framer's craft lies in the choice and assembly of the materials used, and in the way the work is displayed, with the aim of safeguarding its integrity and ensuring its preservation over time. To this end, the framer

le temps. Pour cela, l'encadreure peut choisir des essences de bois moins acides, des cartons pur coton, des colles réversibles, des protections de face qui filtrent les UV… »

Erhaltung im Laufe der Zeit zu gewähr-leisten. Um dies zu erreichen, kann die Einrahmerin auf weniger säurehal-tige Holzarten, reinen Baumwollkarton, reversible Klebstoffe und UV-filternde Gläser zurückgreifen.«

"can choose less acidic varieties of wood, pure cotton cardboard, reversible glues, UV-filtering face protection, and so on."

JEAN-GABRIEL MASSARDIER — 38
Encadreur et ancien responsable de la réserve de photographie / *Einrahmer und ehemaliger Verantwortlicher des Fotografiedepots* / Framer and former manager of the photography storage facility

August Sander, *Hamburger Zimmerleute*
[Charpentiers de Hambourg / Hamburg Carpenters]
ca. 1929

August Sander, *Junger Arzt*
[Jeune médecin / Young physician]
1926

39 — MATTHIAS RAMILLON, NICOLAS BOURGEOIS
Infirmier ; médecin ; service médecine de prévention / *Krankenpfleger; Arzt; Abteilung für Präventionsmedizin* / Nurse; doctor; preventive medicine department

---

FRANÇOIS RODRIGUE — 40
Pharmacien biologiste à la retraite / *Auf klinische Biologie spezialisierter Apotheker im Ruhestand* / Retired biological pharmacist

August Sander, *Apotheker*
[Pharmacien / Pharmacist]
ca. 1930

« Pharmacien biologiste à la retraite depuis dix ans dans les Cévennes méridionales. Mélomane éclectique et d'une grande curiosité (que je suis toujours heureux de satisfaire à la bibliothèque du Centre Pompidou depuis son ouverture au public). Mes activités de loisir : apiculture et horticulture fruitière. Actuellement, je collabore avec des artisans que j'emploie pour la restauration d'un habitat ancien, typiquement cévenol. À Beaubourg, je recherche des documents professionnels qui me permettent d'exprimer mes volontés et d'être un interlocuteur écouté. Ainsi s'explique ma tenue, à laquelle je me suis accoutumé, même à Paris, lorsque je m'y rends. »

»Seit zehn Jahren pensionierter, auf klinische Biologie spezialisierter Apo-theker in den südlichen Cevennen. Eklektischer Musikliebhaber mit großer Neugier (die ich immer gerne in der Bibliothek des Centre Pompidou seit seiner Öffnung befriedige). Meine Hobbys: Bienenzucht und Obstanbau. Derzeit arbeite ich mit Handwerkern zusammen, die ich für die Restaurierung eines alten, für die Cevennen typischen Hauses beschäftige. Im Beaubourg suche ich nach Fachliteratur, die es mir ermöglicht, meine Vorstellungen zu artikulieren und ein Gesprächspart-ner zu sein, dem man zuhört. So erklärt sich auch meine Kleidung, die ich selbst in Paris trage, wenn ich mich dort aufhalte.«

"Biological pharmacist, retired ten years ago, living in the southern Cévennes. Eclectic music lover with tremendous curiosity (which I've always been happy to satisfy at the Centre Pompidou library once it opened to the public). My hobbies: beekeeping and growing fruit. At present, I'm working with crafts-men to restore an old home that is typical of the region. At Beaubourg, I'm looking for specialist literature that will allow me to express the things I'm passionate about and be someone people listen to in conver-sation. This explains my attire, which I've got used to wearing, even when I visit Paris."

August Sander, *Medizinstudentin*
[Étudiante en médecine / Medical Student]
1927

41 — KAWTAR TAJANI
Étudiante en master Big data et intelligence artificielle / *Studentin im Masterstudiengang Big Data und Künstliche Intelligenz* / Master's student in big data and artificial intelligence

« En tant qu'étudiante en master Big data et intelligence artificielle, la BPI (Bibliothèque publique d'informa-tion) a été mon refuge, un espace captivant pour mes recherches. Son atmosphère paisible et son accès direct aux ressources de l'IA ont alimenté ma passion et guidé mon parcours académique. »

»Als Studentin im Masterstudiengang Big Data und Künstliche Intelligenz war die BPI (Öffentliche Informationsbiblio-thek) mein Zufluchtsort, ein spannender Ort für meine Forschung. Die unge-störte Atmosphäre und der direkte Zugang zu den Ressourcen der KI haben meine Leidenschaft befeuert und meinen akademischen Weg geebnet.«

"As a master's student in big data and artificial intelligence, the BPI (Public Information Library) has been my refuge, a fascinating space for my research. Its peaceful atmosphere and direct access to AI resources have fueled my passion and guided my academic path."

CARLA LAINEZ MARTINEZ
Chercheuse sur les minorités transgenres
et travailleur·euse·s du sexe / *Forscherin
zu Transgender-Minderheiten und
Sexarbeiter*innen* / Researcher on
transgender minorities and sex workers

August Sander, *Philosophiestudent*
[Étudiant en philosophie / Student of Philosophy]
1926 (Erich Sander)

« En exil en France depuis 1983, ma découverte de l'espace auto-formation de la BPI (Bibliothèque publique d'information) a été mon beau refuge, après avoir repris mes études en histoire de l'art, études théâtrales et anthropologie. »

»Seit 1983 im französischen Exil, war die Entdeckung des Selbstlernbereichs der BPI (Öffentliche Informations-bibliothek) mein Refugium, nachdem ich mein Studium der Kunstgeschichte, Theaterwissenschaften und Anthropologie wieder aufgenommen hatte.«

"I've been in exile in France since 1983. Once I discovered the self-learning space at the BPI (Public Information Library), it became a refuge for me after I'd gone back to studying art history, theater studies, and anthropology."

August Sander, *Bohème*
[Bohèmes / Bohemians]
1922–1925

 ANTHONY DUMAS, AURICIO LEMOS BOMFIM
Agents d'accueil / *Museumsaufsichten* /
Museum guards

« Je m'appelle Auricio et je suis franco-brésilien. Après avoir suivi au Brésil une formation théâtrale et de performance, d'aide-soignant et de thérapie corporelle shiatsu, j'ai maintenant la chance de travailler en tant qu'agent d'accueil toujours en contact avec le public. En plus de côtoyer quotidiennement les œuvres classiques, imposantes, historiques, j'apprécie le contact avec mes collègues qui incarnent toute une galerie de personnages et teintent le quotidien des expositions avec leur présence. Ils viennent de divers parcours et horizons, plusieurs sont des artistes et des comédiens, des étudiants et des anciens, des sages. Depuis plus de dix ans, j'accueille les nouvelles générations et je fais même partie des anciens maintenant ! (et voilà mon compte Instagram : @auricio_) »

*»Mein Name ist Auricio und ich bin Franzose und Brasilianer. Nachdem ich in Brasilien Ausbildungen im Bereich Theater und Performance sowie zum Krankenpflegehelfer und zur Shiatsu-Körpertherapie absolviert habe, habe ich nun das Glück, als Museumsaufsicht zu arbeiten, stets in Kontakt mit dem Publikum. Neben dem täglichen Umgang mit klassischen, großartigen und historischen Werken schätze ich den Kontakt mit meinen Kollegen*innen, die eine ganze Galerie von Charakteren verkörpern und mit ihrer Präsenz Farbe in den Ausstellungsalltag bringen. Sie haben die unterschiedlichsten Hintergründe und Horizonte, viele sind Künstler*innen und Schauspieler*innen, Studierende und alte Hasen, Leute mit viel Erfahrung und Weisheit. Seit über zehn Jahren begrüße ich die neuen Generationen und gehöre jetzt sogar zu den Alten! (und hier ist mein Instagram-Account: @auricio_)«*

"My name is Auricio and I'm Franco-Brazilian. Having trained in Brazil as a theater and performance artist, care assistant, and shiatsu body therapist, I'm now lucky enough to work as a museum guard, constantly interacting with members of the public. I also have daily contact with classic, impressive, historic works of art. I enjoy the contact with my colleagues, who embody a whole cast of characters—their presence adds color to the daily life of the exhibitions. They come from diverse backgrounds and horizons: many of them are artists and actors, students and seniors, wise men and women. I've been welcoming new generations here for over ten years, and I'm even one of the old hands now! (And here's my Instagram account: @auricio_)"

ORLAN
Artiste / *Künstlerin* / Artist

August Sander, *Malerin*
[Peintre / Painter]
ca. 1925 (Marta Hegemann)

« ORLAN, artiste contemporaine internationale, féministe et toujours en capitales, interroge de manière pluridisciplinaire les phénomènes sociétaux de notre époque. Elle travaille sur le statut du corps via toutes les pressions culturelles, traditionnelles, politiques et religieuses qui s'impriment sur lui. En tant que femme artiste, son corps est un manifeste, un médium artistique, politique et social. » – Vers 1925, la peintre Marta Hegemann, membre des progressistes de Cologne, se présente devant l'appareil d'August

»ORLAN, eine internationale zeitgenössische Künstlerin, Feministin und immer in Großbuchstaben, hinterfragt auf multidisziplinäre Weise die gesellschaftlichen Phänomene unserer Zeit. Sie arbeitet über den Status des Körpers, über all den kulturellen, traditionellen, politischen und religiösen Druck, der sich in ihm einschreibt. Als Künstlerin ist ihr Körper Manifest, künstlerisches, politisches und soziales Medium.« – Um 1925 tritt die Malerin Marta Hegemann, Mitglied der Kölner Progressiven, vor die Kamera

"ORLAN, an international contemporary artist and feminist, whose name is always written in capitals, questions the societal phenomena of our time in a multidisciplinary way. She works on the status of the body through all the cultural, traditional, political and religious pressures that are imprinted on it. As a woman artist, her body is a manifesto, an artistic, political and social medium."—Around 1925, the painter Marta Hegemann, a member of the Cologne Progressives, stepped in front of August Sander's

Sander pour se faire photographier en tant que Nouvelle Femme, la coiffure à la garçonne. Contrairement à toutes conventions, elle dessine sur la moitié droite de son visage les pictogrammes de ses peintures et se sert ainsi de son corps comme toile pour les signes de son art.

August Sanders, um sich als Neue Frau mit Bubikopf ablichten zu lassen. Entgegen jeglicher Konvention zeichnet sie auf die rechte Hälfte ihres Gesichts die Piktogramme ihrer Gemälde und verwendet ihren Körper so als Leinwand für die Zeichen ihrer Kunst.

camera to be photographed as the New Woman with a bob. Flouting convention, she drew the pictograms of her paintings on the right half of her face, using her body as a canvas for the symbols of her art.

August Sander, *Preisträger* [*Lauréats / Prize-Winners*] 1927

45 MIMOSA ÉCHARD, PHILIPPE DECRAUZAT, IVÁN ARGOTE, AURÉLIE VERDIER, GIULIA ANDREANI

Artistes et conservatrice / *Künstler*innen und Kuratorin* / Artists and curator

Mimosa Échard pratique la peinture, l'installation et la vidéo. Elle enseigne aux Beaux-Arts de Paris. Elle est la lauréate du Prix Marcel Duchamp 2022. Philippe Decrauzat déploie sa pratique en peinture et dans des films et enseigne à l'École cantonale d'art de Lausanne. Iván Argote réalise des actions dans l'espace public, des films, des installations. Aurélie Verdier est conservatrice au Musée national d'art moderne (MNAM) et commissaire du Prix Marcel Duchamp 2022. Giulia Andreani est peintresse et chercheuse.

Mimosa Échard beschäftigt sich mit Malerei, Installation und Video. Sie unterrichtet an den Beaux-Arts de Paris. Sie ist die Preisträgerin des Prix Marcel Duchamp 2022. Philippe Decrauzat entfaltet seine Praxis in der Malerei und in Filmen und unterrichtet an der École cantonale d'art de Lausanne. Iván Argote realisiert Aktionen im öffentlichen Raum, Filme und Installationen. Aurélie Verdier ist Kuratorin am MNAM und hat den Marcel-Duchamp-Preis 2022 betreut. Giulia Andreani ist Malerin und Forscherin.

Mimosa Échard works in painting, installation, and video. She teaches at the Beaux-Arts de Paris. She is the winner of the 2022 Marcel Duchamp Prize. Philippe Decrauzat works in painting and film and teaches at the École cantonale d'art de Lausanne. Iván Argote creates actions in public spaces as well as films and installations. Aurélie Verdier is a curator at MNAM and chaired the awards committee for the 2022 Marcel Duchamp Prize. Giulia Andreani is a painter and researcher.

46 CÉCILE ZOONENS-PEIGNE, ENRICO CAMPORESI, PHILIPPE-ALAIN MICHAUD, ALEXIS CONSTANTIN, JONATHAN POUTHIER

Équipe de la collection de film / *Team der Sammlung Film* / Film collection team

August Sander, *Mitglieder der Piscator-Bühne* [*Membres du théâtre Piscator / Members of the Piscator Theater*] 1929

« Des hommes, on dit qu'ils vivent ensemble et non, comme pour le bétail, qu'ils partagent le même pâturage. » (cité d'après *l'Éthique à Nicomaque* d'Aristote)

»Von den Menschen sagt man, dass sie zusammenleben, und nicht, wie beim Vieh, dass sie die gleiche Weide teilen.« (zitiert nach Aristoteles' Nikomachischer Ethik*)*

"Of men it is said that they live together and not, as with cattle, that they share the same pasture." (quoted from Aristotle's *Nicomachean Ethics*)

August Sander, *Filmschauspielerin* [*Actrice de cinéma / Film Actress*] 1933 (Tony van Eyck)

47 LAETITIA PESENTI

Attachée de conservation au cabinet d'art graphique et ancienne actrice de cinéma / *Assistenz-Kuratorin in der grafischen Sammlung und ehemalige Filmschauspielerin* / Associate curator in the graphic arts department and former film actress

Je me suis déjà retrouvée devant un objectif, mais c'était celui d'une caméra. En tant qu'actrice, et contrairement aux portraits d'August Sander, on ne regarde pas l'objectif, on ne s'adresse pas au public, on participe à une fiction. On joue des personnages qui donnent vie à l'histoire de quelqu'un d'autre. Mon rôle au Centre Pompidou est différent. Attachée de conservation

»Ich habe schon zuvor vor einem Objektiv gestanden, aber es war das einer Filmkamera. Als Schauspielerin schaut man im Gegensatz zu August Sanders Porträts nicht in die Kamera, man wendet sich nicht an das Publikum, man ist Teil einer Fiktion. Man spielt Figuren, die die Geschichte von jemand anderem zum Leben erwecken. Meine Rolle im Centre Pompidou ist eine andere. Als Assistenz-

"I've been in front of a lens before, but it was a movie camera. As an actress, unlike in August Sander's portraits, you're not looking at the lens, you're not talking to the audience, you're participating in a fiction. We play characters who bring someone else's story to life. My role at the Centre Pompidou is different. As an associate curator

au Cabinet d'art graphique, je travaille sur le dessin. Un art qui précède les caméras. Et, de temps et temps, je raconte à mon tour une histoire par un accrochage dans le musée ou une exposition. Mon regard sur des œuvres réalisées par d'autres. »

Kuratorin im Cabinet d'art graphique arbeite ich mit Zeichnungen. Eine Kunst, die den Kameras vorausgeht. Und von Zeit zu Zeit erzähle ich meinerseits eine Geschichte durch eine Hängung im Museum oder eine Ausstellung. Mein Blick auf Werke, die von anderen geschaffen wurden.«

in the Cabinet d'art graphique, I work on drawings. An art that precedes cameras. And, from time to time, I tell a story myself through a display in the museum or an exhibition. My take on works created by others."

MICA GHERGHESCU
Responsable du pôle recherche et programmation scientifique à la Bibliothèque Kandinsky / *Koordinatorin für Forschung und wissenschaftliche Ausrichtung der Bibliothèque Kandinsky* / Head of research and scientific programming at the Kandinsky Library

48 August Sander, *Islandforscher und Universitätsbibliothekar [Chercheur spécialiste de l'Islande et conservateur d'une bibliothèque universitaire / Iceland Scholar and University Librarian]* ca. 1914 (Heinrich Erkes)

« La courroie de transmission d'un gai savoir inquiet. »

»Der Keilriemen einer fröhlichen, unruhigen Wissenschaft.«

"The transmission belt of a gay and restless science."

August Sander, *Gelehrter [Savant / Scholar]* 1928

49 **ANTOINE CASANOVA**
Bibliothécaire à la Bibliothèque publique d'information (BPI) / *Bibliothekar in der Bibliothèque publique d'information (Öffentlichen Informationsbibliothek)* / Librarian at the Bibliothèque publique d'information (Public Information Library)

ALI CHIHANI
Éditeur web et accessibilité numérique, service du webmagazine, département « Lire le monde », Bibliothèque publique d'information (BPI) / *Web-Editor, zuständig für digitale Zugänglichkeit, Webmagazin, Abteilung »Die Welt lesen«, Bibliothèque publique d'information (Öffentlichen Informationsbibliothek)* / Web editor and digital accessibility, Web Magazine Unit, "Lire le monde" Department, Bibliothèque publique d'information (Public Information Library)

50 August Sander, *Blinder Bergmann [Mineur aveugle / Blind Miner]* ca. 1930

« Je travaille à la Bibliothèque publique d'information du Centre Pompidou depuis 2001. À première vue, rien ne me distingue de mes collègues. Et pourtant, j'accomplis mon travail grâce au braille. Je ne regarde pas ce que j'écris, ni ne le lis. Je le touche. »

»Ich arbeite seit 2001 in der Öffentlichen Informationsbibliothek (BPI) des Centre Pompidou. Auf den ersten Blick unter-scheidet mich nichts von meinen Kollegen. Und doch erledige ich meine Arbeit mithilfe der Braille-Schrift. Ich schaue nicht auf das, was ich schreibe oder lese. Ich berühre es.«

"I've been working at the Centre Pompidou's Public Information Library (BPI) since 2001. At first glance, nothing distinguishes me from my colleagues. And yet I do my work using Braille. I don't look at what I'm writing or reading. I touch it."

August Sander, *Schriftsteller und Hörspieldramaturg [Écrivain et auteur pour la radio / Writer and Radio Play Author]*, 1924 (Eduard Reinacher)

51 **CHRISTINE COSTE**
Journaliste et critique d'art au *Journal des Arts* et à la revue *L'Œil* / *Journalistin und Kunstkritikerin für* Journal des Arts *und* L'Œil / Journalist and art critic for *Journal des Arts* and *L'Œil*

« Lycéenne à Honoré de Balzac, dans le XVIIe arrondissement de Paris, j'allais étudier à la BPI (Bibliothèque publique d'information). L'espace vaste, lumineux, l'accès direct aux livres et aux expositions du Centre Pompidou formaient un monde en soi dans lequel je me sentais bien. »

»Als Schülerin des Gymnasiums Honoré de Balzac im 17. Arrondissement von Paris ging ich zum Lernen in die BPI (Öffentliche Informationsbibliothek). Der große, helle Raum, der direkte Zugang zu den Büchern und den Ausstellungen des Centre Pompidou bildeten eine Welt für sich, in der ich mich wohlfühlte.«

"As a high school student at Honoré de Balzac, in the 17th arrondissement of Paris, I went to study at the BPI (Public Information Library). The vast, bright space and direct access to the books and exhibitions of the Centre Pompidou formed a world in itself in which I felt at home.

NATACHA MARINI 52
Etudiante du master 2 « L'art contemporain
et son exposition », Sorbonne Université /
*Studentin des Masters 2 »Zeitgenössische
Kunst und ihre Ausstellung«, Sorbonne
Université* / Student of the Master's 2 (M2)
"Contemporary art and its exhibition,"
Sorbonne University

August Sander, *Lyzealschülerin*
[Lycéenne / High School Girl]
1928

« J'aime venir étudier tard le soir à la BPI (Bibliothèque publique d'information) et fumer une cigarette sur la coursive, en regardant les gens aller et venir sur la piazza. »

»Ich komme gerne spät abends zum Lernen in die BPI (Öffentliche Informationsbibliothek) und rauche eine Zigarette auf dem äußeren Gang, während ich die Leute beobachte, die auf die Piazza kommen und gehen.«

"I like to come and study late at night at the BPI (Public Information Library) and smoke a cigarette on the walkway outside, watching people come and go in the piazza."

August Sander,
Sekretärin beim Westdeutschen Rundfunk in Köln
[Secrétaire à la Westdeutscher Rundfunk
à Cologne / Secretary at West German Radio,
Cologne], 1931

CAROLE BOURGUIGNON 53
Assistante auprès du directeur /
Assistentin der Direktion /
Assistant to the Director,
Musée national d'art moderne (MNAM)

« Je tiens dans ma main ce qui est devenu, comme pour la majorité d'entre nous, un de mes principaux outils de travail : le téléphone portable. Au commencement de ma carrière d'assistante dans les années 1990, mon premier portable ne rentrait même pas dans mon sac à main. Aujourd'hui il est presque greffé à ma main. Impossible de travailler sans lui. »

»In meiner Hand halte ich das, was für die meisten von uns zu einem der wichtigsten Arbeitsmittel geworden ist: das Mobiltelefon. Zu Beginn meiner Karriere als Assistentin in den 1990er Jahren passte mein erstes Handy nicht einmal in meine Handtasche, heute ist es quasi an meiner Hand festgewachsen. Es ist unmöglich, ohne es zu arbeiten.«

"I'm holding in my hand what has become, for most of us, one of our most important working tools: the cell phone. At the start of my career as an assistant in the 1990s, my first mobile didn't even fit in my handbag, but today it's almost grafted onto my hand. It's impossible to work without it."

XAVIER REY 54
Directeur / *Direktor* / Director,
Musée national d'art moderne
(MNAM)

August Sander, *Kunstgelehrter*
[Le connaisseur d'art / The Art Scholar]
1932 (Karl With)

August Sander, *Der Herr Lehrer*
[Monsieur l'instituteur / The Schoolmaster]
1910

OLIVIER FONT 55
Conférencier / *Kunstvermittler* /
Art educator

« Il y avait, dans l'exposition consacrée à l'Allemagne des années 1920, des natures mortes fascinantes que le temps semblait avoir sculptées. Froides et cristallines, elles étaient figées dans une éternité qui défie nos vanités. Dans une autre salle, les portraits d'August Sander évoquaient une époque passée où les regards semblent au présent. »

»In der Ausstellung, die dem Deutschland der 1920er Jahre gewidmet war, gab es faszinierende Stillleben, die die Zeit geformt zu haben schien. Kalt und kristallklar waren sie in einer Ewigkeit eingefroren, die unsere Eitelkeiten herausfordert. In einem anderen Raum erinnerten August Sanders Porträts an eine vergangene Zeit, doch ihre Blicke sind ganz gegenwärtig.«

"In the exhibition devoted to Germany in the 1920s, there were fascinating still lifes that time seemed to have sculpted. Cold and crystalline, they were frozen in an eternity that defies our vanities. In another room, August Sander's portraits evoked a bygone era, but the gazes of the people are of today."

VÉRONIQUE LANDY 56
Restauratrice de photographie /
Fotorestauratorin /
Photograph restorer

August Sander, *Porzellanmalerin*
[Peintre sur porcelaine / Porcelain Painter]
1924

August Sander, *Technischer Zeichner*
[Dessinateur industriel / Draftsman]
1938

57 YANN BELLET
Monteur et graphiste / *Cutter und Grafiker* /
Editor and graphic designer

« Ce moment me rappelle une photo de mon père. On le voit dans les années 1960, au travail, dans un bureau d'études, sur une table à dessin. C'est un peu plus tard une activité que j'ai pratiquée au lycée avec de l'encre de Chine sur du papier calque avant de suivre une autre trajectoire professionnelle. Hasard, ou intuition ? Florian Ebner avait choisi comme référence une photo d'August Sander représentant un dessinateur industriel pour me proposer ce rôle. »

»Dieser Moment erinnert mich an ein Foto meines Vaters. Es zeigt ihn bei der Arbeit in einem Konstruktionsbüro an einem Zeichentisch in den 1960er Jahren. Diese Tätigkeit habe ich in der Schule mit Tusche auf Pauspapier ausgeübt, bevor ich einen anderen beruflichen Weg einschlug. Zufall oder Intuition? Florian Ebner hatte als Referenz ein Foto von August Sander gewählt, das einen technischen Zeichner zeigt, um mir diese Rolle vorzuschlagen.«

"This moment reminds me of a photo of my father. It shows him at work, sitting at a drawing table in a design office in the 1960s. It's an activity I later practiced in high school with Indian ink on tracing paper, before following a different career path. Was it chance or intuition? Florian Ebner had chosen an August Sander photo of a draftsman as a reference for the role he suggested for me."

OLIVIER CINQUALBRE 58
Conservateur en chef du service architecture /
Leiter der Architektursammlung /
Chief curator, Architecture Department

August Sander, *Architekt*
[Architecte / Architect]
1930 (Richard Riemerschmid)

« Sur la photo, mon regard porte vers le plafond. Sans doute est-il attiré par les cimaises des salles au sommet du bâtiment qui doivent accueillir les dessins d'architectures, restaurés, encadrés et conservés, ici, dans les profondeurs du Centre. »

»Auf dem Foto geht mein Blick zur Decke. Wahrscheinlich richtet er sich auf die Wände in den obersten Etagen des Gebäudes, in denen die Architekturzeichnungen ausgestellt werden, die hier in den Tiefen des Centre restauriert, gerahmt und aufbewahrt werden.«

"In the photo, I'm gazing up to the ceiling, drawn, no doubt, by the wall elements in the exhibition spaces at the top of the building, which are to house the architectural drawings, restored, framed, and preserved here in the depths of the Centre."

August Sander, *Photographin*
[Photographe / Photographer]
1927

59 PERRINE RENAUD
Documentaliste iconographe en charge de la photothèque du musée / *Dokumentalistin-Ikonografin zuständig für die Fotothek des Museums* /
Documentalist iconographer in charge of the Museum's photo library

« Documenter, photographier les œuvres : c'est les observer, les manipuler, les installer, les analyser / c'est essayer de les traduire, de les retranscrire par un prisme photographique / c'est aussi conserver leurs aspects, leurs supports, leurs traces, créer une mémoire / c'est rendre la ressource photo fiable, compréhensible, fidèle mais aussi exploitable et structurée / c'est contribuer à "faire voir" toutes les œuvres, et parfois "leur face cachée", qu'elles soient en réserves ou présentées au public / c'est enfin participer à une histoire collective des collections, c'est partager une histoire culturelle publique … »

»Dokumentieren, Fotografieren von Werken: dies bedeutet, sie zu beobachten, in die Hand zu nehmen, zu platzieren, zu analysieren / dies bedeutet zu versuchen, sie zu übersetzen, sie durch ein fotografisches Prisma zu übertragen / dies bedeutet auch, ihre äußere Form und ihren materiellen Träger und ihre Spuren zu bewahren und ein visuelles Gedächtnis zu schaffen / dies bedeutet, die Ressource Foto zuverlässig und verständlich, getreu in Bezug auf das Werk, aber auch zugleich strukturiert und nutzbar zu machen / dies bedeutet auch, alle Werke ›sichtbar‹ werden zu lassen, manchmal auch ›ihre verborgene Seite‹ zu zeigen, ganz gleich, ob sie sich im Depot befinden oder in der Öffentlichkeit präsentiert werden / schließlich bedeutet es, an einer kollektiven Geschichte der Sammlungen teilzuhaben und eine öffentlichen Kulturgeschichte zu teilen.«

"Documenting and photographing works of art means observing them, manipulating them, installing them, analyzing them / it means trying to translate them, to transcribe them through a photographic prism / it also means preserving their appearance, their supports, the marks they bear, creating a memory / it means making the photo resource reliable, comprehensible, and faithful as well as usable and structured / it means contributing to 'showing' all the works, and sometimes 'their hidden face,' whether they are in storage or on public display / it means participating in a communal history of the collections, sharing a public cultural history …"

ALEXIS CONSTANTIN
Responsable des films analogiques à la collection de film / *Sammlungsverantwortlicher für analogen Film* / Collection keeper for analog film

60

August Sander, *Schriftsetzer in Wien*
[Typographe à Vienne / Typesetter in Vienna]
1930

« Voici une séquence de mots relatifs à mon métier et à celui de typographe : Les mots et les images / chaque fois recommencer / composer imprimer monter / développer tirer / tout est mobile / original et multiple / tout se transforme / dérouler / bobiner / aligner / tête et pied / métrage. »

»Hier eine Sequenz von Wörtern, die sich auf meinen Beruf und den des Schriftsetzers beziehen: Wörter und Bilder / jedes Mal neu anfangen / zusammensetzen drucken montieren / entwickeln abziehen / alles ist beweglich / Original und Multiple / alles verwandelt sich / abrollen / aufwickeln / ausrichten / Kopf und Fuß / Filmmeter.«

"Here is a sequence of words relating to my job and that of the typographer: words and images / starting afresh each time / composing printing editing / developing printing / everything is mobile / original and multiple / everything is transformed / unwinding / winding / aligning / top and tail / footage."

August Sander, *Werkstudentin*
[Étudiante, formée en entreprise / Working Student]
ca. 1926

61

OLGA FRYDRYSZAK-RÉTAT
Attachée de conservation pour la photographie / *Assistenz-Kuratorin für Fotografie* / Associate curator for photography

« Étudiante à l'École du Louvre, je travaillais régulièrement à la Bibliothèque publique d'information. Cet environnement familier m'a menée au Musée – à la collection de photographie plus précisément. Cela a été ma porte d'entrée dans la grande raffinerie du Centre Pompidou. J'ai tellement fréquenté ce lieu durant mon adolescence et mes études que lorsque j'ai obtenu mon poste c'était, véritablement, comme un retour à la maison. »

»Als Studentin an der École du Louvre arbeitete ich regelmäßig in der BPI (Öffentliche Informationsbibliothek). Diese vertraute Umgebung führte mich ins Museum – genauer gesagt in die Fotografische Sammlung. Dies war mein Eingangstor zur großen Raffinerie des Centre Pompidou. Ich hatte diesen Ort während meiner Jugend und meines Studiums schon so oft besucht, dass es für mich, als ich meine Stelle bekam, wie eine Heimkehr war.«

"As a student at the École du Louvre, I worked regularly at the BPI (Public Information Library). This familiar environment led me to the Museum—to the photography department. This was my way into the great refinery that is the Centre Pompidou. I had spent so much time there during my teenage years and while I was studying that when I got the job there, it was really like coming home."

PIERRE LEGUILLON
Artiste / *Künstler* / Artist

62

August Sander, *Maler*
[Peintre / Painter]
1924 (Franz Wilhelm Seiwert)

« J'ai très peu posé pour des photographes car je déteste ça, mais je ne veux pas empêcher d'autres artistes de faire leur travail. Je me demande si les personnes photographiées par Sander avaient conscience de participer à la construction d'un "monument". Aujourd'hui, le poids de cette monumentalité est bien perceptible. Il me semble qu'il est l'heure de préserver certaines "institutions", parce qu'il est beaucoup plus facile de détruire que de construire. Je suis aussi en faveur de la destruction mais seulement quand elle favorise la naissance d'autre chose. Sur les photos de l'époque comme sur celles d'Andreas Langfeld, j'ai le sentiment que "People are standing for something", comme on dit en anglais. Se tenir debout, faire face à l'objectif, c'est peut-être aussi défendre sa condition et son humanité. »

»Ich habe kaum für Fotografen posiert, weil ich das hasse, aber ich möchte andere Künstler nicht daran hindern, ihre Arbeit zu tun. Ich frage mich, ob sich die von Sander fotografierten Personen bewusst gewesen sind, dass sie am Bau eines ›Monuments‹ beteiligt waren. Heute ist das Gewicht dieser Monumentalität deutlich spürbar. Mir scheint es an der Zeit zu sein, bestimmte ›Institutionen‹ zu erhalten, denn es ist viel einfacher zu zerstören als zu bauen. Ich bin auch für die Zerstörung, aber nur, wenn sie die Entstehung von etwas anderem begünstigt. Auf den Fotos aus dieser Zeit wie auch auf denen von Andreas Langfeld habe ich das Gefühl, dass ›People are standing for something‹, wie es im Englischen heißt. Aufrecht zu stehen, sich dem Objektiv zu stellen, bedeutet vielleicht auch, seinen sozialen Status und seine Menschlichkeit zu verteidigen.«

"I've done very little posing for photographers because I hate it, but I don't want to prevent other artists from doing their work. I wonder if the people photographed by Sander were aware that they were participating in the construction of a 'monument.' Today, the weight of this monumentality is clearly perceptible. It seems to me that it's time to preserve certain 'institutions,' because it's much easier to destroy than to build. I'm also in favor of destruction, but only when it supports the birth of something else. In the photos of the time—and this is also true of Andreas Langfeld's pictures—I have the feeling that people are standing for something. Standing and facing the lens is perhaps also about defending one's social status and humanity."

August Sander, *Jugendbewegung*
[Mouvement de jeunesse / Youth Movement]
1923

63 VALENTIN GLEYZE
Chargé de recherche à la Bibliothèque Kandinsky pour le projet « Musée d'art moderne. Section sexualité(s) » et l'exposition *Over the Rainbow* / *Wissenschaftlicher Mitarbeiter an der Bibliothèque Kandinsky für das Projekt »Musée d'art moderne. Section sexualité(s)« und die Ausstellung* Over the Rainbow / Research curator at the Kandinsky Library for the project "Musée d'art moderne: Section sexualité(s)" and the exhibition *Over the Rainbow*

« "WIND PIECE / Blow hats all over the city. / 1962 autumn" – J'ai cherché quelque chose en rapport avec la nature, pour faire un lien avec le portrait *Jugendbewegung* de Sander. J'aime beaucoup (et depuis longtemps) ces petites pièces conceptuelles de Yoko Ono, et je trouve celle-là très drôle. » (Yoko Ono, *Grapefruit: A Book of Instructions + Drawings*, Tokyo: Wunternaum Press, 1964)

» ›WIND PIECE / Blow hats all over the city. / 1962 autumn‹ – Ich habe nach etwas gesucht, das mit der Natur zu tun hat, um eine Verbindung zu Sanders Porträt Jugendbewegung herzustellen. Ich mag diese kleinen konzeptuellen Stücke von Yoko Ono sehr (und schon lange) und finde dieses hier sehr lustig.« (Yoko Ono, Grapefruit: A Book of Instructions + Drawings, *Tokyo: Wunternaum Press, 1964*)

"'WIND PIECE / Blow hats all over the city. / 1962 autumn'—I was looking for something to do with nature, to tie in with Sander's *Jugendbewegung* portrait. I like Yoko Ono's small conceptual pieces very much (and have done for a long time), and I find this one very funny." (Yoko Ono, *Grapefruit: A Book of Instructions + Drawings*, Tokyo: Wunternaum Press, 1964)

HUGUES LEBRUN
Agent d'accueil / *Museumsaufsicht* / Museum guard

64 August Sander, *Gymnasiast*
[Lycéen / High School Student]
1926

« La *Fontaine* de Duchamp n'est pas exposée actuellement. »

»*Duchamps* Fountain *ist derzeit nicht ausgestellt.*«

"Duchamp's *Fountain* is not currently on display."

August Sander, *Conférencier*
[Animateur / Compere]
1930

65 JEAN-MAX COLARD
Chef du service de la parole au Département culture et création / *Leiter der Abteilung Diskurs am Department für Kultur und Kreation* / Head of Talk Program at the Culture and Creation Department

« Ce que j'aime au Centre Pompidou, c'est de sentir au-dessus de ma tête (la *petite salle* où vous m'avez pris en photo est comme un sous-sol) cette si puissante machine mise au service d'une programmation culturelle folle et tellement variée. C'est vertigineux. Une sorte de Bateau ivre. J'aime cette contradiction entre la lourdeur machinique de notre paquebot et la légère folie de ses productions, où j'ai l'impression de pouvoir faire presque tout ce qui me passe par la tête. »

»Was ich am Centre Pompidou liebe, ist diese so mächtige Maschine zu spüren – selbst hier über meinem Kopf (die petite salle, *in der ihr mich fotografiert habt, liegt im Untergeschoss*) –, die in den Dienst eines verrückten und so vielfältigen Kulturprogramms gestellt wird. Es ist schwindelerregend, wie in Rimbauds ›Bateau ivre‹. Ich mag diesen Widerspruch zwischen der maschinellen Schwere unseres Dampfers und der leichten Verrücktheit seiner Produktionen, bei denen ich das Gefühl habe, fast alles tun zu können, was mir in den Sinn kommt.«

"What I love about the Centre Pompidou is feeling this powerful machine above my head (the *petite salle* where you took my photo is in a kind of basement), serving a crazy, really varied cultural program. It's dizzying. A sort of rudderless boat, like Rimbaud's 'Bateau ivre'. I love the contradiction between the mechanical heaviness of our steamboat, and the dainty madness of its productions, where I feel I can do almost anything I set my mind to."

CAMILLE DELON
Chargée de développement des publics et référente des publics du champ social à la Bibliothèque publique d'information (BPI) / *Beauftragte für Publikumsentwicklung und Referentin für soziale Inklusion an der BPI* / Public development and social inclusion officer at the BPI

66 August Sander, *Hausiererin*
[Colporteuse / Peddler]
1930

« Je travaille à la BPI depuis un peu plus de six ans. Ma mission consiste à penser l'accueil et les médiations à destination des publics les moins

»Ich arbeite seit etwas mehr als sechs Jahren in der BPI (Öffentliche Informationsbibliothek). Meine Aufgabe besteht darin, den Empfang und die Vermittlung

"I've been working at the BPI (Public Information Library) for just over six years. My job is to design reception and education services for

familiers des bibliothèques. La particularité de la BPI, qui est gratuite et accessible sans formalités, est d'accueillir aussi bien des étudiant·e·s que des personnes exilées, des actif·ves que des demandeur·euse·s d'emploi, des chercheur·euses·s que des personnes sans domicile. Serge Paugam et Camila Giorgetti ont à ce propos réalisé une enquête de terrain à la BPI, intitulée *Des pauvres en bibliothèque* (2013), dans laquelle ils évoquent cette mixité des publics et l'importance que le lieu revêt pour les plus précaires. »

*für die am wenigsten mit Bibliotheken vertrauten Zielgruppen zu gestalten. Die Besonderheit der BPI, die kostenlos und ohne Formalitäten zugänglich ist, besteht darin, dass sie sowohl Studierende als auch Exilant*innen, Berufstätige als auch Arbeitssuchende, Forscher*innen als auch Obdachlose empfängt. Serge Paugam und Camila Giorgetti haben in diesem Zusammenhang eine Feldstudie in der BPI mit dem Titel Des pauvres en bibliothèque (2013) durchgeführt, in der sie diese Mischung des Publikums und die Bedeutung des Ortes für die am stärksten gefährdeten Personen herausarbeiten. «*

audiences less familiar with libraries. What's special about the BPI, which is free and accessible without any formalities, is that it welcomes everyone: students and exiles, working people and job seekers, researchers and homeless people. Serge Paugam and Camila Giorgetti carried out a field study at the BPI, entitled *Des pauvres en bibliothèque* (2013), in which they describe this mixed cross section of the public and the importance the library has for those who are most vulnerable."

August Sander, *Ingenieur und Werbeleiter [Ingénieur et chef de publicité / Engineer and Advertising Manager]*, ca. 1935

67 PAUL MOUREY
Directeur adjoint au numérique à la Direction de la communication et du numérique (DCN) / *Vizedirektor für digitale Strategie der DCN (Kommunikations- und Digitale Medien-Abteilung) /* Deputy director of digital strategy at the DCN (Communication and digital media department)

« Mon rôle au sein du Centre Pompidou est de faire en sorte que les gens parlent de lui. Qu'ils soient souvent amusés. Parfois déroutés. Et qu'ils en tombent amoureux, comme j'en suis tombé amoureux en arrivant dans cette ville. Une relation à entretenir avec une interrogation du compositeur Michel Legrand en tête : How do you keep the music playing ? »

»Meine Aufgabe ist es, dafür zu sorgen, dass die Menschen über das Centre Pompidou sprechen. Dass sie oft amüsiert sind. Manchmal auch verwirrt. Und dass sie sich in das Centre verlieben, so wie ich mich in es verliebt habe, als ich in diese Stadt kam. Eine Beziehung, die man pflegen sollte, am besten mit einer Frage des Komponisten Michel Legrand im Hinterkopf: ›How do you keep the music playing?‹«

"My role at the Centre Pompidou is to make sure that people are talking about it. That they are often amused. Sometimes baffled. And that they fall in love with the Centre, just as I fell in love with it when I arrived in this city. It's a relationship to be nurtured while keeping a question from composer Michel Legrand in mind: How do you keep the music playing?"

MARION DIEZ
Chargée d'édition, service éditorial / *Lektorin, Verlagsabteilung /* Editing manager, editorial department

68

August Sander, *Frau eines Schriftstellers und Studienrates [Femme d'un écrivain et professeur / Wife of a Writer and High School Teacher]*, 1924

« Andreas Langfeld et Florian Ebner ont composé cette "posture" en hommage à August Sander. Le temps de prise de vue est long chez Sander et nous avons partagé ce moment de pose. Je suis appuyée sur une pile de catalogues d'expositions de photographie auxquels j'ai participé. J'apparais dans le présent ouvrage alors que mon métier consiste plutôt à "disparaître" dans ceux des autres. Le premier plan de ce portrait est justement réservé aux livres. »

»Andreas Langfeld und Florian Ebner haben diese ›Haltung‹ als Hommage an August Sander komponiert. Die Belichtungszeit ist bei Sander lang und wir haben diesen Moment der Pose geteilt. Ich stütze mich auf einen Stapel von Ausstellungskatalogen für Fotografie, an denen ich mitgearbeitet habe. Ich erscheine in dem vorliegenden Buch, während mein Beruf eher darin besteht, in den Katalogen anderer zu ›verschwinden‹. Der Vordergrund dieses Porträts ist eben diesen Büchern vorbehalten. «

"Andreas Langfeld and Florian Ebner composed this 'posture' as a tribute to August Sander. Sander took a long time to shoot, and we shared this moment of creating the role. I am supported by a stack of photography exhibition catalogs I've been involved in. I appear here, though my job in other catalogs is to 'disappear.' The foreground of this portrait is rightly reserved for books."

August Sander, *Geldbriefträger [Facteur de mandats / Registered Letter Mailman]* 1925

69 ALEXANDRE ROMA
Chef de service à la Direction des ressources humaines / *Abteilungsleiter in der Personalabteilung /* Manager at Human Resources

GUILLAUME GRANDGEORGE
Directeur des éditions /
Leiter der Verlagsabteilung /
Head of publishing department

70

August Sander, *Verleger*
[Éditeur / Publisher]
1933 (Kurt Neven Dumont)

« J'apprécie beaucoup le travail d'August Sander, qui pose le même regard sur ses modèles quel que soit leur statut social. »

»Ich schätze die Arbeit von August Sander sehr, da er stets den gleichen Blick auf seine Modelle wirft, unabhängig von ihrem sozialen Status.«

"I really appreciate the work of August Sander, who looks at his models in the same way, regardless of their social status."

August Sander, *Gerichtsdiener*
[Greffier / Court Usher]
1932

71 JEAN-PHILIPPE BONILLI
Archiviste / *Archivar* / Archivist

« Archiviste, en tant que passeur de mémoire, je collecte, trie, classe et communique les archives produites par le Centre Pompidou dans le cadre de son activité. »

»Als Archivar sammle, sortiere, klassifiziere und kommuniziere ich, wie eine Art ›Schleuser der Erinnerung‹, die Archive, die vom Centre Pompidou im Rahmen seiner Tätigkeit produziert werden.«

"As an archivist, as someone trafficking in memories, I collect, sort, classify, and communicate the archives produced by the Centre Pompidou as part of its activities."

SUNITA VAZ
Juriste à la Direction juridique et financière (DJF) / *Juristin in der Direktion für Recht und Finanzen (DJF)* / Jurist in the Legal and Finance Department (DJF)

72

August Sander, *Rechtsanwalt*
[Avocat / Attorney]
1931

August Sander, *Der Schiedsrichter*
[L'arbitre / The Arbitrator]
1919

73 JULIE NARBEY
Directrice générale du Centre national d'art et de culture Georges Pompidou / *Verwaltungsdirektorin des Centre national d'art et de culture Georges Pompidou* / Managing Director of the Centre national d'art et de culture Georges Pompidou

---

TANIA CHEBLI, FRÉDÉRIC MAZZELLA, OLLIVIER MELT
Représentant·e·s des syndicats CGT, CFDT et UNSA / *Vertreter*innen der drei Gewerkschaften CGT, CFDT und UNSA* / Representatives of the three unions CGT, CFDT, and UNSA

74

August Sander, *Revolutionäre*
[Révolutionnaires / Revolutionaries]
1929 (Alois Lindner, Erich Mühsam, Guido Kopp)

« Promouvoir et défendre des situations de travail qui répondent aux aspirations, aux capacités et aux activités concrètes du personnel, sans oublier la nécessaire reconnaissance financière qui va avec, ce n'est pas une utopie mais notre tâche quotidienne. »

»Gute Arbeitsbedingungen zu fördern und zu verteidigen, die den Wünschen, Fähigkeiten und konkreten Tätigkeiten der Beschäftigten entsprechen, ohne die damit verbundene notwendige finanzielle Anerkennung zu vergessen – das ist keine Utopie, sondern unsere tägliche Aufgabe.«

"Promoting and standing up for conditions in the workplace that are consistent with the aspirations, abilities, and concrete activities of employees, without forgetting the necessary financial recognition that goes with them—this is not a utopian dream but what we do day in, day out."

August Sander, *Gruppe von Bürgermeistern*
[Groupe de maires / Group of Mayors]
1928

75 CAROLINE LE SECH, CLARISSE MALVALDI, SADDI HADDAR, GRÉGOIRE FOUSSE, CARINE ROUSSEAU, ALEXANDRE ROMA, CÉLINE LORCET, SANDRINE GIRET
Collègues au sein de la Direction des ressources humaines / *Kolleg*innen in der Personalabteilung* / Human Resources team

CARINE BAUBIL, BRUNO SZABO
Responsables de l'Association du personnel
du Centre Pompidou (APCP) /
*Verantwortliche des Mitarbeiter*innen-Vereins
des Centre Pompidou (APCP)* / Heads of
Staff Association at Centre Pompidou

76

August Sander, *Gemeindeschwestern*
[Infirmières paroissiales / Parish Nurses]
1924

Bruno : « Arrivé au Centre Pompidou en 2000, j'ai intégré le service de l'APCP en 2016, un lieu d'échange et de partage avec tous les salariés par les voyages, les spectacles, les ateliers et toutes les autres manifestations que nous organisons …
Carine : … ensemble depuis 2019, date de mon arrivée dans l'équipe, après une douzaine d'années au Centre Pompidou. Des moments réjouissants, culturels, sportifs, de loisirs et de découvertes dédiés au personnel et leurs proches ; autant d'opportunités de tisser d'autres liens riches et variés à l'image de notre "maison" ».

*Bruno: »Ich kam im Jahr 2000 zum Centre Pompidou und bin seit 2016 in der APCP tätig, einem Ort des Austauschs und des Teilens mit allen Beschäftigten durch Reisen, Aufführungen, Workshops und alle anderen Veranstaltungen, die wir seit … «
Carine: »… 2019 zusammen organisieren, als ich nach mehr als zwölf Jahren im Centre Pompidou zum Team gestoßen bin. Wunderbare Momente voller Kultur, Sport, Freizeit und Entdeckungen, die den Mitarbeiter*innen und ihren Angehörigen gewidmet sind; alles Gelegenheiten, um weitere reiche und vielfältige Verbindungen zu knüpfen, die dem Bild unseres ›Hauses‹ entsprechen.«*

Bruno: "I arrived at the Centre Pompidou in 2000, and joined the APCP department in 2016. It's a place where all the employees have been able to share ideas and experiences through the trips, shows, workshops, and all the other events we've organized …
Carine: … together since 2019, when I joined the team after twelve or so years at the Centre Pompidou. There've been enjoyable moments of culture, sport, leisure, and discovery dedicated to staff and their families; so many opportunities to forge other rich and varied links in keeping with the image of our institution."

August Sander, *Arbeitslos*
[Chômeur / Jobless]
1928

77 LISE TOURNET-LAMBERT
Historienne de l'art et assistante de recherche en CDD pour plusieurs projets au Centre Pompidou, à la recherche d'un poste /
Kunsthistorikerin und Recherche-Assistentin mit befristetem Vertrag für mehrere Projekte am Centre Pompidou, auf der Suche nach einer Stelle /
Art historian and research assistant on fixed-term contract for several projects at the Centre Pompidou, looking for a new position

« Comme beaucoup d'autres, j'ai voulu faire de ma passion pour l'art une profession. J'ai accepté plusieurs CDD malgré l'incertitude et la précarité de ce type de contrat. C'est une situation que je partage avec de nombreuses personnes de mon milieu et de ma génération. »

»Wie viele andere wollte ich meine Leidenschaft für die Kunst zum Beruf machen. Ich habe mehrere befristete Arbeitsverträge angenommen, obwohl diese Art von Verträgen unsicher und prekär ist. Eine Situation, die die ich mit vielen Menschen in meinem beruflichen Umfeld und in meiner Generation teile.«

"Like many others, I wanted to turn my passion for art into a profession. I accepted several fixed-term contracts despite the uncertainty and precariousness of this type of contract. It's a situation I share with many people of my background and generation."

EDGAR PALACIOS GAMBOA
dit / *genannt* / known as EL WAYRA
Vendeur ambulant de bijoux / *Straßenverkäufer von Schmuck* / Street vendor selling jewelry

78

August Sander, *Bonbonverkäufer*
[Vendeur de bonbons / Candy Seller]
1930

« El Wayra est mon nom d'artiste. Je suis arrivé du Pérou il y a vingt-cinq ans. Depuis, je vends toutes sortes de bijoux des Andes, en traversant l'Europe, vivant un peu partout, mais surtout en France. »

»El Wayra ist mein Künstlername. Ich kam vor fünfundzwanzig Jahren aus Peru hierher. Seitdem verkaufe ich alle Arten von Schmuck aus den Anden. Ich reiste kreuz und quer durch Europa, und lebte überall, vor allem aber in Frankreich.«

"El Wayra is my artist name. I arrived from Peru twenty-five years ago. Since then, I've been selling all kinds of Andean jewelry, traveling across Europe, living all over the place, but mostly in France."

August Sander, *Glasermeister*
[Maître verrier / Master Glazier]
ca. 1925

79 ARNAUD JUNG
Éclairagiste / *Beleuchter* / Lighting engineer

« Short et chemise à motifs, teint hâlé, indiquent que le temps est au beau fixe. Nous sommes en septembre, on

»Shorts und ein gemustertes Hemd, ein gebräunter Teint deuten darauf hin, dass das Wetter gut ist. Es ist September

"Shorts, patterned shirts, and a tanned complexion indicate that the weather is fine. It's September,

sort d'un été qui s'est révélé très chaud. Je ne sais pas si nous devons nous en réjouir, réchauffement climatique oblige. Quoi qu'il en soit, je m'accroche à ma nacelle, outil indispensable à l'éclairagiste que je suis, pour bientôt décrocher les projecteurs qui mettaient en lumière cette très belle et intense exposition : *Allemagne | Années 1920 | Nouvelle Objectivité | August Sander.* »

»und wir haben einen heißen Sommer hinter uns. Ich weiß nicht, ob wir uns darüber freuen sollen, die globale Erwärmung lässt uns keine Wahl. Wie dem auch sei, ich halte mich an meiner Hebebühne fest, die für mich als Beleuchter ein unverzichtbares Werkzeug ist, um bald die Scheinwerfer abzunehmen, die diese sehr schöne und intensive Ausstellung* Allemagne / Années 1920 / Nouvelle Objectivité / August Sander *ins Licht gesetzt haben.«

and we're just coming off a summer that turned out to be very hot. I don't know whether we should be happy about that, as it's thanks to global warming. In any case, I'm hanging on to my lifting platform, an indispensable tool for a lighting technician like me, as I'll soon be taking down the spotlights illuminating this very beautiful and intense exhibition: *Germany / 1920s / New Objectivity / August Sander.*"

LILIANA DRAGASEV, DOROTHÉE LACAN 80
Chargées de production d'expositions /
Projektmanagerinnen für Ausstellungen /
Project managers for exhibitions

August Sander, *Werftarbeiter*
[Travailleurs du chantier naval | Shipyard Workers]
1929

« Nous comparons souvent le Centre Pompidou à un immense paquebot. Les expositions temporaires des galeries 1 et 2, logées sur le pont supérieur, doivent être manœuvrées à l'instar de machines bien huilées. Nous veillons à ce que l'appareillage de l'exposition soit maîtrisé. Nous nous assurons de la bonne coexistence des différents corps de métier au sein de cet imposant vaisseau, avec comme but ultime, tenir la barre jusqu'à l'arrimage des œuvres aux cimaises. Le visiteur contemple les œuvres exposées, mais il ne sait rien des rouages cachés qui ont permis la manœuvre. »

»Wir vergleichen das Centre Pompidou oft mit einem riesigen Dampfer. Die temporären Ausstellungen in den Galerien 1 und 2, auf dem Oberdeck des Schiffs, müssen wie gut geölte Maschinen funktionieren. Wir sorgen dafür, dass die Ausstellung auf den richtigen Kurs gebracht wird. Wir kümmern uns darum, dass die verschiedenen Besatzungsmitglieder gut zusammenarbeiten, mit dem Ziel, das Ruder in der Hand zu halten, bis die Kunst fest im Ausstellungsraum vertäut ist. Die Besucher*innen betrachten die ausgestellten Werke, aber sie wissen nichts von den verborgenen, ineinandergreifenden Rädchen, die das Manöver ermöglicht haben.«

"We often compare the Centre Pompidou to a huge steamship. The temporary exhibitions in Galleries 1 and 2, housed on the upper deck, have to be maneuvered like well-oiled machines. We take care as we're setting sail that the exhibition is headed on the right course. We make sure that the various crew members working in this imposing vessel are in harmony with one another, with the ultimate aim of keeping our hand on the tiller until all the artworks are properly stowed and fixed on the walls. The visitor can contemplate the works on display but knows nothing of the hidden machinery that made the maneuver possible."

August Sander, *Junge Kölnerinnen*
[Jeunes femmes de Cologne | Young Cologne Women]
1940–1943

81 KENZA BELKADI, ANOUCK SCHMIDT,
LAETITIA POISSONNIER, REBECCA EDOU
Stagiaire ; chargée de traitement image et son ; chargées de production ; du service de la production audiovisuelle / *Praktikantin; Bild- und Tontechnikerin; Projektmanagerinnen; alle aus der audiovisuellen Abteilung /* Intern; image and sound technician; two project managers; all from the audiovisual department

---

ALEXANDRE LEBUGLE 82
Responsable technique audiovisuel /
Technischer Leiter für Audiovisuelles /
Audiovisual technical manager

August Sander, *Betriebsingenieur*
[Ingénieur exploitant | Production Engineer]
1933

August Sander, *Werkstudenten*
[Étudiants formés en entreprise | Working Students]
1926

83 DANIEL MEBAREK, PAUL BERNARD-JABEL,
KATHARINA TÄSCHNER, LILAH REMY
Artiste ; jeunes chercheur·euse·s ; rattaché·e·s à la collection de photographie / *Künstler und junge Forscher*innen, die der Fotografieabteilung zugeordnet sind /* Artist; young researchers; attached to the photography department

« Qui aurait pu imaginer, au moment de la prise de vue, le destin tragique des quatre Werkstudenten de la photo d'August Sander ? Mais en la regardant

»Wer hätte sich zum Zeitpunkt der Aufnahme das tragische Schicksal der vier Werkstudenten auf August Sanders Foto vorstellen können? Aber wenn

"Who could have imagined, when the picture was taken, the tragic fate of the four working students in August Sander's photograph? But looking

aujourd'hui, il est difficile de ne pas essayer de chercher des pistes dans l'image qui nous permettraient d'anticiper le destin de ces individus. A l'avenir, ferons-nous la même chose avec notre photo ? Chercherons-nous à mieux comprendre nos choix en scrutant l'image comme si une vérité se cachait derrière nos regards ? »

wir es heute betrachten, ist es schwierig, nicht zu versuchen, nach Spuren im Bild zu suchen, die es uns ermöglichen, das spätere Schicksal dieser Individuen darin zu lesen. Werden wir in Zukunft das Gleiche mit unserem Foto tun? Werden wir versuchen, unsere Entscheidungen besser zu verstehen, indem wir das Bild unter die Lupe nehmen, als ob sich hinter unserem Blick eine Wahrheit verbergen würde?«

at it today, it's hard not to try to find clues in the image that would enable us to anticipate the fate of these individuals. In the future, will we do the same with our photo? Will we seek to better understand our choices by scrutinizing the image as if a truth lurked behind our gaze?"

FREDERICK RAMBERG
Régisseur d'espace / *Aufbauleiter, Ausstellung* / Exhibition space manager

84

August Sander, *Monteur*
[Monteur / Fitter]
1928

« Une belle coïncidence d'avoir pu travailler, sur mon parcours, dans les grandes institutions où Pontus Hultén, suédois comme moi, a laissé sa trace, d'abord au Moderna Museet à Stockholm et maintenant au Centre Pompidou. »

»Ein schöner Zufall, dass ich auf meiner Laufbahn in den großen Institutionen arbeiten konnte, in denen Pontus Hultén, Schwede wie ich, seine Spuren hinterlassen hat, zunächst im Moderna Museet in Stockholm und jetzt im Centre Pompidou.«

"It's a wonderful coincidence that I've been able, in the course of my career, to work in the great institutions where Pontus Hultén, a Swede like myself, left his mark, first at the Moderna Museet in Stockholm and now at the Centre Pompidou."

August Sander, *Schankkellner*
[Barman / Bartender]
1928

85 **FELIPE HERRANZ**
Cuisinier du traiteur NOMAD, lors d'un flying dinner / *Koch des Caterers NOMAD bei einem flying dinner* / Cook for the NOMAD catering company at a flying dinner

---

LOUISE CORRINGER, ALI AVESTA
Hôtesses au restaurant Georges / *Hostessen im Restaurant Georges* / Hostesses at Restaurant Georges

86

August Sander, *Platzanweiserinnen*
[Ouvreuses / Usherettes]
1926–1932

August Sander, *Kaffeehausmädchen*
[Serveuse / Café Waitress]
1928/1929

87 **DOMITILLE SIERGÉ**
Maîtresse d'hôtel intérimaire, « talent d'un jour », traiteur NOMAD, lors d'un flying dinner / *Aushilfsoberkellnerin, »Talent für einen Tag«, Caterer NOMAD bei einem flying dinner* / Temporary head waitress, "talent for a day", NOMAD catering company at a flying dinner

---

AHMED AZIZI
Approvisionneur dans la distribution automatique, IVS France / *Lieferant im Lebensmittel-Automatenvertrieb, IVS France* / Supplier for food vending machines, IVS France

88

August Sander, *Konditor*
[Pâtissier / Pastrycook]
1928

August Sander, *Malerin*
[Peintre / Painter]
1925–1930

89 **HANNAH DARABI**
Artiste / *Künstlerin* / Artist

Ayant étudié la photographie d'abord avec Bahman Jalali à Téhéran, puis à l'université Paris 8, Hannah Darabi travaille avec le livre comme forme de prédilection pour faire – comme le dit Walker Evans au sujet du livre d'August Sander – un "editing of society", une analyse des iconographies de la société iranienne et de ses diasporas.

Hannah Darabi studierte Fotografie zunächst bei Bahman Jalali in Teheran und später an der Universität Paris 8. Sie arbeitet mit dem Buch als bevorzugter Form, um – wie Walker Evans über August Sanders Buch sagte – ein ›editing of society‹ vorzunehmen, eine Analyse der Ikonografien der iranischen Gesellschaft und ihrer Diaspora.

Having studied photography, first with Bahman Jalali in Tehran, then at Paris 8 University, Hannah Darabi now works with the book as her preferred form for producing—as Walker Evans said of August Sander's book—an "editing of society," an analysis of the iconographies of Iranian society and its diaspora.

WOLFGANG TILLMANS
Artiste / *Künstler* / Artist

August Sander, *Maler*
[Peintre / Painter]
1927/1928 (Gerd Arntz)

Grand magasin et usine, maison close et caserne, banque et prison – les *12 Maisons de ce temps* (1927) de Gerd Arntz représentent une coupe transversale de l'architecture de la République de Weimar, le noir et blanc dur des pictogrammes soulignant la polarisation sociale de ces années. En 2010, Wolfgang Tillmans a présenté les typologies sociales d'Arntz, qui n'avaient encore jamais fait l'objet d'une exposition individuelle en Grande-Bretagne, dans son espace d'exposition londonien Between Bridges. Son héritage est visible dans les pochoirs de la culture contestataire du monde entier.

Warenhaus und Fabrik, Bordell und Kaserne, Bank und Gefängnis – Gerd Arntz' 12 Häuser der Zeit (1927) vollziehen einen Querschnitt durch die Architekturen der Weimarer Republik, wobei das harte Schwarzweiß seiner Piktogramme die gesellschaftliche Polarisierung jener Jahre herausarbeitet. 2010 stellte Wolfgang Tillmans die zuvor noch nie mit einer Einzelausstellung in Großbritannien gewürdigten sozialen Typologien von Arntz in seinem Londoner Ausstellungsraum Between Bridges vor. Ihr Vermächtnis ist in den Stencils der Protestkultur auf der ganzen Welt sichtbar.

Department store and factory, brothel and barracks, bank and prison—Gerd Arntz's series *Twelve Houses of Our Time* (1927) shows a cross section of the architecture of the Weimar Republic, its harsh black-and-white pictograms highlighting the social polarization of those years. In 2010, Wolfgang Tillmans presented Arntz's social typologies, which had never before appeared in a solo exhibition in the UK, at his London gallery space Between Bridges. Their legacy is visible in the stencils of protest culture around the world.

August Sander, *Maler*
[Peintre / Painter]
1924 (Gottfried Brockmann)

91 MOHAMED BOUROUISSA
Artiste avec son fils Adam / *Künstler mit seinem Sohn Adam* / Artist with his son Adam

En 2012, Mohamed Bourouissa a réalisé un projet à Marseille qui révèle et actualise *L'utopie d'August Sander*, en ajoutant une huitième catégorie sociale aux sept existantes de l'atlas du photographe allemand. « Celle des "en attente de statut", des "inclassés", des "merci de bien vouloir patienter", en un mot, "les chômeurs" » (site de l'artiste). Pour son portrait, il choisit de se faire photographier devant les Halles en référence à sa série *Nous sommes Halles* (2002–2003), premier travail photographique (en coopération avec Anoushkashoot), qui se trouve aujourd'hui dans les collections du Centre Pompidou.

Im Jahr 2012 realisierte Mohamed Bourouissa in Marseille ein Projekt, das August Sanders Utopie zu Ende denkt, indem es den sieben bestehenden sozialen Kategorien im Atlas des deutschen Fotografen eine achte hinzufügt. »Eine der ›Wartenden auf einen Status‹, der ›Unklassifizierten‹, der ›Danke für Ihre Geduld‹, kurz gesagt: ›der Arbeitslosen‹« (Website des Künstlers). Für sein Porträt entschied er sich, sich vor Les Halles fotografieren zu lassen, in Anlehnung an seine Serie Nous sommes Halles (2002–2003), seine erste fotografische Arbeit (in Zusammenarbeit mit Anoushkashoot), die sich heute in den Sammlungen des Centre Pompidou befindet.

In 2012, Mohamed Bourouissa realized a project in Marseille that reveals and updates *August Sander's Utopia*, adding an eighth social group to the seven that appear in the German photographer's atlas. "A group of those 'awaiting status,' the 'unclassified,' the 'please wait patiently'—in a word, 'the unemployed'" (artist's website). For his portrait, he chose to be photographed in front of Les Halles, in reference to his *Nous sommes Halles* series (2002–3), his first photographic work (in cooperation with Anoushkashoot), now in the collections of the Centre Pompidou.

FIONA TAN
Artiste / *Künstlerin* / Artist

August Sander, *Maler*
[Peintre / Painter]
1928 (Heinrich Hoerle)

Countenance (2002) de Fiona Tan est un monument cinématographique : plus de 200 portraits dont les poses photographiques sont transposées en film. Il s'agit d'une vue de coupe de la société berlinoise en pleine fusion, des êtres humains au tout début du XXIᵉ siècle, répartis en trois groupes : constellations sociales, professions, divers. Contrairement au projet de Sander, on y trouve une plus grande diversité et une présence inclusive des femmes, contredisant une hiérarchie sociale dans laquelle les gens sont assignés à une place fixe.

Fiona Tans Countenance (2002) ist ein filmisches Monument: mehr als 200 Porträts, deren fotografische Posen in die Zeit des Films übersetzt wurden. Ein Querschnitt durch die zusammenwachsende Gesellschaft Berlins, Menschen des frühen 21. Jahrhunderts, die in drei Gruppen unterteilt sind: Soziale Konstellationen, Berufe, Sonstige. Ganz im Gegensatz zu Sanders Projekt sehen wir Vielfalt und die Einbeziehung von Frauen anstelle einer sozialen Hierarchie, in der Menschen ein fester Platz zugewiesen wird.

Fiona Tan's *Countenance* (2002) is a cinematic monument: more than 200 portraits whose photographic poses are translated into film. A cross section of Berlin's coalescing society, people from the early twenty-first century, divided into three groups: social constellations, professions, miscellaneous. Unlike in Sander's project, we see diversity and the inclusion of women instead of a social hierarchy in which people are assigned a fixed place.

August Sander, *Erfinder und Dadaist*
[*Inventeur et dadaïste* / *Inventor and Dadaist*]
1929 (Raoul Hausmann)

93 OMER FAST
Artiste / *Künstler* / Artist

Dans son film *August* (2016), Omer Fast fait apparaître le photographe de Cologne comme un vieil homme, hanté par les souvenirs et les traumatismes d'une histoire du XXᵉ siècle. Fast réalise le film avec la technologie 3D, qui permet à la fois immersion et distanciation. Pour le projet de portraits sur le Centre Pompidou, Omer Fast incarne Raoul Hausmann en tant que dadaïste et inventeur, car ce sont les médiums techniques et le montage qui ont chassé l'idéalisme bourgeois de l'art.

In seinem Film August *(2016) lässt Omer Fast den Kölner Fotografen als alten Mann auftreten, verfolgt von den Erinnerungen und Traumata einer Geschichte des 20. Jahrhunderts. Fast realisiert den Film mit 3D-Technologie, die Immersion und Verfremdungseffekt zugleich ist. Für das Porträtprojekt über das Centre Pompidou verkörpert Omer Fast Raoul Hausmann als Dadaist und Erfinder, nicht zuletzt waren es die technischen Medien und die Montage, die der Kunst den bürgerlichen Idealismus ausgetrieben haben.*

In his film *August* (2016), Omer Fast has the Cologne photographer appear as an old man, haunted by the memories and traumas of twentieth-century history. Fast uses 3D film technology, which is both immersive and distancing. For the portrait project about the Centre Pompidou, Fast appears in the guise of Raoul Hausmann as dadaist and inventor, because it was media technology and montage that drove bourgeois idealism out of art.

CHANTAL CROUSEL
Galeriste / *Galeristin* / Gallery owner

94

August Sander, *Kunsthändler*
[*Marchand d'art* / *Art Dealer*]
1927 (Sam Salz)

« Anticipant ma venue à Paris en 1973, je préparais une licence en art contemporain à l'ICART, par correspondance, depuis Bruxelles. Un dossier à réaliser portait sur la création – alors en cours – du Centre Pompidou. Le sujet me passionnait, d'autant plus que, séjournant régulièrement à Stockholm, j'avais une fascination pour l'esprit et le programme très ouvert et innovateur du Moderna Museet, dirigé par Pontus Hultén. La même année, j'effectuais un stage chez Alexandre Iolas, où je me retrouvais entourée de Tinguely, Niki de Saint Phalle, et autres artistes découverts au … Moderna Museet. Quoi de plus naturel que, lorsque que dans une brasserie des Halles, un jour, je me suis retrouvée à déjeuner face à Pontus Hultén, je lui adressais un petit message (en suédois) avec une demande d'entretien. Ce qu'il m'accorda aussitôt. Depuis ce moment-là, le Centre Pompidou est devenu un chez moi, non seulement à cause de notre complicité, mais aussi – dans la durée, et jusqu'à ce jour – à cause de l'excellence des programmes dans tous les domaines qui façonnent notre société. »

»Im Vorgriff auf meinen Umzug nach Paris im Jahr 1973 bereitete ich mich per Fernstudium von Brüssel aus auf einen Licence-Abschluss (Bachelor) in zeitgenössischer Kunst an der ICART vor. Eine Seminaraufgabe, die ich zu lösen hatte, betraf die Gründung des Centre Pompidou, die damals noch im Gange war. Das Thema faszinierte mich, zumal ich mich regelmäßig in Stockholm aufhielt und vom Geist und dem sehr offenen und innovativen Programm des Moderna Museet unter der Leitung von Pontus Hultén fasziniert war. Im selben Jahr absolvierte ich ein Praktikum bei Alexandre Iolas, wo ich von Tinguely, Niki de Saint Phalle und anderen Künstlern umgeben war, die ich im Moderna Museet kennengelernt hatte. Als ich eines Tages in einer Brasserie in Les Halles Pontus Hultén beim Mittagessen gegenüber saß, schrieb ich ihm eine kurze Nachricht (auf Schwedisch) mit der Bitte um ein Gespräch. Das gewährte er mir sofort. Von diesem Moment an wurde das Centre Pompidou zu meinem Zuhause, nicht nur wegen unserer Komplizenschaft, sondern auch – auf Dauer und bis zum heutigen Tag – wegen der hervorragenden Programme in allen unsere Gesellschaft prägenden Bereichen.«

"In anticipation of my move to Paris in 1973, I embarked on a preparatory degree in contemporary art at ICART, a correspondence course I did from Brussels. One of my assignments was on the creation of the Centre Pompidou, which was being built at the time. The subject fascinated me, all the more so because, as a regular visitor to Stockholm, I was intrigued by the spirit and the very open and innovative program of the Moderna Museet, directed by Pontus Hultén. That same year, I did an internship with Alexandre Iolas, where I found myself surrounded by Tinguely, Niki de Saint Phalle and other artists I had discovered at … Moderna Museet. What could be more natural than to find myself having lunch opposite Pontus Hultén at a brasserie in Les Halles one day, and to send him a short message (in Swedish) requesting an interview. Which he immediately granted. From that moment on, the Centre Pompidou became my home, not only because of our involvement but also—over time, and this is true right up to the present—because of the excellence of its programs in all the areas that are instrumental in shaping our society."

August Sander, *Der junge Kaufmann*
[*Le jeune commerçant* / *Young Businessman*]
1927

95 ANTOINE LAURENT
Directeur de la Galerie In Situ – fabienne leclerc, Romainville / *Leiter der Galerie In Situ – fabienne leclerc, Romainville* / Director of the gallery In Situ – fabienne leclerc, Romainville

« Chenille … Chenille … du 1ᵉʳ au 6ᵉ ciel, tu nous combles d'inépuisables nouveautés et mutations salutaires. »

»Oh, du mechanische Raupe … vom 1. bis zum 6. Himmel überhäufst du uns mit unerschöpflichen Neuheiten und willkommenen Verwandlungen.«

"Caterpillar … Caterpillar … from the first to the sixth heaven, you fill us with inexhaustible novelties and healthy mutations."

JEAN-DANIEL COHEN,
NATHALIE MAMANE-COHEN
Collectionneurs et amis du Centre Pompidou /
Sammler und Freunde des Centre Pompidou /
Collectors and friends of the Centre Pompidou

96

August Sander, *Bürgerliches berufstätiges Ehepaar*
[Couple bourgeois dans la vie active /
Professional Middle-Class Couple], 1927

« Collectionner, c'est une histoire de couple, une aventure familiale, des interrogations et des choix de tous les instants. C'est une façon de voir la vie, un perpétuel questionnement sur "notre vérité" où le compromis n'a pas de place, et enfin une manière d'être un peu plus que simple témoin de la contemporanéité de notre société. Les œuvres sont des "time capsules" où se sédimentent les temps que nous traversons. »

»Sammeln ist die Geschichte eines Paares und ein Familienabenteuer, Fragen und Entscheidungen in jedem Augenblick. Es ist eine Art, das Leben zu betrachten, eine ständige Frage nach ›unserer Wahrheit‹, in der Kompromisse keinen Platz haben, und schließlich eine Art, ein wenig mehr als nur ein Zeuge der Zeitgenossenschaft unserer Gesellschaft zu sein. Die Werke sind ›time capsules‹, in denen sich die Zeiten, die wir durchleben, sedimentieren.«

"Collecting is the story of a couple and of a family adventure, of constant questioning and choices. It's a way of seeing life, a perpetual questioning of 'our truth,' where compromise has no place, and finally a way of being a little more than a simple witness to the contemporaneity of our society. The works are time capsules, in which the times we live in are sedimented."

August Sander, *Dame der Gesellschaft*
[Dame de la haute société / Society Lady]
1930

97

ALESSANDRA NASCIMENTO MOURÃO
Avocate brésilienne et membre du Cercle International Global des amis du Centre Pompidou /
Brasilianische Rechtsanwältin und Mitglied des Cercle International Global des amis du Centre Pompidou /
Brazilian lawyer and member of the Cercle International Global des amis du Centre Pompidou

« En tant qu'avocate en exercice, je trouve dans l'art l'opportunité de percevoir le monde sous des angles différents, plus sensibles et innovants. Depuis que j'ai rejoint le Cercle International, il y a deux ans, j'ai énormément appris auprès des conservateurs, en visitant des expositions, des foires et des ateliers. J'ai le souffle coupé en contemplant les sculptures d'Henri Laurens et d'Henry Moore sur la terrasse ouest du Pompidou. »

*»Als praktizierende Anwältin finde ich in der Kunst die Möglichkeit, die Welt aus anderen, sensibleren und innovativeren Blickwinkeln wahrzunehmen. Seit ich vor zwei Jahren dem Cercle International beigetreten bin, habe ich von Kurator*innen, beim Besuch von Ausstellungen, Messen und Workshops enorm viel gelernt. Mir stockt der Atem, wenn ich die Skulpturen von Henri Laurens und Henry Moore auf der Westterrasse des Pompidou-Gebäudes betrachte.«*

"As a practicing lawyer, I find art an opportunity to perceive the world from different, more sensitive, and innovative angles. Since joining Cercle International two years ago, I've learned a lot from curators, visiting exhibitions, fairs, and workshops. It takes my breath away to contemplate the sculptures by Henri Laurens and Henry Moore on the west terrace of the Pompidou."

MATTEO POCHAL, AICHA AMER
Maître et maîtresse d'hôtel intérimaires, « talent d'un jour », traiteur NOMAD, lors d'un flying dinner / *Aushilfskellner und -kellnerin, »Talent für einen Tag«, Caterer NOMAD bei einem flying dinner /* Temporary serving staff, "talent for a day", NOMAD catering company at a flying dinner

98

August Sander, *Hotelpersonal in Hamburg*
[Personnel d'hôtel à Hambourg / Hotel Staff
in Hamburg], 1929

August Sander, *Köchin*
[Cuisinière / Cook]
1928

99

SEYDOU CISSOKO, CLAUDE DEMONTCUIT,
JEAN-MARIE MFUTI
Sous-chef ; chef ; sous-chef de cuisine au restaurant Georges / *Sous-Chef; Chefkoch; Sous-Chef im Restaurant Georges /* Sous-chef; chef; sous-chef; working at Restaurant Georges

SEKHOU SISSOKO
Déménageur en renfort, le lendemain de la Soirée des amis 2023 / *Aushilfsmöbelträger am Tag nach der Soirée des amis 2023 /* Temporary removals assistant the day after the 2023 Soirée des amis

100

August Sander, *Gelegenheitsarbeiter*
[Travailleur occasionnel / Casual Labourer]
ca. 1930

August Sander, *Türkischer Mäusefallenverkäufer*
*[Vendeur turc de souricières / Turkish Mousetrap
Salesman]*, 1924–1930

101 GÉRALDINE CHEMARDIN
Chargée de protection contre les animaux
nuisibles, Société Hygiène Office / *Beauftragte für
Schädlingsbekämpfung, Société Hygiène Office /*
Animal pest control officer, Société Hygiène Office

« Au Centre Pompidou, on se souvient
de moi comme Madame Souris.
J'avoue que ce surnom m'amuse. Dans
la réalité, nous avons, à travers Hygiène
office, la délicate tâche de protéger
les œuvres des parasites et des nuisibles. Cela contribue à la sécurité du
bâtiment et implique une connaissance
approfondie de nos adversaires. »

*»Im Centre Pompidou erinnert man sich
an mich als ›Madame Maus‹. Ich muss
zugeben, dass mich dieser Spitzname
amüsiert. In der Realität haben wir als
Hygiène Office die heikle Aufgabe, die
Werke vor Parasiten und Schädlingen zu
schützen. Das trägt zur Sicherheit des
Gebäudes bei und setzt eine gründliche
Kenntnis unserer Widersacher voraus.«*

"At the Centre Pompidou, I'm remem-
bered as 'Madame Mouse'. I confess
I find this nickname amusing. In reality,
through the Hygiene Office, we have
the delicate task of protecting the
works of art from parasites and pests.
This contributes to the safety of
the building and requires a thorough
knowledge of our adversaries."

DAVID ROUGE, ALIOUNE KONATE   102
Régisseur principal et agent de sûreté (fin
de journée) / *Technischer Aufbauleiter und
Sicherheitskraft (nach Feierabend) /* Technical
manager and security officer (after work)

August Sander, *Boxer*
[Boxeurs / Boxers]
1929

« La boxe, c'est l'opéra des pauvres,
des écorchés et des gens bien. »

*»Boxen ist die Oper der Armen, der
Geschundenen und der Anständigen.«*

"Boxing is the opera of the poor,
the wounded, and the respectable."

August Sander, *Gasmänner*
[Gaziers / Gas-Men]
1932

103 MUSTAPHA BELAIDI, NOHA BAIDDER,
WILSON MEKANE
Responsables du service de maintenance, Société
Nickel / *Leiter des Reinigungsdiensts, Société Nickel /*
Heads of the cleaning service, Nickel corporation

MICHEL & DOMINIQUE BORIE   104
Frère et sœur, agent·e·s d'accueil et de
surveillance / *Bruder und Schwester,
Museumsaufsichten /* Brother and sister,
museum guards

August Sander, *Geschwisterpaar*
[Frère et Sœur / Brother and Sister]
ca. 1927

Dominique : « En 1994, je croyais passer
quatre mois ici, en tant qu'agente
d'accueil au Centre Pompidou. Tu es
arrivé un peu plus tard et nous nous
sommes retrouvé·e·s ici, lors de vaca-
tions pour des expositions. »
Michel : « Sur presque trente ans,
nous n'avons été posté·e·s que deux
fois ensemble, une fois au musée et
sur cette photo-là ! »

*Dominique: »1994 glaubte ich, hier nur
vier Monate zu verbringen, als Museumsaufsicht im Centre Pompidou. Du bist
etwas später gekommen und so haben
wir uns plötzlich hier wiedergefunden,
während du bei Ausstellungen die Ver-
tretungsschicht für andere übernommen
hast.«
Michel: »In fast dreißig Jahren waren wir
nur zweimal zusammen aufgestellt, einmal im Museum und auf diesem Foto!«*

Dominique: "In 1994, I thought
I'd be spending four months here as
a museum guard at the Centre
Pompidou. You arrived a little later,
and we found each other again
here, when you were filling in as an
exhibition attendant."
Michel: "In almost thirty years,
we've only been put together twice,
once at the museum and now in
this photo!"

August Sander, *Bürgerliche Familie*
[Famille bourgeoise / Middle-Class Family]
1923

105 Une Famille / Eine Familie / A Family
NATHALIE NOSNY Directrice du département
Services et collections numériques à la Bibliothèque
publique d'information (BPI) / *Leiterin der Abteilung
Digitale Dienste und Sammlungen der Öffentlichen
Informationsbibliothek (BPI) /* Director of the digital
services and collections department at the Public
Information Library (BPI)
CHRISTIAN SAINTAGNE Ancien régisseur général /
ehemaliger technischer Leiter / Former general manager
THOMAS SAINTAGNE Vacataire administratif au
service maintenance des collections à la BPI / *Verwal-
tungsaushilfskraft in der Abteilung Sammlungsunter-
halt der BPI /* Temporary administrative assistant in
the collections maintenance department at the BPI

« Le Centre Pompidou et la BPI sont comme une maison de famille, riche en rencontres et en souvenirs pour chacun d'entre nous. Christian et moi nous y sommes rencontré·e·s, Thomas les a toujours connus et découvre à son tour tous leurs aspects. »

»Das Centre Pompidou und die BPI sind wie ein Zuhause, das für jeden von uns reich an Begegnungen und Erinnerungen ist. Christian und ich haben uns dort kennengelernt, Thomas kennt sie schon seit jeher und entdeckt nun seinerseits alle ihre Aspekte.«

"The Centre Pompidou and the BPI are like a family home, full of encounters and memories for each of us. Christian and I met there; Thomas has always known them and is now discovering all their different facets."

ULRIKE OTTINGER
Cinéaste, peintre et photographe /
Filmemacherin, Malerin und Fotografin /
Filmmaker, painter, and photographer

106

August Sander, *Maler*
[Peintre / Painter]
1929 (Stanisław Kubicki)

Le peintre polonais Stanisław Kubicki aurait pu trouver sa place dans le « banquet des scientifiques et artistes persécutés », une séquence clé du film *Freak Orlando* (1981) d'Ulrike Ottinger, comme tant d'autres personnages de l'Atlas d'August Sander. Les notes de Sander sur ses trois dossiers des persécutés du national-socialisme sont restées fragmentaires. Sa collection de types était soumise à l'impératif d'objectivité, le langage d'Ottinger est au contraire celui du grotesque, en cela il est proche de l'expressionniste Kubicki.

Der polnische Maler Stanisław Kubicki hätte seinen Platz finden können im »Gastmahl der verfolgten Wissenschaftler und Künstler«, einer Schlüsselsequenz in Ulrike Ottingers Film Freak Orlando *(1981), wie so viele andere Figuren aus August Sanders Atlas. Sanders Notizen zu den drei Mappen der Verfolgten des Nationalsozialismus blieben Fragment. Seine Typensammlung unterstand dem Gebot der Sachlichkeit, Ottingers Sprache ist hingegen die der Groteske, darin steht sie dem Expressionisten Kubicki nahe.*

Like so many other figures from August Sander's atlas, the Polish painter Stanisław Kubicki could have taken his place at the "banquet of persecuted scientists and artists," a key sequence in Ulrike Ottinger's film *Freak Orlando* (1981). Sander's notes on his three portfolios of those persecuted by the Nazis exist in fragments. While his collection of types was subject to the dictates of objectivity, Ottinger's language is grotesque in nature, akin to that of the expressionist Kubicki.

August Sander, *Dirigent*
[Chef d'orchestre / Conductor]
1924–1928 (Wilhelm Furtwängler)

107 **FRANK MADLENER**
Directeur de l'IRCAM (Institut de recherche et coordination acoustique/musique) /
Direktor des IRCAM / Director of IRCAM

« Diriger, oui, mais diriger quoi au juste ? Diriger le cours des choses ? C'est ambitieux, motivant et improbable. Une institution ? C'est temporaire et usant. Une collectivité ? Il faut alors composer avec l'aléa. Diriger un orchestre rassemble ces trois entrées. Ce n'est plus la fonction qui fait l'homme, même s'il se nomme Furtwängler, mais bien la partition et l'écriture du temps. »

»Leiten, ja, aber was genau? Den Lauf der Dinge zu lenken ist ehrgeizig, motivierend und unwahrscheinlich. Eine Institution leiten? Das ist zeitlich begrenzt und anstrengend. Ein Kollektiv? Dann muss man sich mit dem Zufall arrangieren. Das Dirigieren eines Orchesters vereint diese drei Vorgaben. Es ist nicht mehr die Funktion, die den Menschen ausmacht, selbst wenn er sich Furtwängler nennt, sondern die Partitur und die Schrift der Zeit.«

"Directing, yes, but what exactly? Directing the course of things? It's ambitious, motivating, and unlikely. An institution? It's temporary and exhausting. A community? You have to come to terms with contingency. Conducting an orchestra brings these three assumptions together. It's no longer the function that makes the man, even if he's called Furtwängler, but the score and the signature of time."

GRÉGORY MORTELETTE
Chef de service de la Régie des salles /
Technischer Leiter der Bühnen /
Technical stage manager

108

August Sander, *Dramaturg und Oberspielleiter*
[Dramaturge et régisseur / Dramaturge and Theater Director], 1929 (Siegfried Anheisser)

« Des salles de spectacle au Centre Pompidou comme pour tisser des liens entre le musée et les arts vivants, tenter d'ouvrir des perspectives et décaler les paysages. »

»Die Säle für Performances und Aufführungen knüpfen Verbindungen zwischen dem Museum und den darstellenden Künsten, sie versuchen, Perspektiven zu öffnen und Grenzziehungen zu verschieben.«

"The performance spaces at the Centre Pompidou—it's like weaving a link between the museum and live art, trying to open up perspectives and expand horizons."

August Sander, *Der Tenor*
[Le ténor / The Tenor]
ca. 1930 (Leonardo Amarosco)

109 JEAN-LUC MAURETTE
Agent d'accueil et ancien chanteur d'opéra /
Museumsaufsicht und früherer Opernsänger /
Museum guard et former opera singer

« C'est dans cette grande vague musicale que mes souvenirs se mélangent pêle-mêle ; rien de décisif … hélas ! »

»In dieser großen musikalischen Welle gehen meine Erinnerungen drunter und drüber; nichts Entscheidendes … leider!«

"This great musical wave is where my memories are jumbled together higgledy-piggledy; no watershed moments … alas!"

ARNO GISINGER
Artiste / *Künstler* / Artist

110

August Sander, *Maler*
[Peintre / Painter]
1924 (Jankel Adler)

Dans nombre de ses travaux artistiques et théoriques, Arno Gisinger aborde la représentation visuelle du national-socialisme, la spoliation de l'art et le sort des intellectuels et des artistes persécutés. *Retournements –* le titre de son travail de commande pour le Centre Pompidou – revient à travers d'anciens négatifs sur plaque de verre sur *Kulturbolschewistische Bilder* (1933), la première exposition accusatrice des nationaux-socialistes et révèle comment la persécution des images a précédé celle des êtres humains.

In vielen seiner künstlerischen und theoretischen Arbeiten befasst sich Arno Gisinger mit der visuellen Darstellung des Nationalsozialismus, mit Raubkunst und dem Schicksal verfolgter Intellektueller und Künstler. Retournements, so der Titel seiner Auftragsarbeit für das Centre Pompidou, blickt anhand alter Glasplattennegative auf die erste Feme-Ausstellung Kulturbolschewistische Bilder *(1933) der Nationalsozialisten zurück und offenbart, wie die Verfolgung der Bilder der Verfolgung der Menschen vorausging.*

In many of his artistic and theoretical works, Arno Gisinger addresses the visual representation of National Socialism, looted art and the fate of persecuted intellectuals and artists. *Retournements*—the title of his commissioned work for the Centre Pompidou—uses old glass plate negatives to revisit the Nazis' first defamatory exhibition, *Kulturbolschewistische Bilder* (1933), revealing how the persecution of images preceded that of people.

August Sander, *Großstadtkinder*
[Enfants de la grande ville / City Children]
1930

111 HÉLÈNE, JEANNE, LOUISE, NOÉMIE, ALICE, MALO
Étudiant·e·s, un soir d'octobre /
Studierende an einem Oktoberabend /
Students on an October evening

« Un soir d'octobre nous nous sommes retrouvé·e·s sur la piazza devant le Pompidou pour manger une pizza et pour fêter les anniversaires d'Alice et de Louise. Nous nous connaissons depuis la prépa à Nantes et nous avions organisé un week-end pour nous revoir tous·tes à Paris. On s'est assis·e·s sur le parvis du Centre car on aime le lieu et l'atmosphère. »

»An einem Oktoberabend trafen wir uns auf der Piazza vor dem Pompidou, um Pizza zu essen und die Geburtstage von Alice und Louise zu feiern. Wir kennen uns seit der Vorbereitungsklasse in Nantes und hatten ein Wochenende organisiert, um uns alle in Paris wiederzusehen. Wir haben uns auf den Vorplatz des Centre gesetzt, weil wir den Ort und die Atmosphäre lieben.«

"One evening in October, we met on the piazza in front of the Pompidou for pizza and to celebrate Alice's and Louise's birthdays. We'd known each other since grande école preparatory classes in Nantes and had organized a weekend get-together in Paris. We sat down on the Centre's forecourt because we love the place and the atmosphere."

CHEN
Femme sans-abri / *Obdachlose Frau* /
Homeless woman

112

August Sander, *Erwerbsloser Arbeiter*
[Travailleur sans emploi / Unemployed Worker]
1926

« Je suis arrivée en France il y a 17 ans. En Chine, je travaillais en tant que comptable. Mon mari était français, il est mort. Depuis quatre ans, je vis dans la rue. »

»Ich bin vor 17 Jahren nach Frankreich gekommen. In China habe ich als Buchhalterin gearbeitet. Mein Mann war Franzose, er ist gestorben. Seit vier Jahren lebe ich auf der Straße.«

"I came to France seventeen years ago. In China, I was working as an accountant. My husband was French, but he died. I've been living on the street for four years now."

August Sander, *Künstlerfest*
[Fête d'artistes | Artists' Party]
ca. 1930

113 MARINA MIS
Chargée de développement éditorial à la Bibliothèque publique d'information (BPI) / *Referentin für verlegerische Fragen an der BPI (Öffentliche Informationsbibliothek)* / Head of editorial development at the BPI (Public Information Library)
BIANCA MITTEREGGER
Chargée de production à la cinémathèque du documentaire / *Projektmanagerin bei der Cinémathèque du documentaire* / Production manager at the Cinémathèque du documentaire

A la soirée des vœux du président, 17 janvier 2023	*Am Abend der Neujahrsgrüße des Präsidenten, 17. Januar 2023*	At the president's New Year's party, January 17, 2023
« Soirée No future. Centre Pompidou. 2023 : malgré la fin du monde qui approche, nous gardons la tête haute, comme si le Palace existait encore. »	*»Soirée No future. Centre Pompidou. 2023: Trotz des nahenden Weltuntergangs halten wir den Kopf hoch, als ob der Palace [Pariser Undergroundclub 1978–1995] noch existieren würde.«*	"No Future Night. Centre Pompidou. 2023. Although the end of the world is nigh, we hold our heads high, as if the Palace [Paris underground club 1978–1995] still existed."

TONY RIGA
Encadreur peinture, à la soirée des vœux du président, 17 janvier 2023 / *Rahmenmacher (Malerei) am Abend der Neujahrsgrüße des Präsidenten, 17. Januar 2023* / Framer (paintings) at the New Year's party thrown by the president of the Centre Pompidou, January 17, 2023

114 August Sander, *Heinrich Hoerle auf einem Lumpenball*
[Heinrich Hoerle au carnaval des artistes progressistes de Cologne | Heinrich Hoerle at a Carnival], ca. 1930

August Sander, *Bauernkapelle*
[Orchestre de paysans | Country Band]
ca. 1913

115 MICHEL FERNANDEZ, HAROLD FOUCHER
Graphiste et chargé de production à la Direction de la communication et du numérique (Dcn), et leur groupe DUBOIS / *Grafiker und Projektmanager in der Kommunikations- und Digitale Medien-Abteilung (Dcn), und ihre Band DUBOIS* / Graphic designer and project manager in the communication and digital media department (Dcn), and their group DUBOIS
ALAIN PANDOR batterie / *Schlagzeug* / drums
HAROLD FOUCHER guitare / *Gitarre* / guitar
BOB ELECTON soubassophone / *Bass-Sousafon* / sousaphone
MICHEL FERNANDEZ palabre, banjo, composition / *Palaver, Banjo, Komposition* / palaver, banjo, composition

C'est DUBOIS – Musique des bayous de la petite couronne avec des palabres en français !	*Das ist DUBOIS – Musik aus den Bayous der Pariser Vorstädte, mit Palaver auf Französisch!*	This is DUBOIS—Music from the bayous of the Parisian suburbs, with palaver in French!

JAZZ FRANCO
Musicien amateur, faisant ses répétitions à la Bibliothèque publique d'information (BPI) / *Amateurmusiker, der in der BPI (Öffentlichen Informationsbibliothek) probt* / Amateur musician, rehearsing at the BPI (Public Information Library)

116 August Sander, *Der Pianist*
[Le pianiste | The Pianist]
ca. 1925 (Max van de Sandt)

« Je suis artiste-musicien à temps partiel. Je me rends souvent au Centre Pompidou, dont je me sens très proche. »	*»Ich bin Teilzeit-Musikkünstler. Ich stehe dem Centre Pompidou sehr nahe und besuche es oft.«*	"I'm a part-time musical artist. I often visit the Centre Pompidou, which I feel very close to."

August Sander, *Lautenspielerin*
[Luthiste | Lutenist]
ca. 1926

117 ALI CHABANE
Agent d'entretien et musicien /
Reinigungskraft und Musiker /
Maintenance worker and musician

« Le nom de mon instrument est la mandole. C'est avec un très grand plaisir que je participe à ce projet. C'est une chance pour moi de montrer autre chose que le regard que porte le monde sur nous. »

»Mein Instrument ist eine Mandola. Es ist mir eine sehr große Freude, an diesem Projekt teilzunehmen, und eine Chance für mich, etwas anderes zu zeigen als den Blick, den die Welt auf uns wirft.«

"My instrument is called a mandola. I'm delighted to be taking part in this project. It's a chance for me to show something different—different from the way we are seen by the world."

LUCAS CHOL 118
Emballeur d'œuvres d'art et pratiquant le hip-hop français / *Kunstverpacker und praktizierender Fan des französischen Hip-Hop /* Art packer and practicing fan of French hip-hop

August Sander, *Mundartdichter*
[Poète dialectal | Dialect Writer]
1924

« Le hip-hop m'a accompagné tout au long de ma vie. Plus que de la musique, c'est un mouvement pluridisciplinaire, une culture à part entière. Du rap pour chaque envie, un graffiti pour chaque mur et un mouvement pour chaque rencontre. »

»Hip-Hop hat mich mein ganzes Leben lang begleitet. Er ist mehr als nur Musik, er ist eine multidisziplinäre Bewegung, eine eigene Kultur. Rap für jede Stimmung, ein Graffiti für jede Wand und eine Bewegung für jede Begegnung.«

"Hip-hop has been with me all my life. More than just music, it's a multidisciplinary movement, a culture in its own right. Rap for every mood, graffiti for every wall, and a movement for every encounter."

August Sander, *Straßenphotograph*
[Photographe de rue | Street Photographer]
ca. 1930

119 PHILIPPE STRICHER
Peintre (scénographie) et photographe amateur /
Maler (Szenografie) und Amateurfotograf /
Painter (set design) and amateur photographer

RAPHAËLE BIANCHI 120
Responsable des prêts et dépôts (fin de journée) / *Leiterin Leihverkehr und Depositum (Feierabend) /* Head of loans (end of the day)

August Sander, *Großstädterin*
[Habitante d'une grande ville | City Dweller]
ca. 1912

« J'aime la variété des expériences et des cadres occasionnés par la ville et, par-dessus tout, l'anonymat qu'elle procure. »

»Ich mag die Vielfalt der Erfahrungen und Räume, die die Stadt mit sich bringt, und vor allem die Anonymität, die sie bietet.«

"I love the variety of experiences and settings offered by the city and, above all, the anonymity it provides."

August Sander, *Demonstration der »Roten Front«*
[Manifestation du « Front Rouge » | "Red Front" Demonstration], 1927

121 ALICE TOUMINE
Responsable d'accueil et de surveillance et militante pour la justice climatique et sociale /
Leitende Museumsaufsicht und Aktivistin für Klima- und soziale Gerechtigkeit /
Museum guards manager and climate and social justice activist

« Plutôt que de grommeler dans mon coin sur le sort réservé aux opprimés, j'agis là où je peux. J'ai toujours compris que l'indignation, loin d'être un obstacle, peut être un carburant. »

»Anstatt in meiner Ecke über das Schicksal der Unterdrückten zu hadern, handle ich dort, wo ich kann. Ich habe immer verstanden, dass Empörung kein Hindernis, sondern ein Treibstoff sein kann.«

"Rather than grumbling in my corner about the plight of the oppressed, I take action where I can. I've always known that indignation, far from being an obstacle, can be fuel."

MARIE-CLAUDE BECK
Ancienne cheffe de projet à la Direction des
publics (DPU) – Atelier des enfants, retraitée
et professeure de yoga / *Ehemalige Abteilungsleiterin bei der Abteilung Kunstvermittlung
(DPU) – Atelier des enfants (Kinderatelier),
Rentnerin und Yogalehrerin* / Former project
manager in the education and visitor services
department (DPU) – Atelier des enfants (Kids'
Studio), retiree, and yoga teacher

122

August Sander, *Gymnastiklehrerin*
[Professeure de gymnastique / Gymnastics Teacher]
1925

« C'était début février 1977, le Centre
Pompidou ouvrait ses portes, mon
aventure ici a commencé à l'Atelier
des enfants, elle a duré jusqu'à ma
retraite fin décembre 2015. J'ai
retrouvé les lieux en septembre 2017
pour donner des cours de yoga à
l'Association du personnel du Centre
Pompidou (APCP). »

*»Es war Anfang Februar 1977, das
Centre Pompidou öffnete seine Pforten,
mein Abenteuer hier begann im Kinderatelier und dauerte bis zu meiner
Pensionierung Ende Dezember 2015.
Ich kehrte im September 2017 an
diesen Ort zurück, um der APCP
[Verein der Mitarbeiter*innen] Yoga-
kurse zu geben.«*

"It was early February 1977 and the
Centre Pompidou was opening its
doors. My adventure here began
in the Kids' Studio and lasted until
my retirement at the end of December
2015. I returned here in September
2017 to give yoga classes for the
APCP staff association."

August Sander, *Raoul Hausmann als Tänzer*
[Raoul Hausmann en danseur / Raoul Hausmann
as Dancer], 1929

123 OLLIVIER MELT
Juriste en droit public à la Direction juridique et
financière (DJF). Il donne des cours de salsa à
l'association du personnel du Centre Pompidou
(APCP) / *Jurist für öffentliches Recht bei der Direktion
für Recht und Finanzen (DJF), er gibt Salsa-Kurse
für den Verein der Mitarbeiter*innen (APCP)* /
Public law expert in the Centre Pompidou's legal
and financial division (DJF). He teaches salsa
courses for the APCP staff association.

CHRISTINE LJUBANOVIC
Artiste, graphiste et photographe /
Künstlerin, Grafikerin und Fotografin / Artist,
graphic designer, and photographer

124

August Sander, *Die Weise*
[La Sage / The Sage]
1913

« Déjà au début des années 1970,
j'observais la construction de ce grand
navire sur le plateau Beaubourg à
Paris, dans le Marais. Avec l'ouverture
du Centre Pompidou en 1977, c'était
extraordinaire de découvrir ce
laboratoire pluridisciplinaire. Et peu
après, de pouvoir suivre son influence
et son rayonnement mondial. Je me
suis liée d'amitié avec des personnes
qui travaillaient aux éditions et dans
les bibliothèques, et j'ai eu la chance
de pouvoir réaliser des vidéos à la
régie audiovisuelle au sous-sol du
centre. »

*»Bereits Anfang der 1970er Jahre
beobachtete ich den Bau dieses großen
Dampfers auf dem Plateau Beaubourg
im Pariser Marais-Viertel. Mit der Eröff-
nung des Centre Pompidou im Jahr 1977
war es unglaublich, dieses multidisziplinäre Labor zu entdecken und kurz
darauf seinen Einfluss und seine welt-
weite Ausstrahlung miterleben zu können.
Ich freundete mich mit Menschen an,
die in der Verlagsabteilung und in den
Bibliotheken arbeiteten, und hatte das
Glück, in der audiovisuellen Abteilung
im Untergeschoss des Centre Videos
drehen zu können.«*

"Back in the early 1970s, I started watching construction on the Beaubourg
plateau in Paris's Marais district—the
building that arose looked like a huge
steamer. When the Centre Pompidou
opened in 1977, it was incredible to
discover this multidisciplinary labora-
tory and then, within a short space of
time, to be able to track its influence
and see its global standing develop.
I became friends with people who
worked in publishing and in libraries,
and I had the good fortune to be able
to make videos at the audiovisual
production center in the basement."

August Sander, *Der Architekt*
[L'architecte / The Architect]
1929 (Hans Poelzig)

125 RENZO PIANO
Architecte du Centre Pompidou avec
Richard Rogers / *Architekt des Centre Pompidou
zusammen mit Richard Rogers* / Architect of the
Centre Pompidou together with Richard Rogers

« Mon outil préféré ? Un feutre vert
avec lequel je trace les toutes premières idées pour un bâtiment, un
objet que je garde toujours dans ma
poche et qui ne me quitte jamais. »

*»Mein liebstes Werkzeug? Ein grüner
Filzstift, mit dem ich die allerersten
Ideen für ein Gebäude aufzeichne, ein
Gegenstand, den ich immer in meiner
Tasche habe und der mich nie verlässt.«*

"My favorite tool? A green felt tip,
which I use to draw the very first
ideas I have for a building. It's something I always have with me in
my pocket—I'm never without it."

« À l'arrière-plan, *Maso et Miso vont en bateau*, une vidéo du collectif Les Muses Insoumuses. Elle tourne en dérision une émission de télévision de 1975, intitulée *Encore un jour, et l'Année de la femme, ouf ! C'est fini.* Les artistes parasitent les images tournées par Antenne 2 et font fuser les ripostes caustiques via l'insert de cartons manuscrits au fil des propos tenus par Françoise Giroud, alors Secrétaire d'État chargée de la Condition féminine. L'impertinence de la vidéo expérimentale comme outil spontané pour donner place à d'autres représentations et d'autres récits me semble toujours pertinente aujourd'hui. »

»Im Hintergrund, Maso et Miso vont en bateau, *ein Video des Künstlerinnen-Kollektivs Les Muses Insoumuses. Es macht sich über eine Fernsehsendung aus dem Jahr 1975 lustig, die den Titel trägt* Encore un jour, et l'Année de la femme, ouf! C'est fini. *Die Künstlerinnen ziehen die von Antenne 2 gedrehten Bilder ins Lächerliche, indem sie durch die Einblendung von handgeschriebenen Kartons ätzende Erwiderungen auf die Äußerungen von Françoise Giroud, der damaligen Staatssekretärin für Frauenfragen, lancieren. Die bewusste Provokation des experimentellen Videos als spontanes Werkzeug, um Raum für andere Darstellungen und Erzählungen zu schaffen, scheint mir auch heute noch legitim zu sein.«*

"In the background we see, *Maso et Miso vont en bateau*, a video by women artists' collective Les Muses Insoumuses. It pokes fun at a 1975 TV show entitled *Encore un jour, et l'Année de la femme, ouf! C'est fini*. The artists interfered with the footage shot by Antenne 2, inserting caustic responses written on pieces of cardboard over remarks made by Françoise Giroud, then Secretary of State for Women's Affairs. The brazenness of experimental video as a spontaneous tool for creating space for other representations and other narratives still seems relevant to me today."

Jugendbewegung
[Mouvement de jeunesse / Youth Movement]
1923

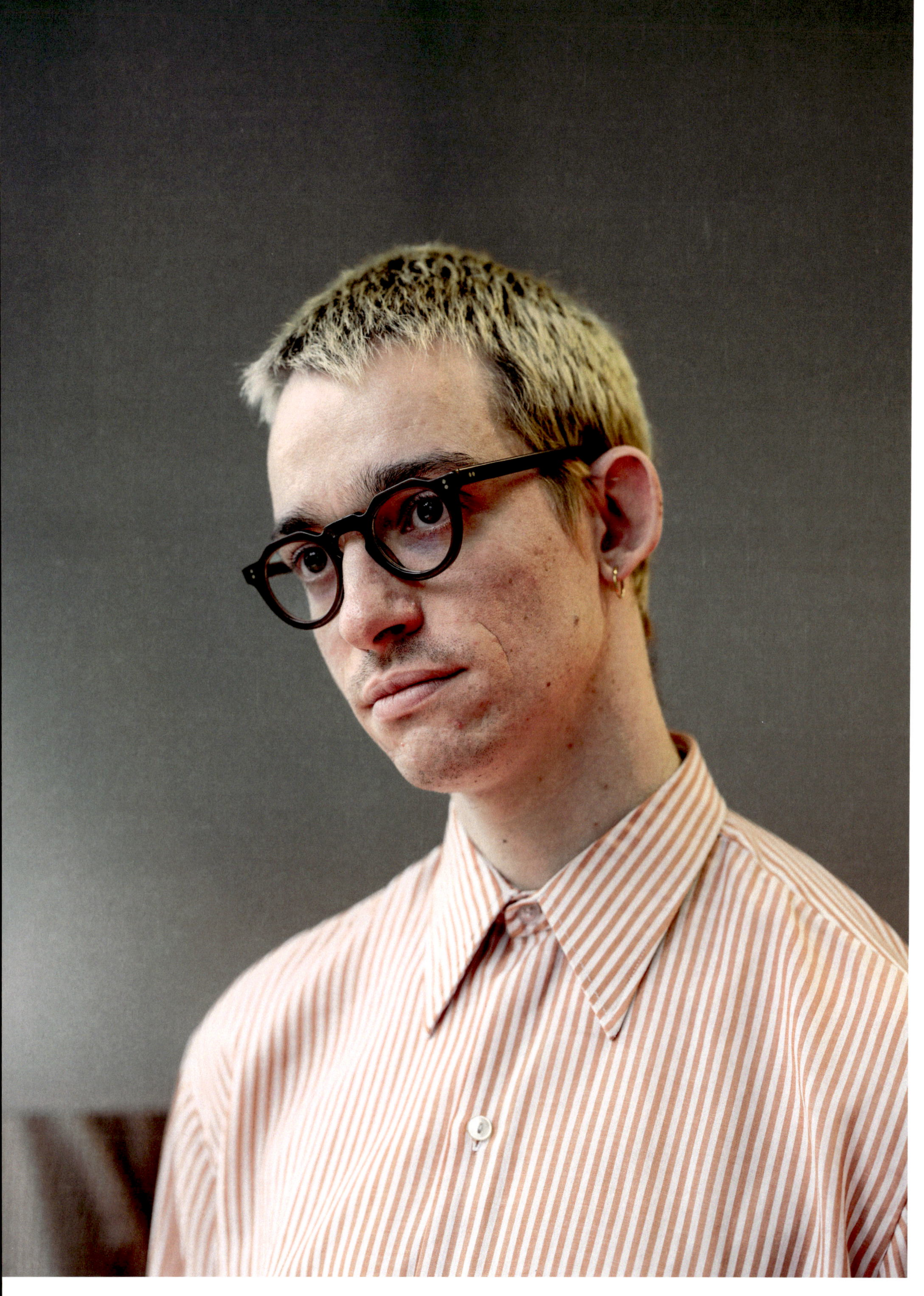

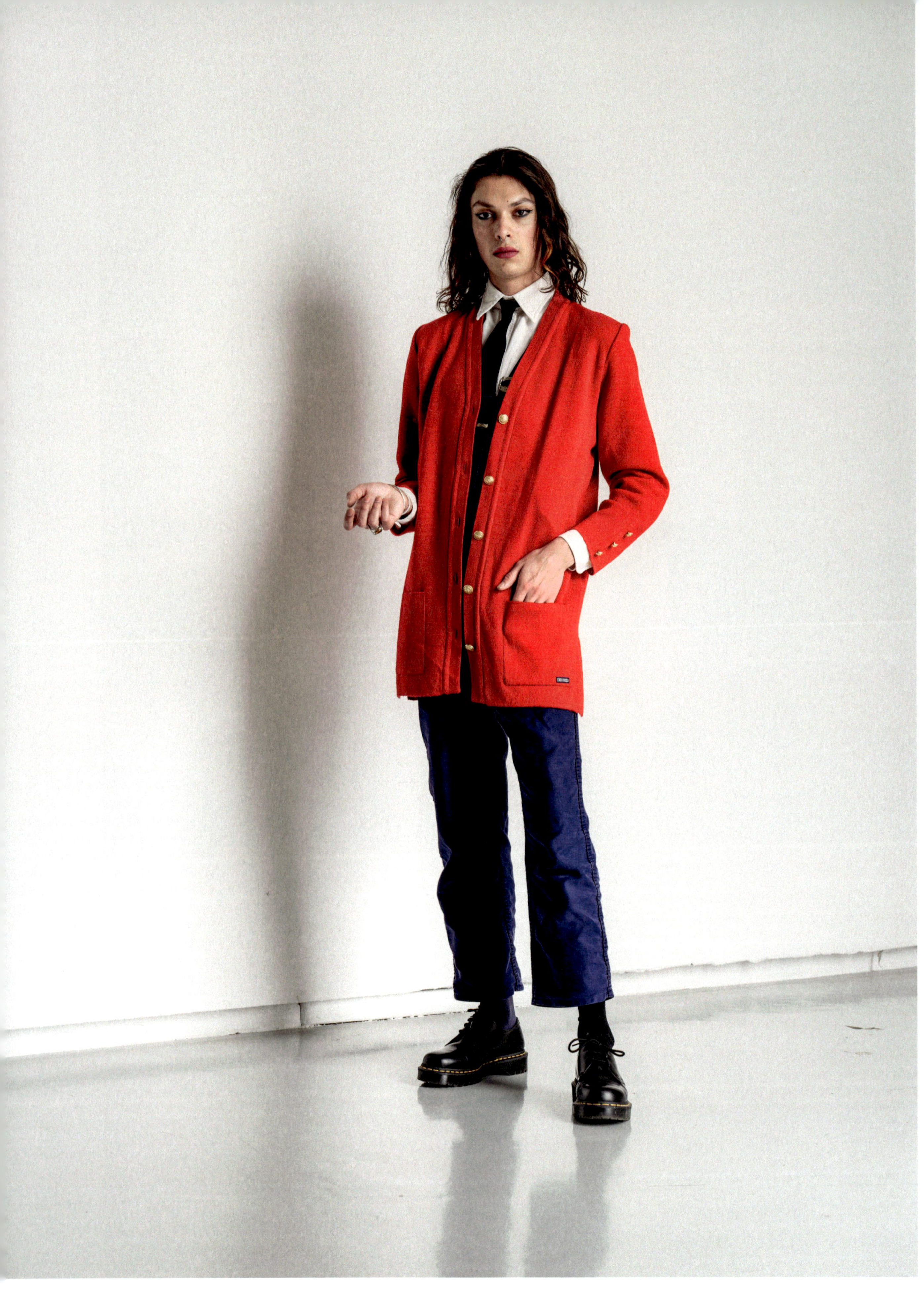

    Hugues Lebrun

Conférencier
[Animateur / Compere]
1930

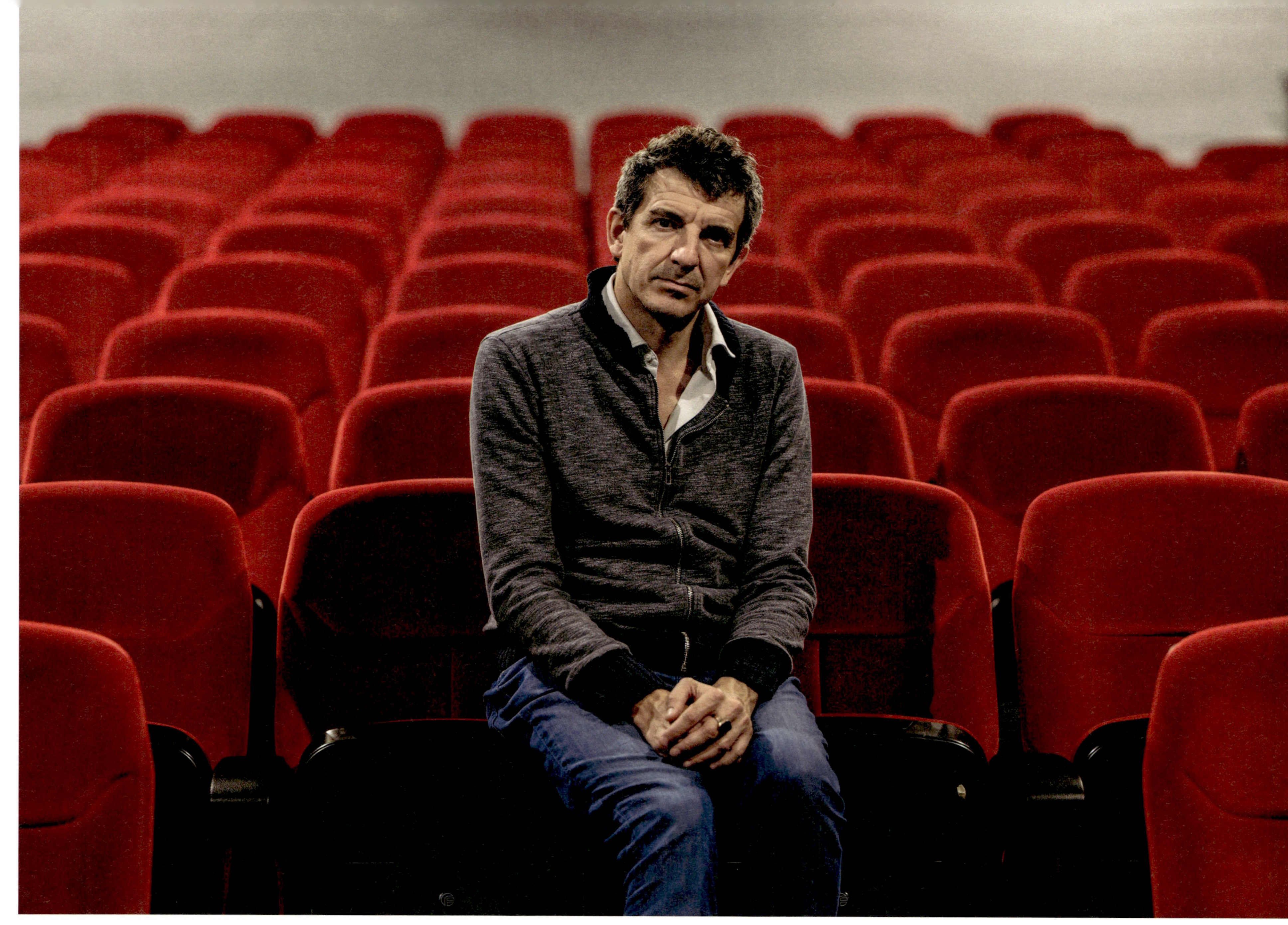

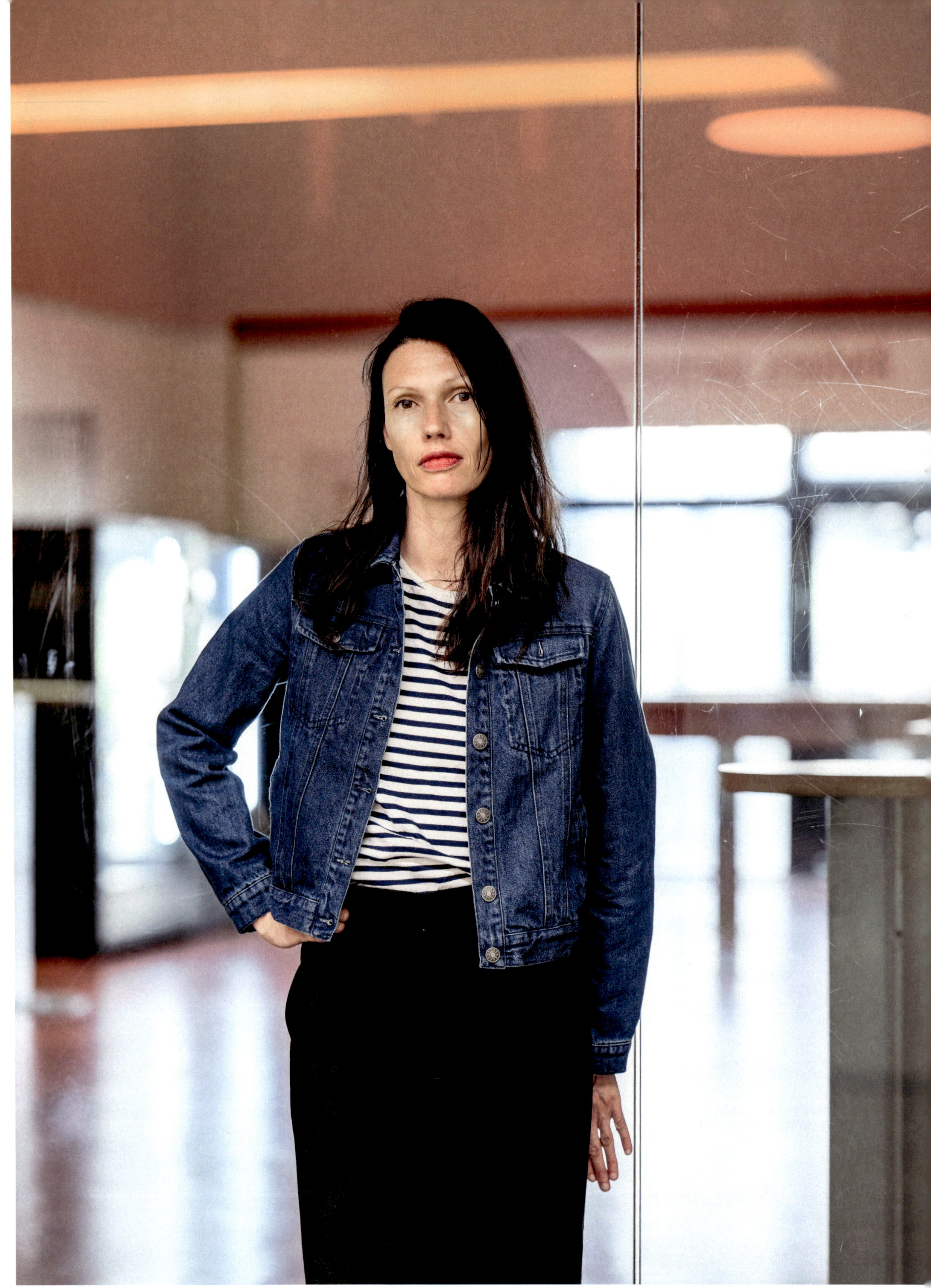

Hausiererin
[Colporteuse / Peddler]
1930

Ingenieur und Werbeleiter
[Ingénieur et chef de publicité / Engineer and Advertising Manager]
ca. 1935

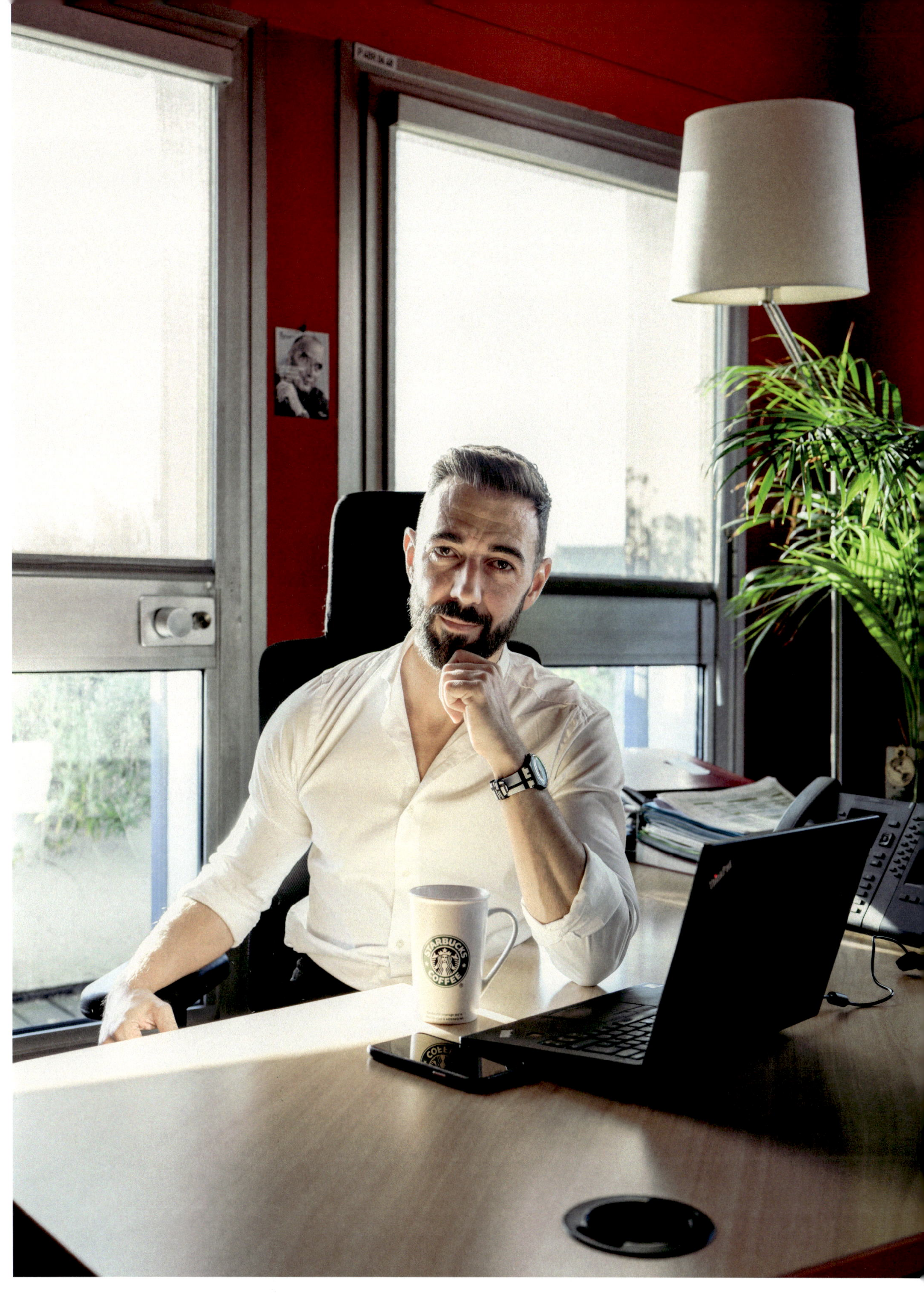

Paul Mourey   67

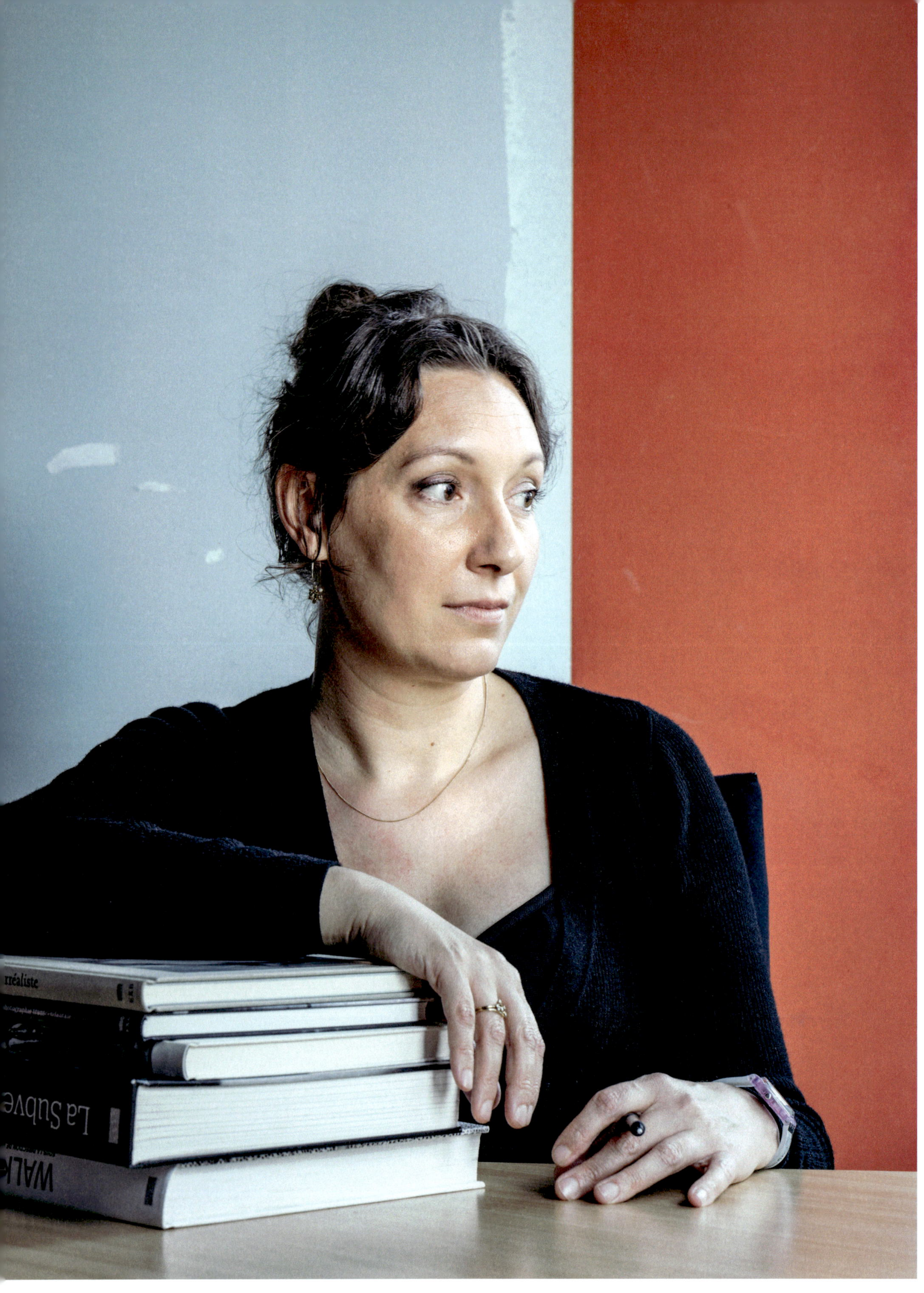

    Marion Diez

Frau eines Schriftstellers und Studienrates
*[Femme d'un écrivain et professeur / Wife of a Writer
and High School Teacher]*, 1924

Geldbriefträger
[*Facteur de mandats* / *Registered Letter Mailman*]
1925

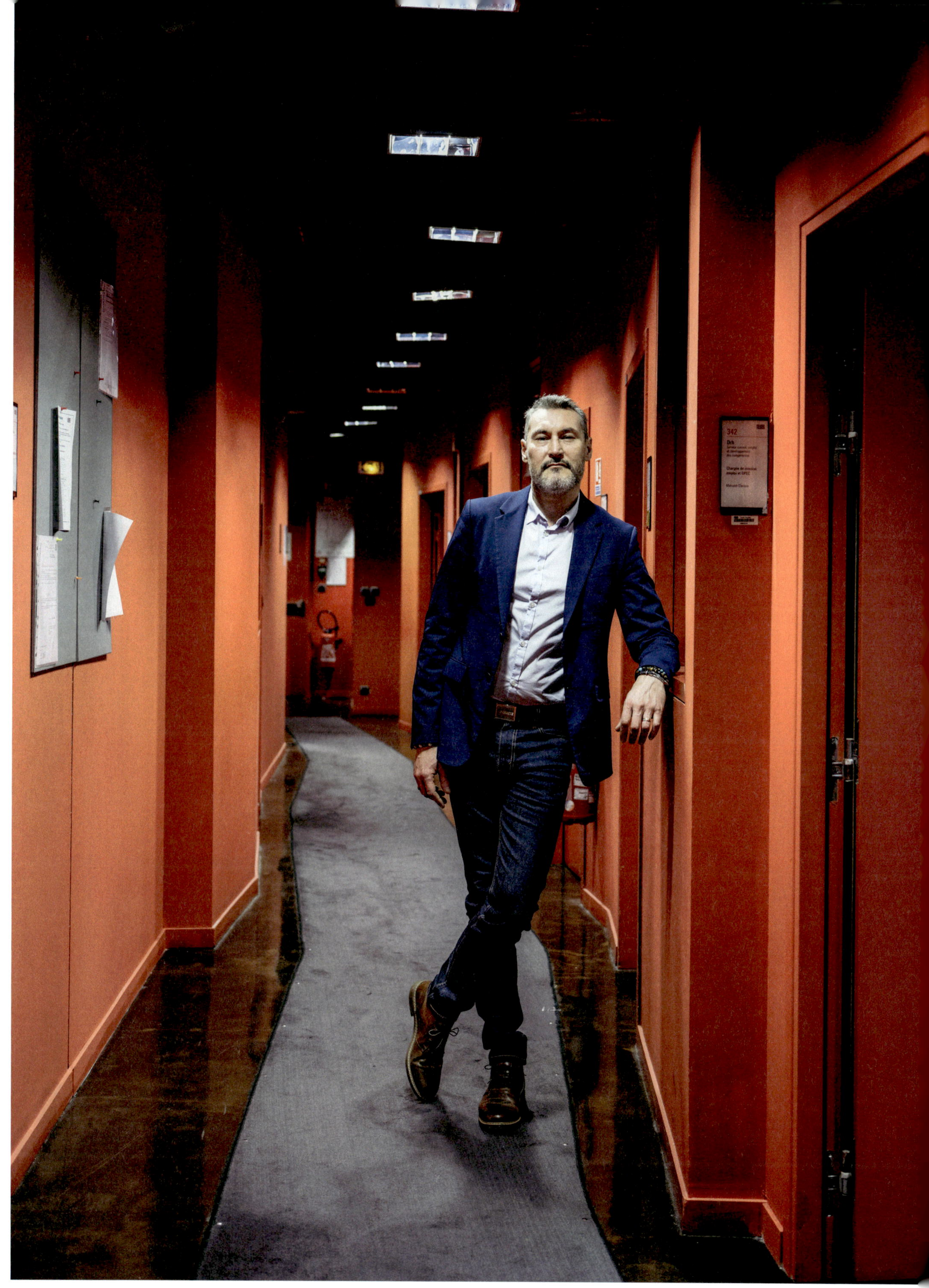

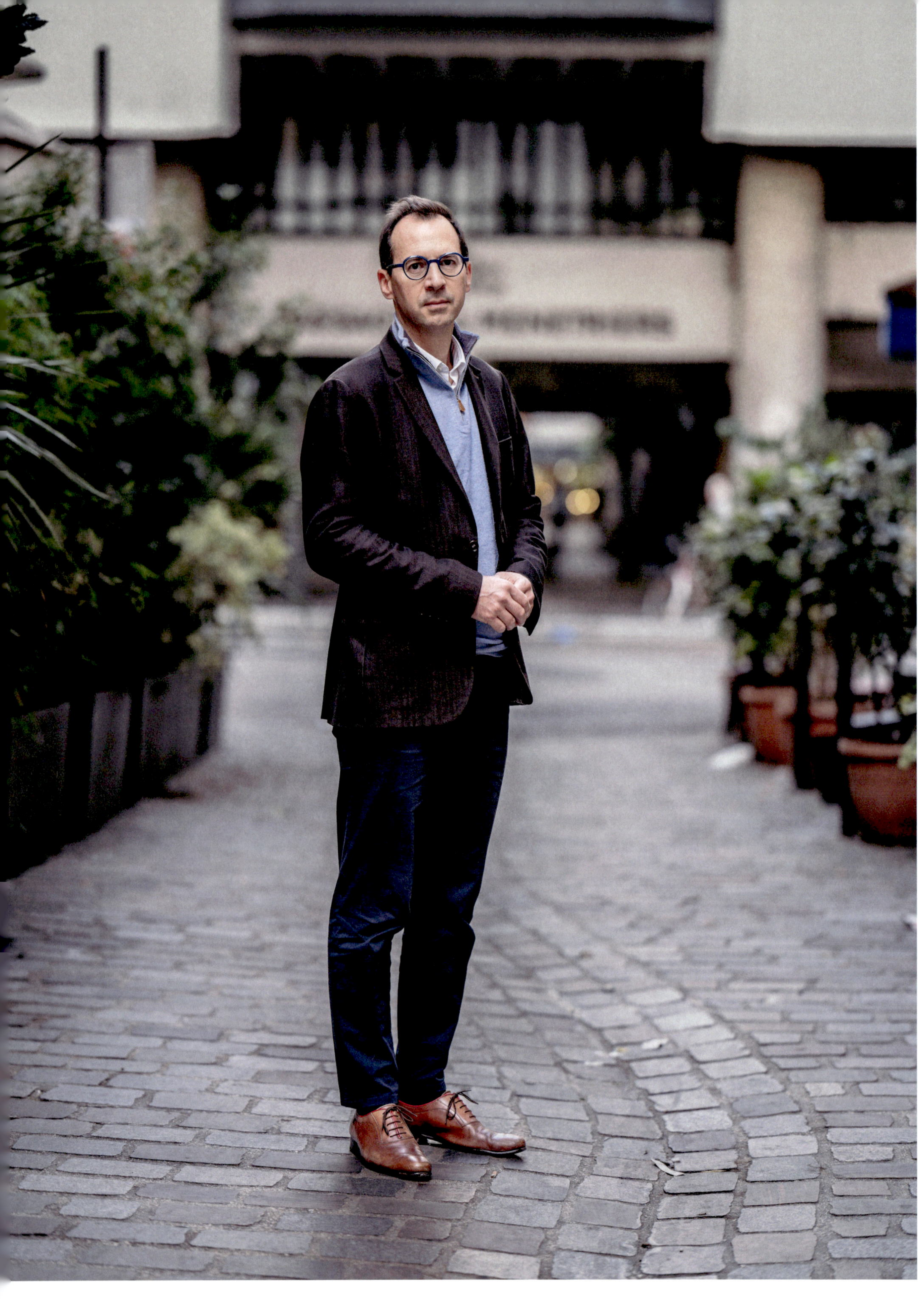

Verleger
[Éditeur / Publisher]
1933

Gerichtsdiener
[Greffier / Court Usher]
1932

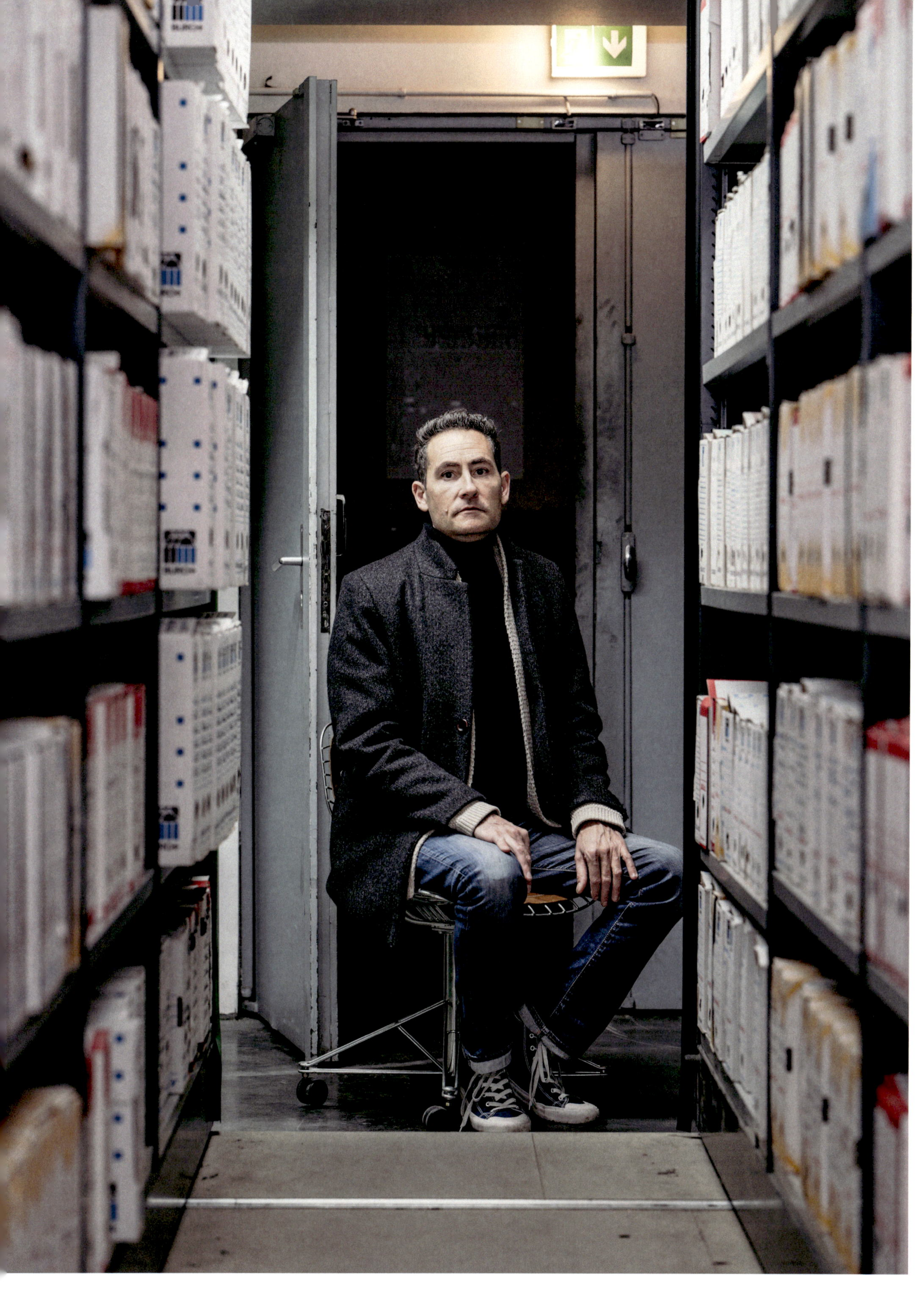

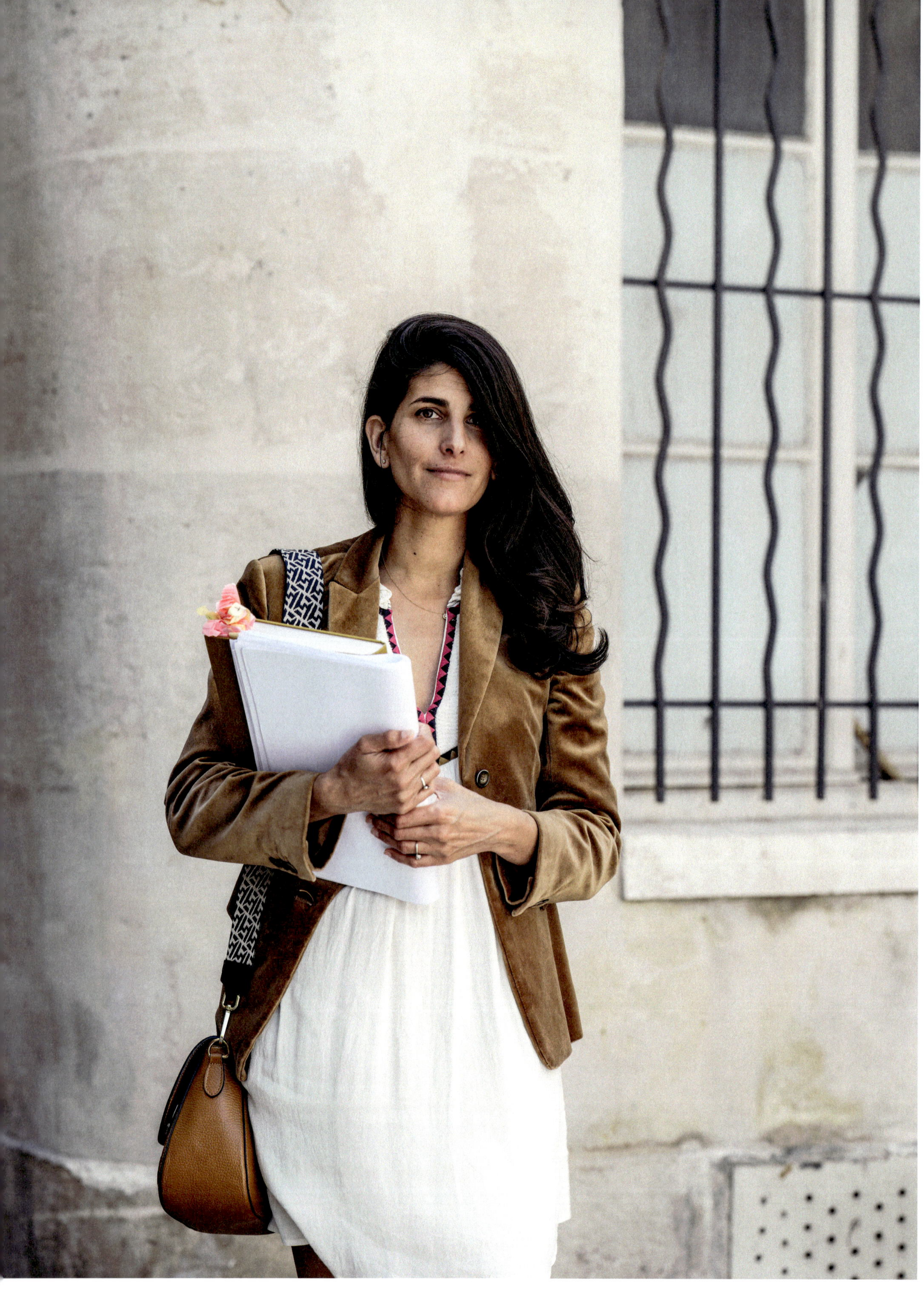

 Sunita Vaz

Rechtsanwalt
[Avocat | Attorney]
1931

Der Schiedsrichter
[L'arbitre | The Arbitrator]
1919

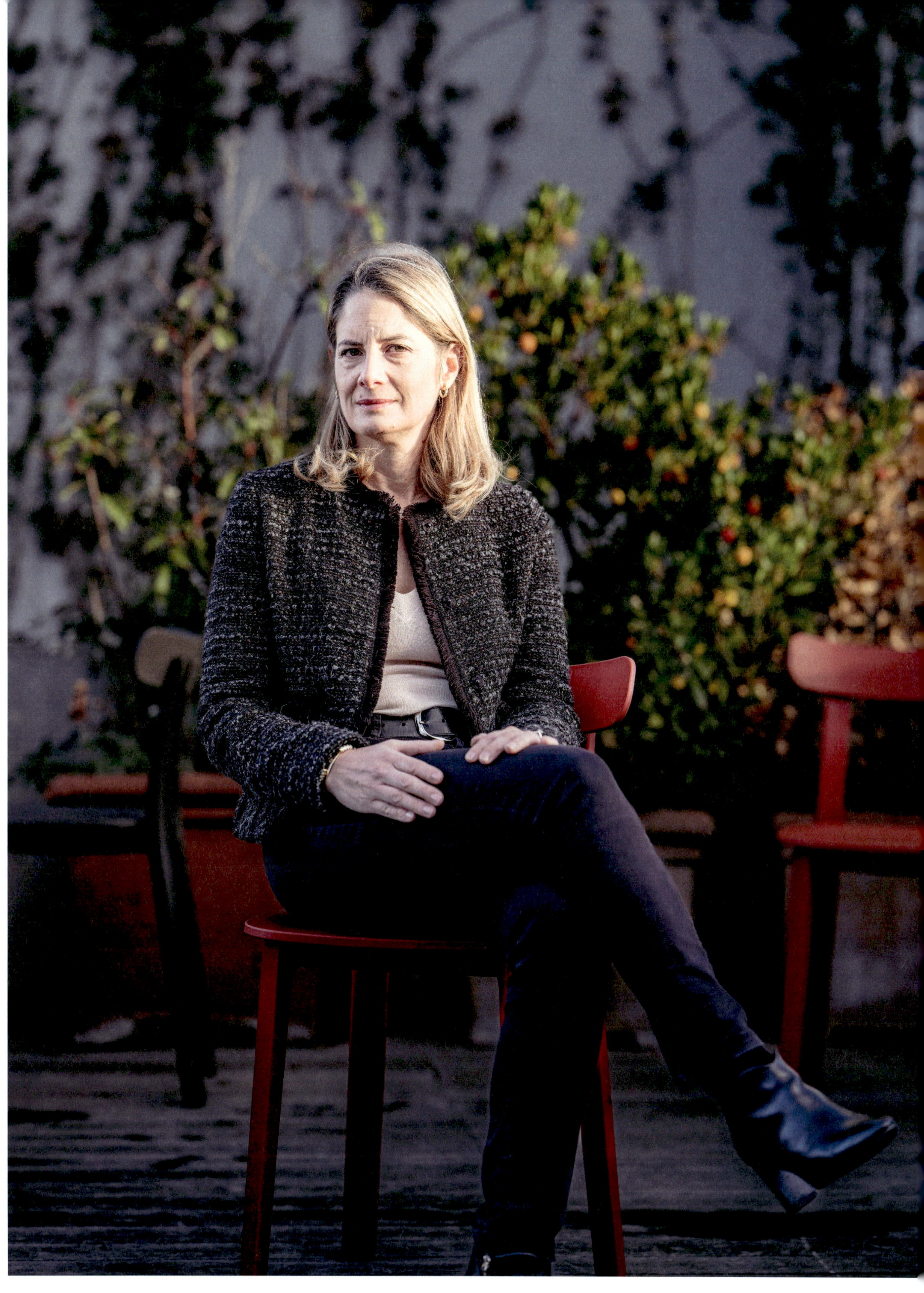

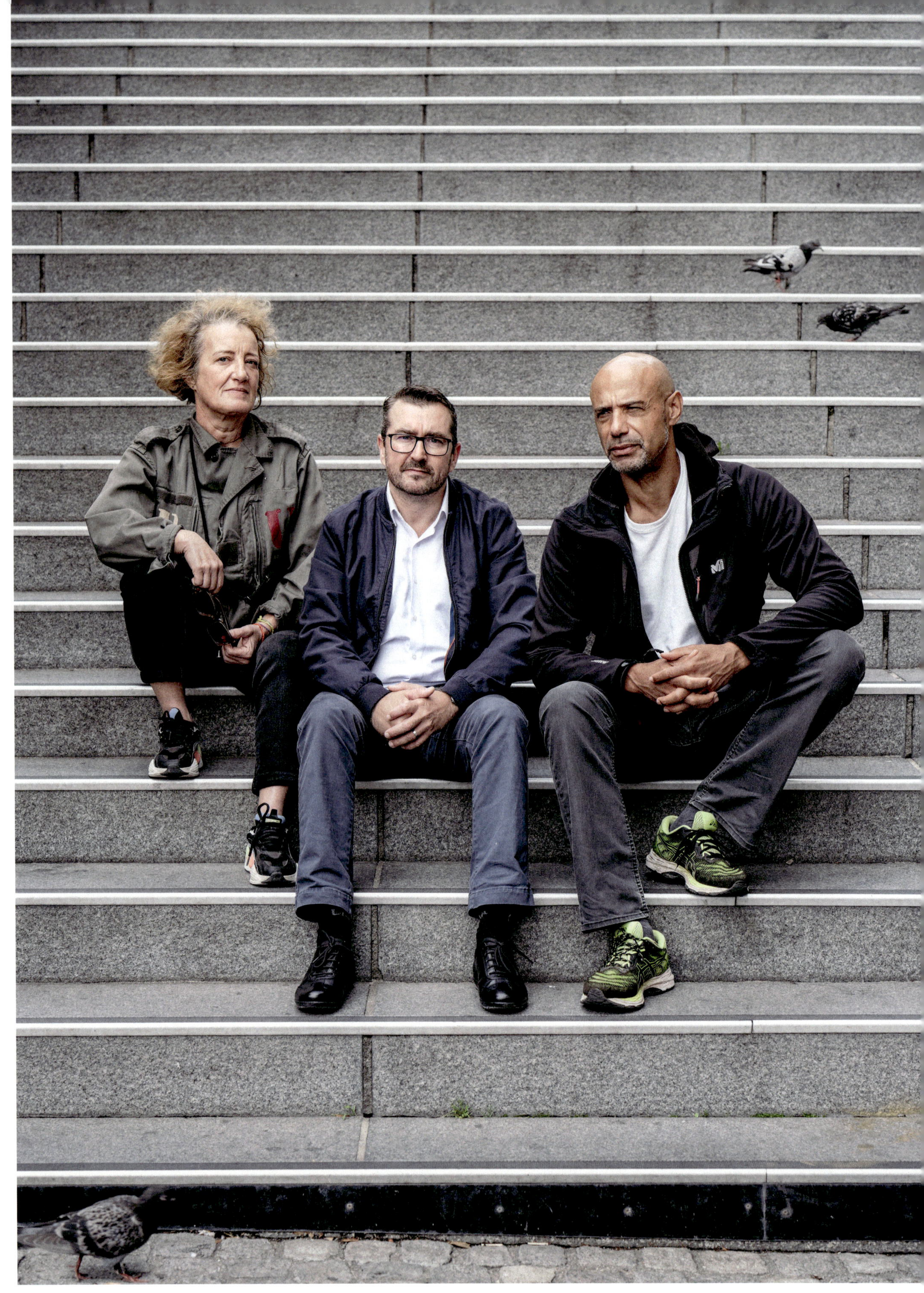

74   Tania Chebli, Frédéric Mazzella, Ollivier Melt

Revolutionäre
[*Révolutionnaires* / *Revolutionaries*]
1929

Gruppe von Bürgermeistern
[Groupe de maires / Group of Mayors]
1928

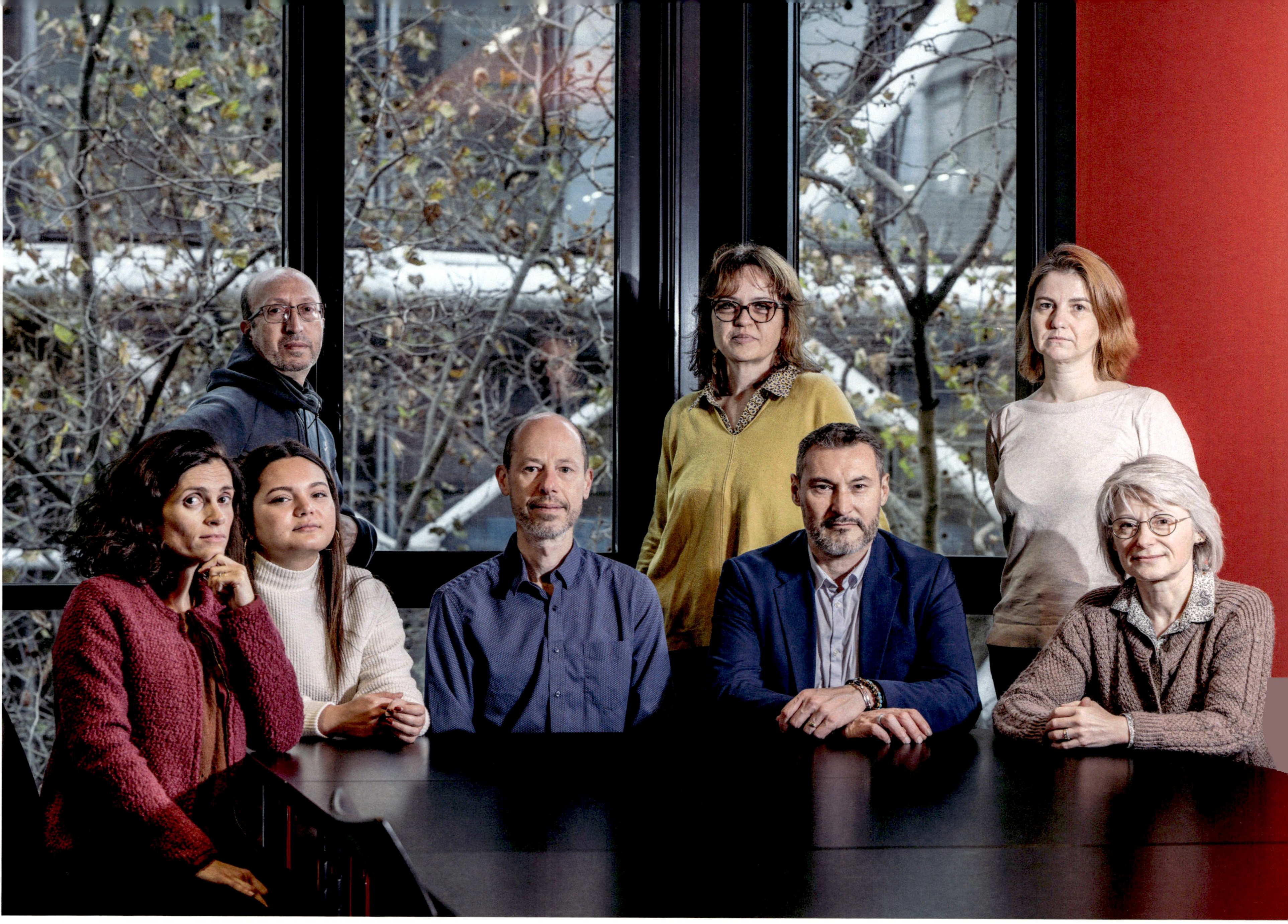

Caroline Le Sech, Clarisse Malvaldi, Saddi Haddar, Grégoire Fousse, Carine Rousseau, Alexandre Roma, Céline Lorcet, Sandrine Giret

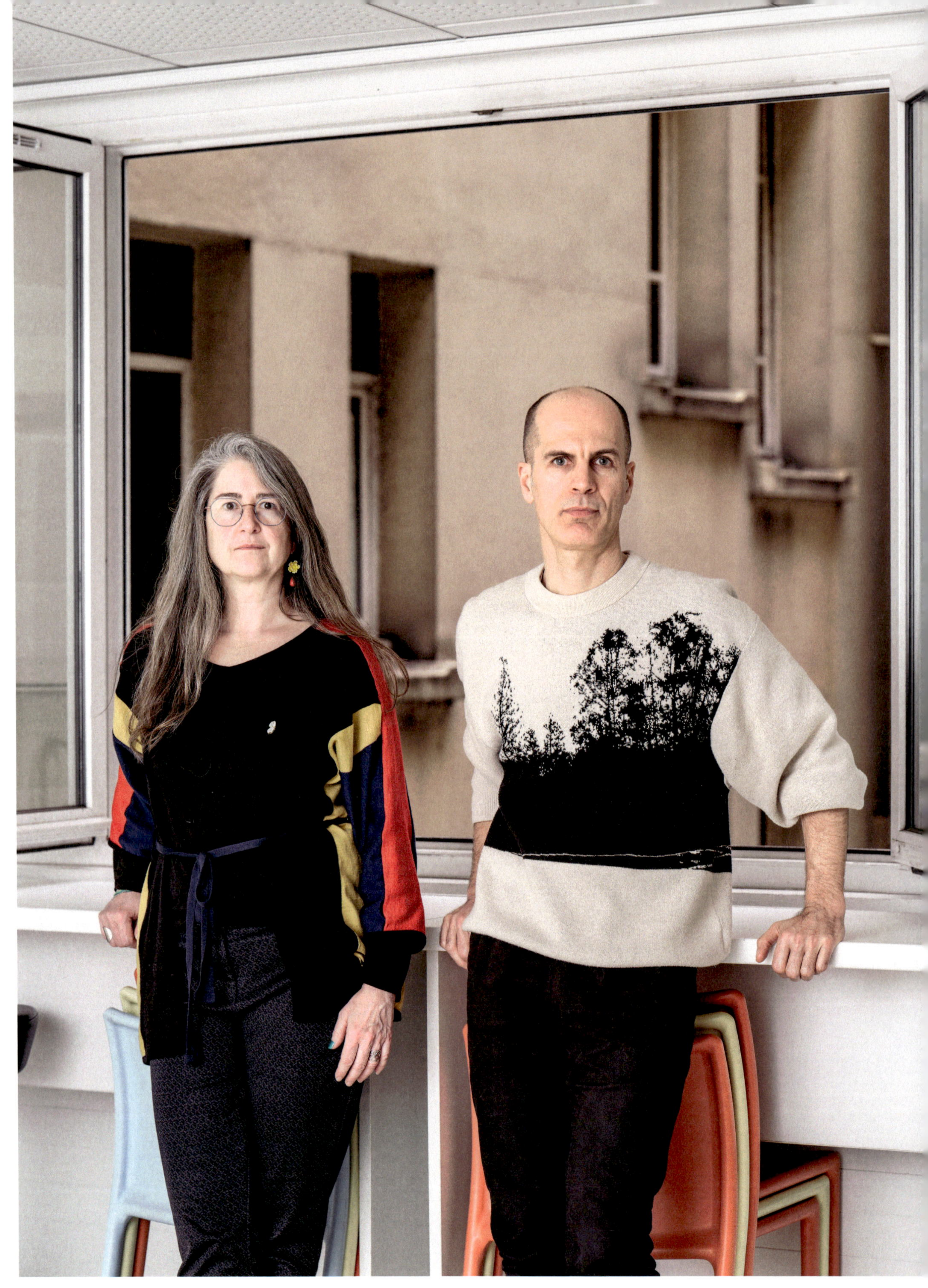

76   Carine Baubil, Bruno Szabo

Gemeindeschwestern
[Infirmières paroissiales / Parish Nurses]
1924

Arbeitslos
[Chômeur / Jobless]
1928

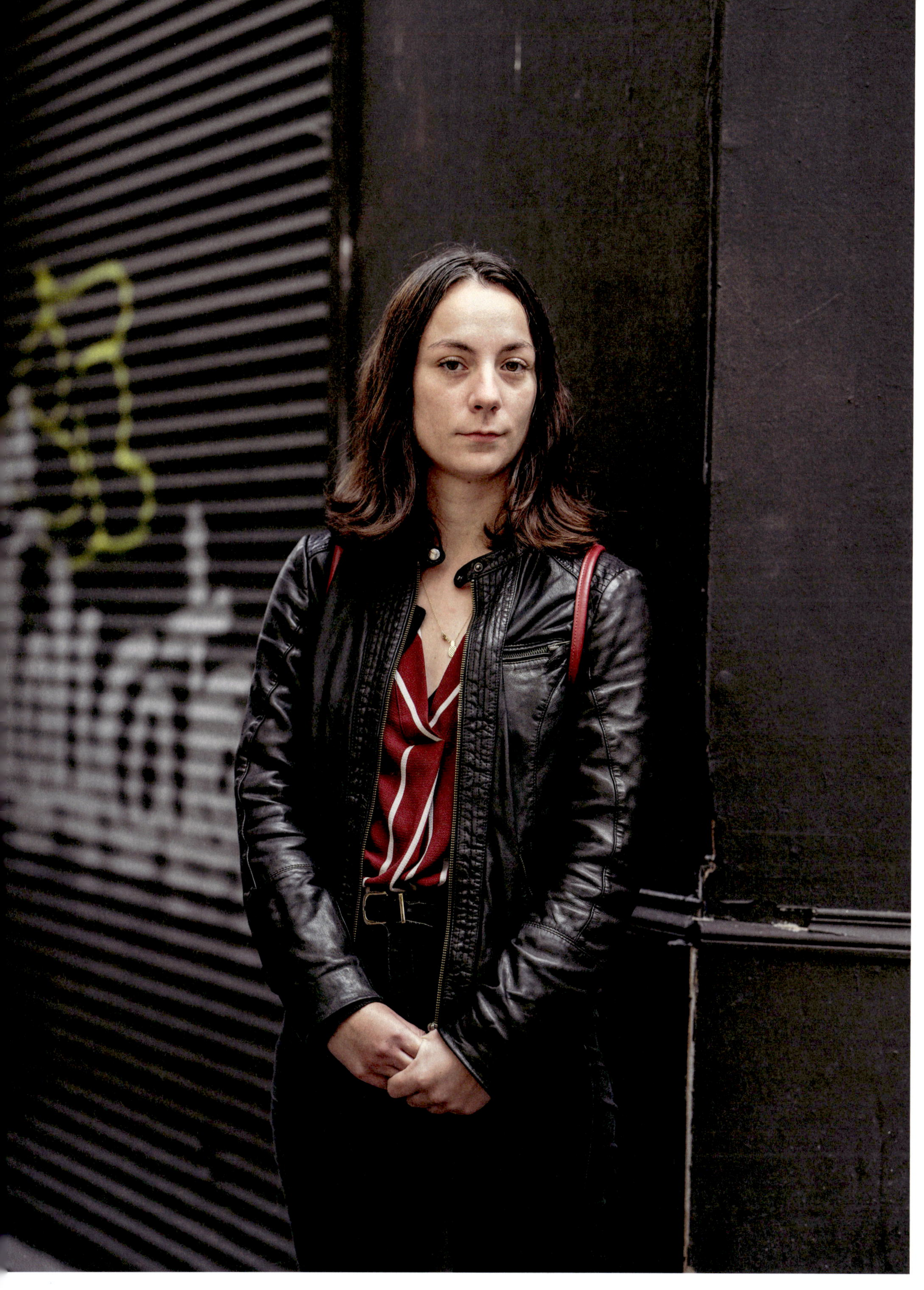

Lise Tournet-Lambert

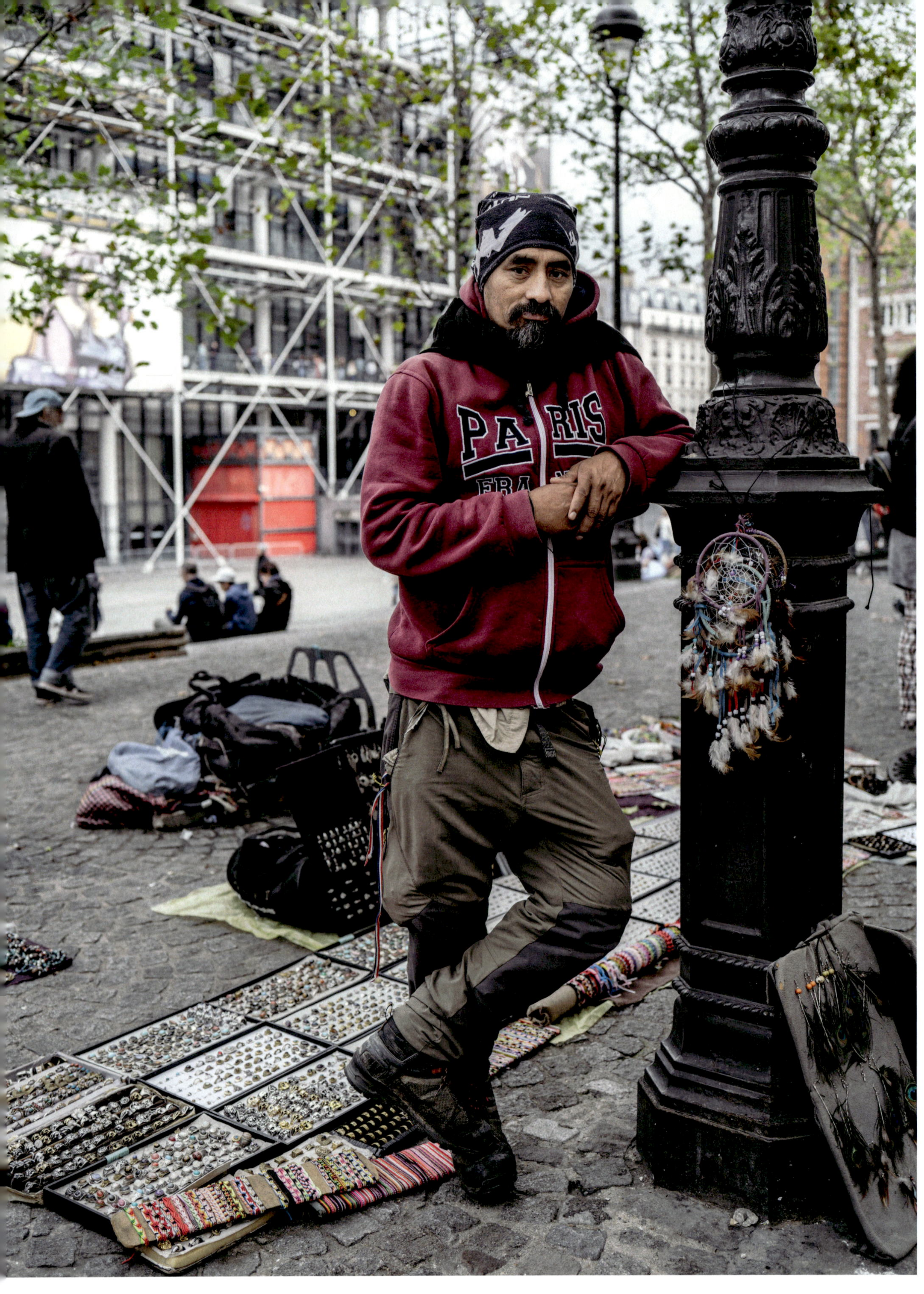

78   Edgar Palacios Gamboa, dit / genannt / known as « El Wayra »

Bonbonverkäufer
[Vendeur de bonbons / Candy Seller]
1930

Glasermeister
[Maître verrier / Master Glazier]
ca. 1925

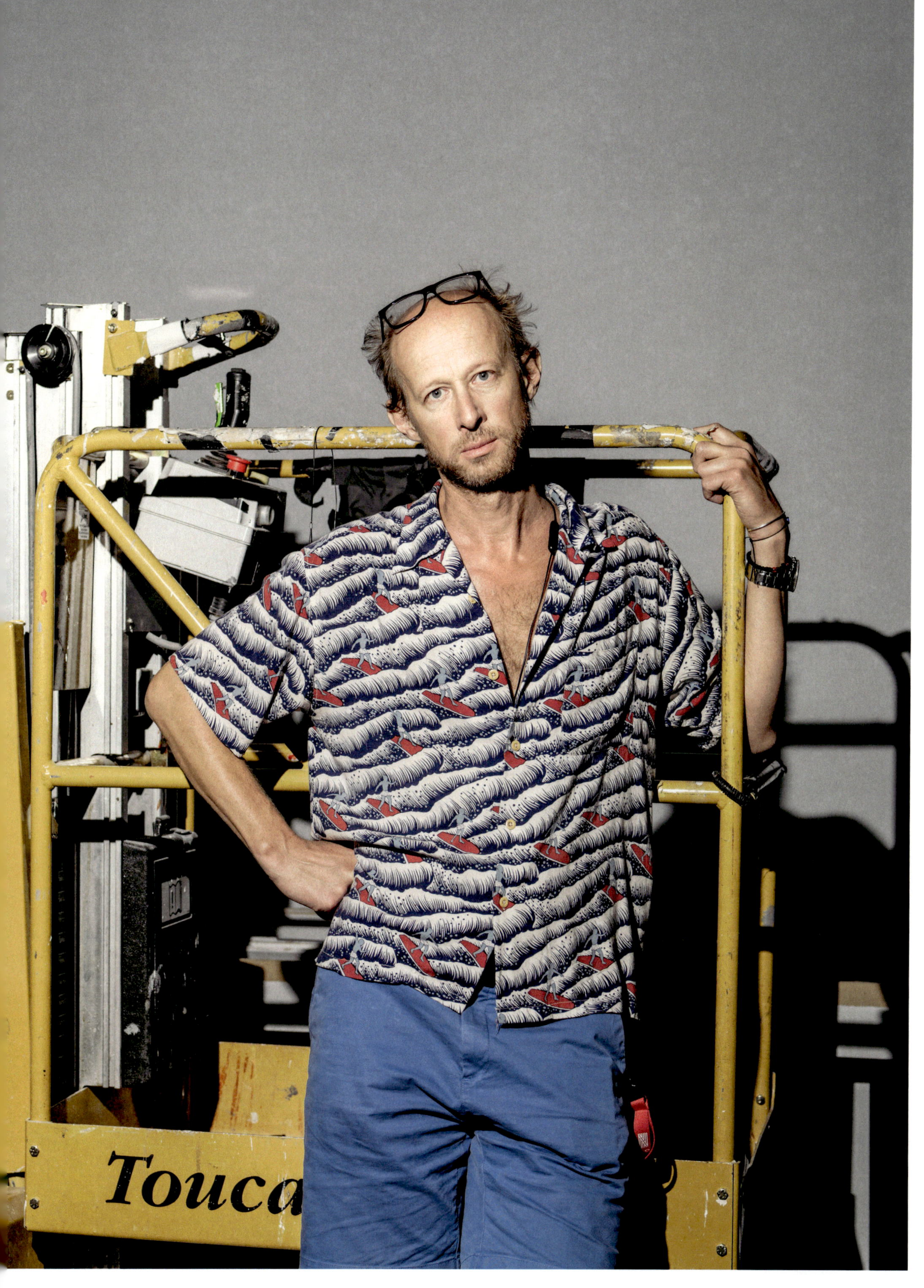

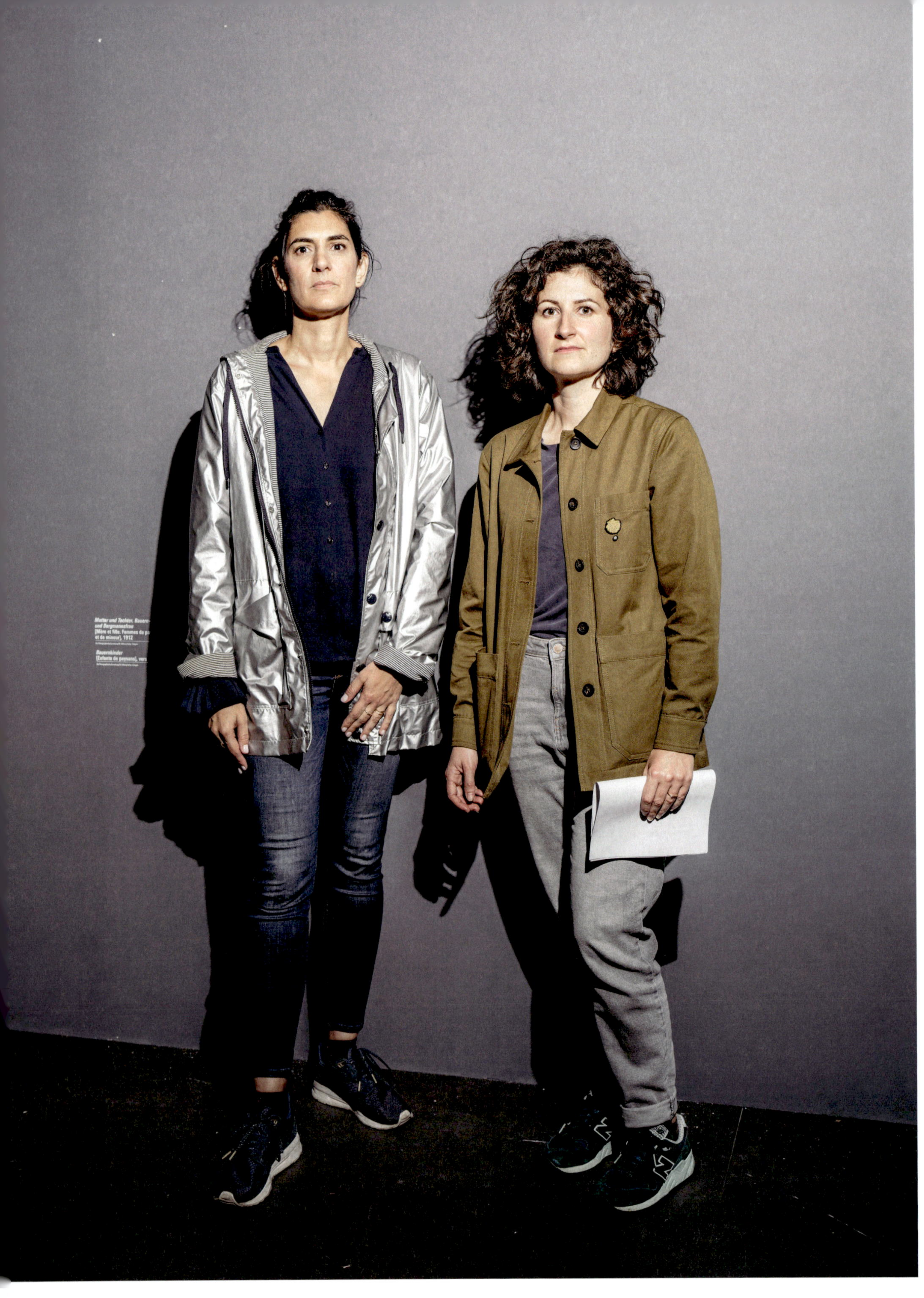

80   Liliana Dragasev, Dorothée Lacan

Werftarbeiter
[*Travailleurs du chantier naval | Shipyard Workers*]
1929

Junge Kölnerinnen
[Jeunes femmes de Cologne / Young Cologne Women]
1940–1943

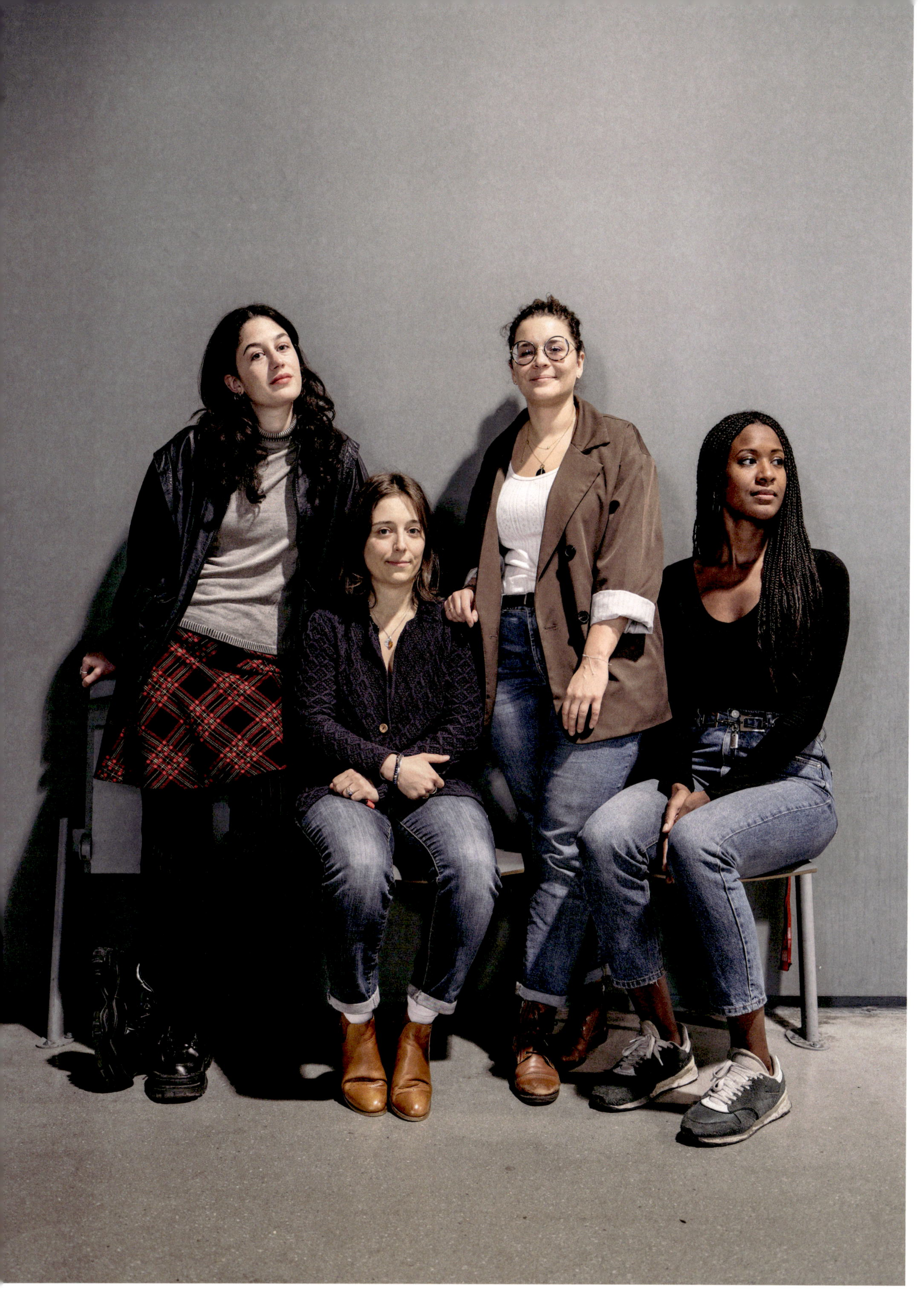

Kenza Belkadi, Anouck Schmidt, Laetitia Poissonnier, Rebecca Edou　　81

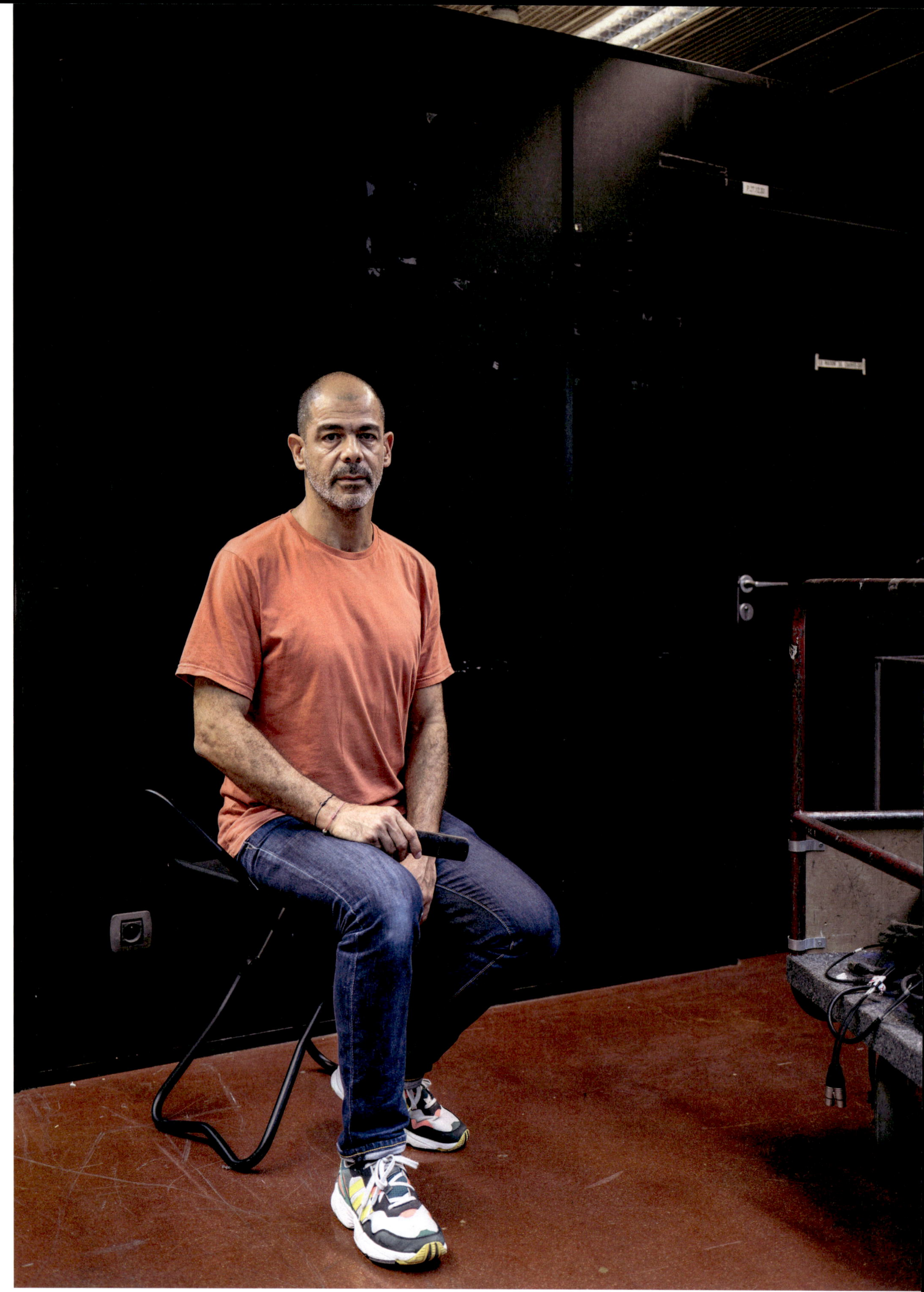

82   Alexandre Lebugle

Betriebsingenieur
[Ingénieur exploitant / Production Engineer]
1933

Werkstudenten
[Étudiants salariés / Working Students]
1926

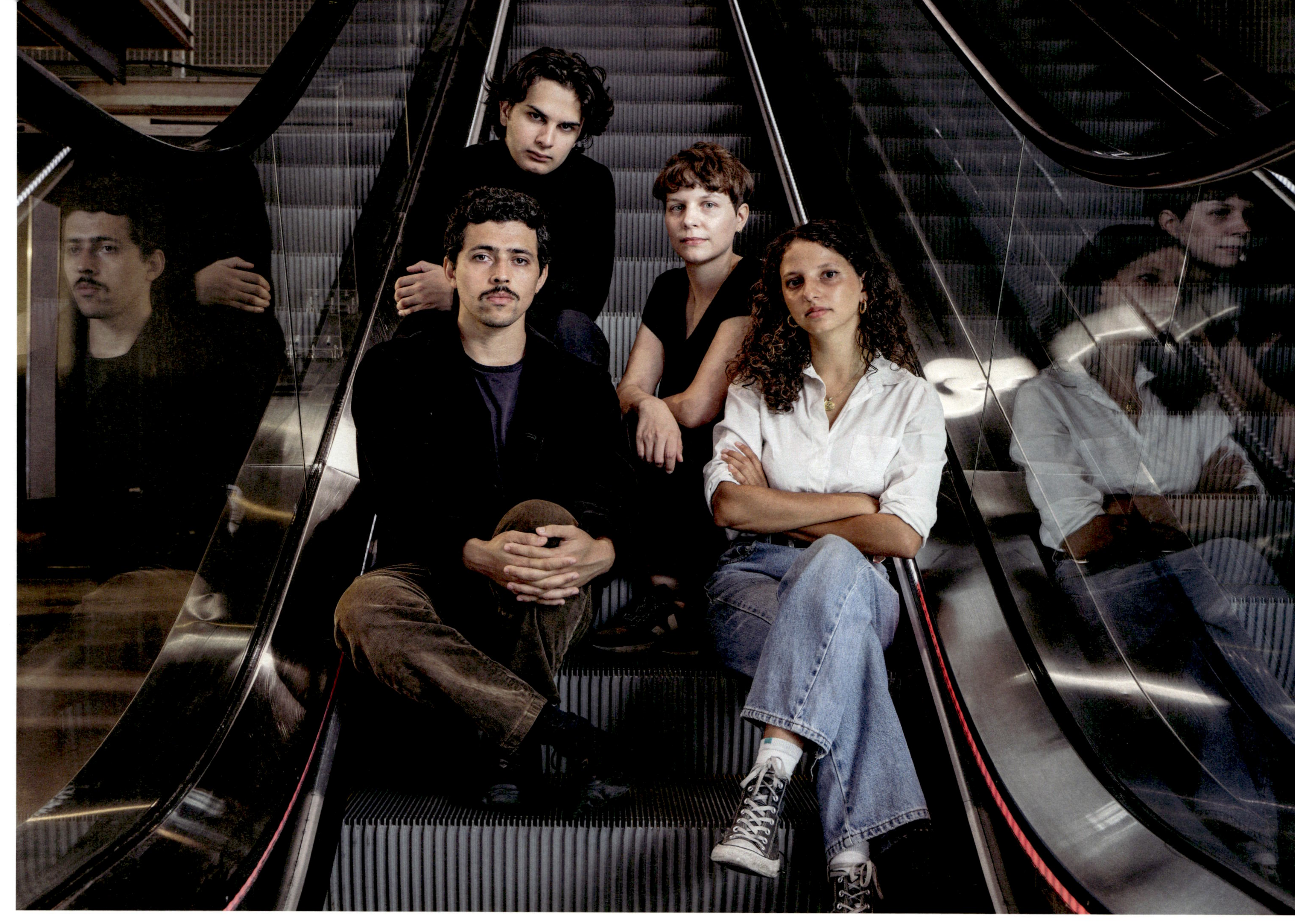

Daniel Mebarek, Paul Bernard-Jabel, Katharina Täschner, Lilah Remy

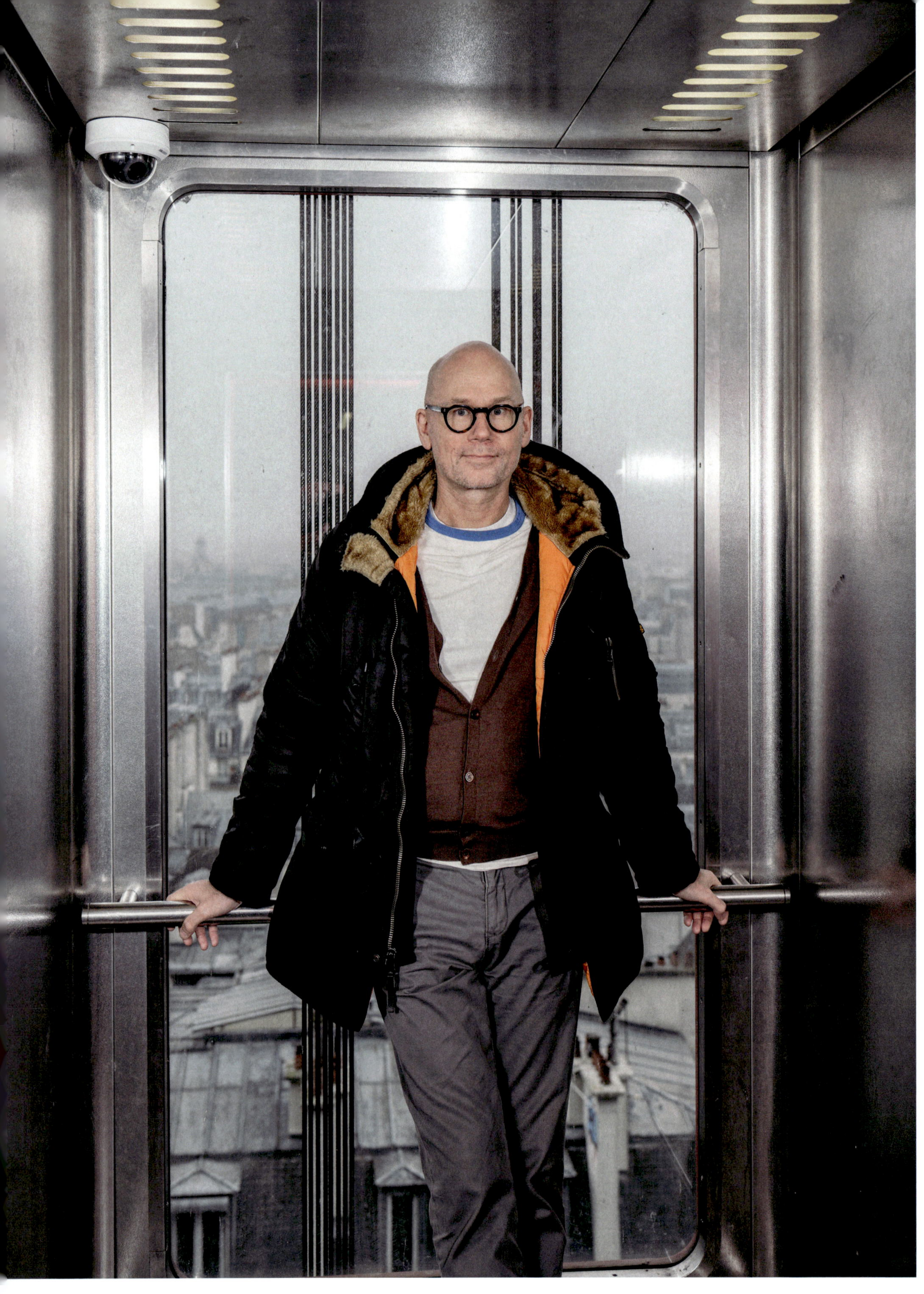

Monteur
[Monteur / Fitter]
1928

Schankkellner
[Barman / Bartender]
1928

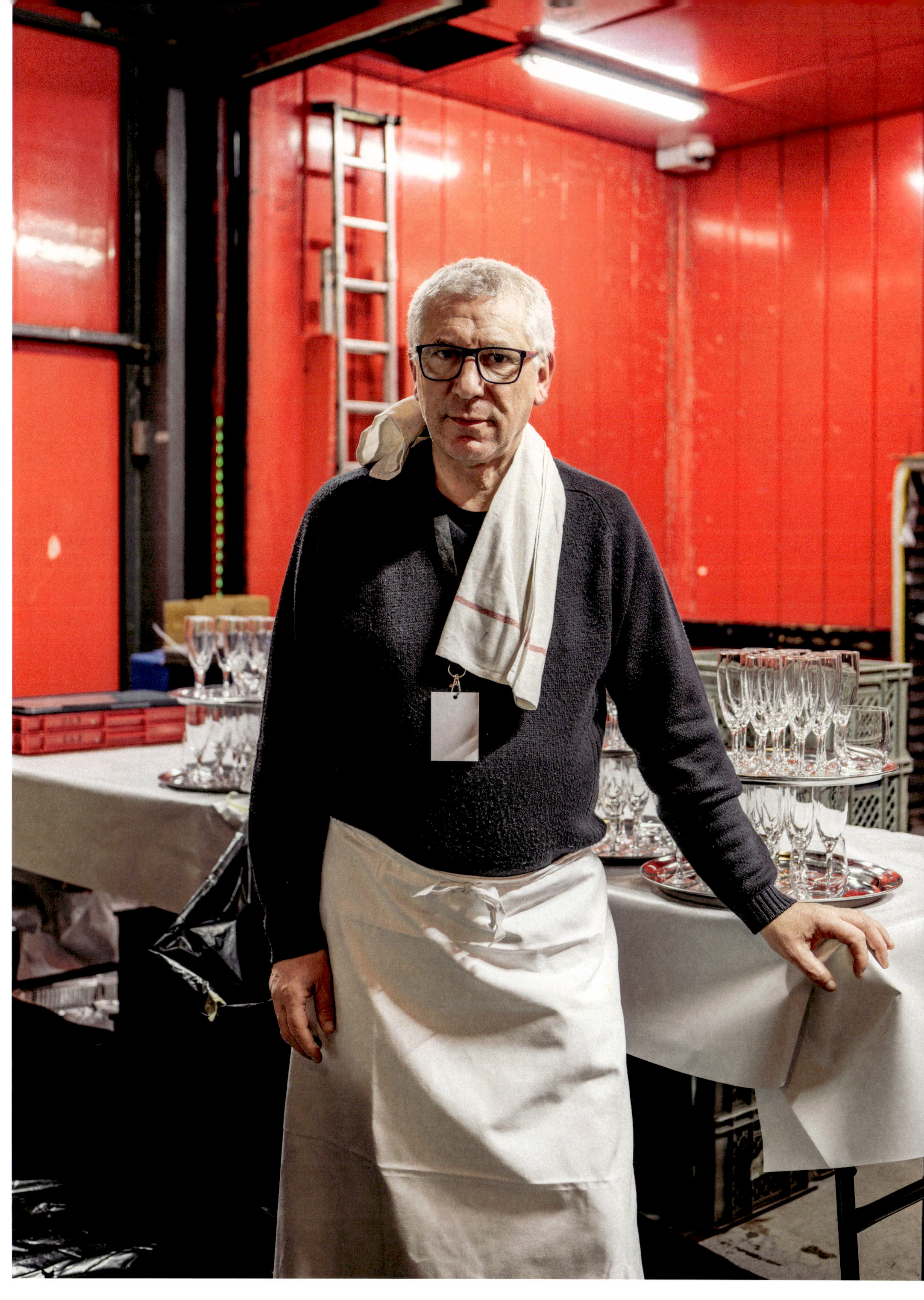

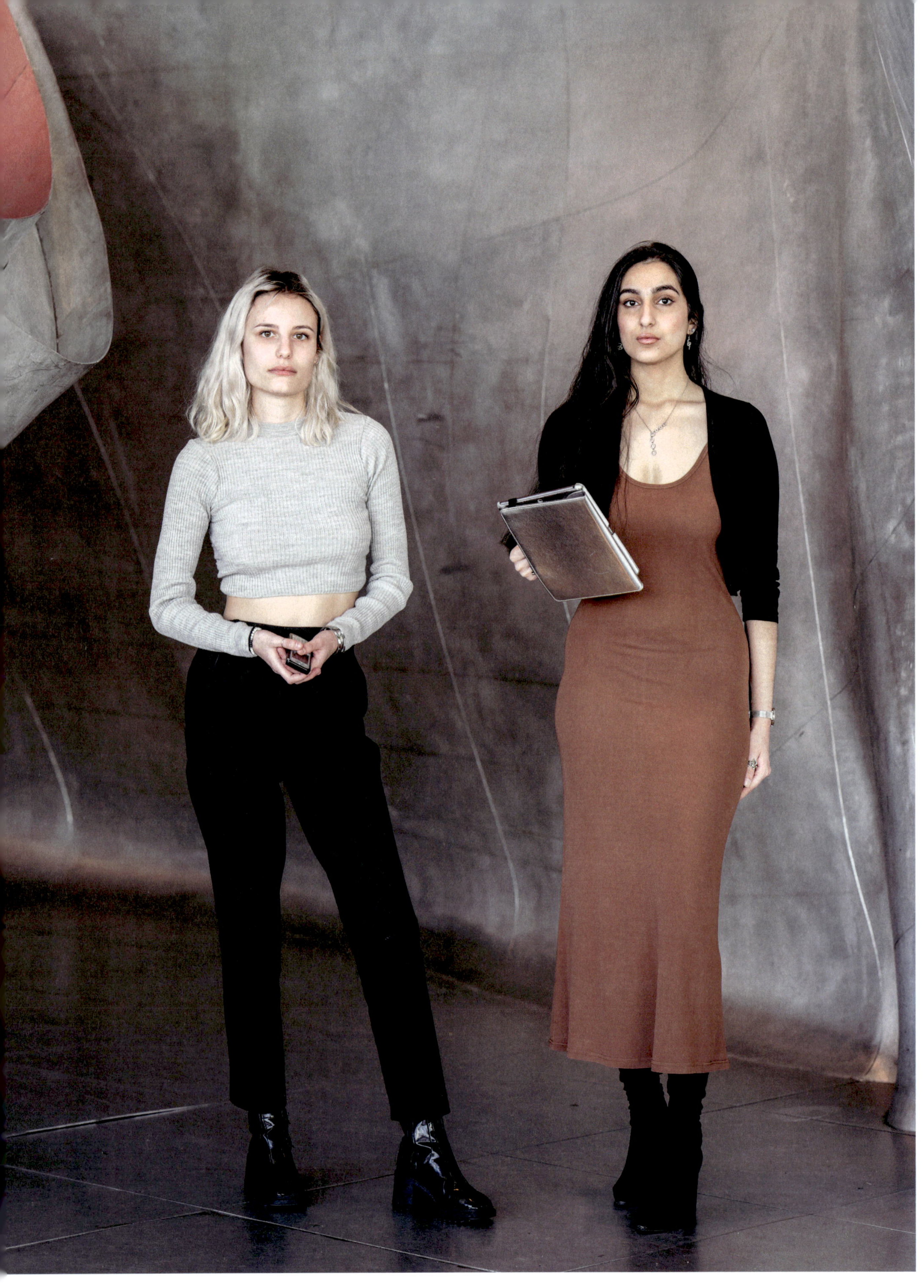

86   Louise Corringer, Ali Avesta

Platzanweiserinnen
[Ouvreuses / Usherettes]
1926–1932

Kaffeehausmädchen
[Serveuse / Café Waitress]
1928 / 1929

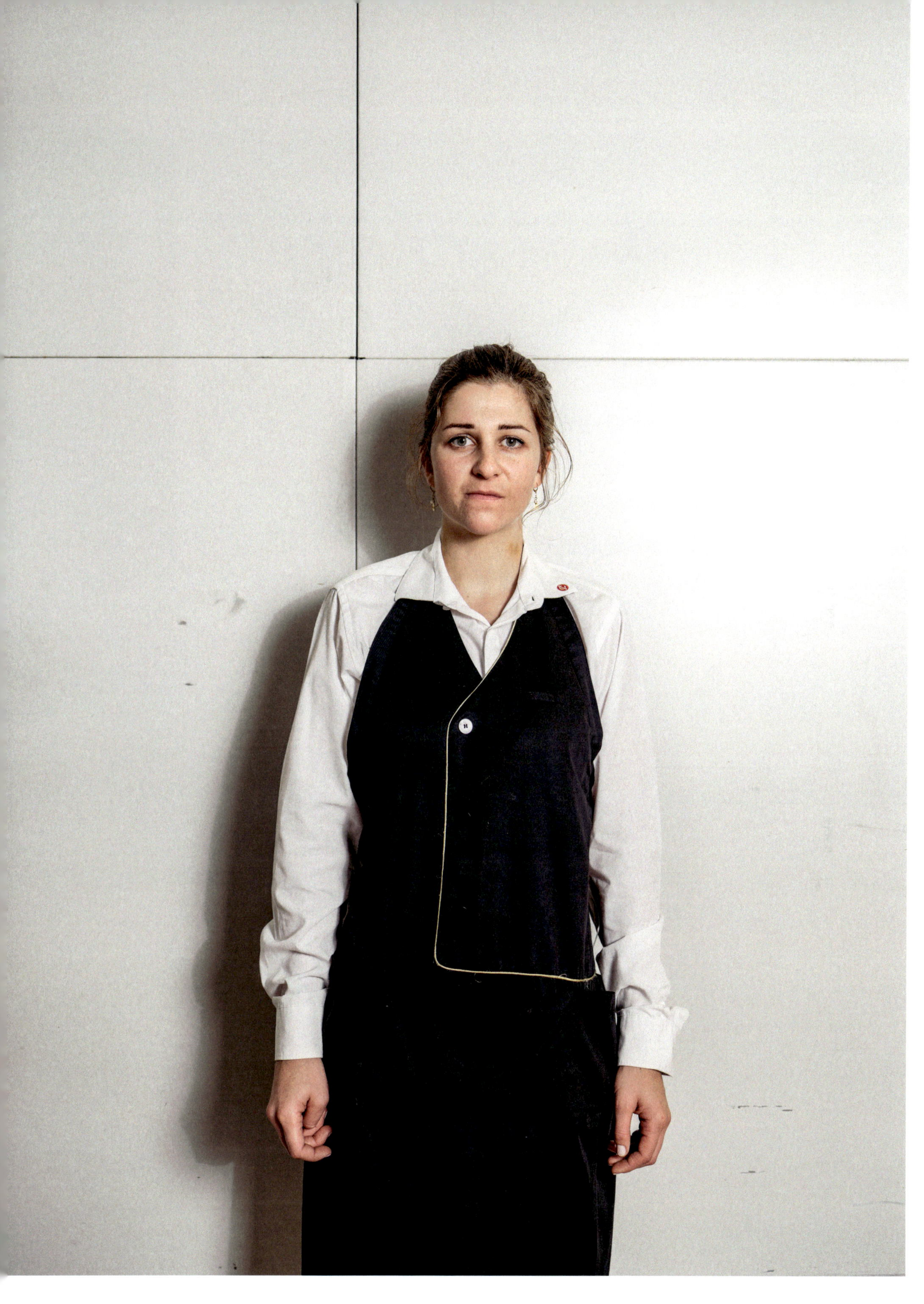

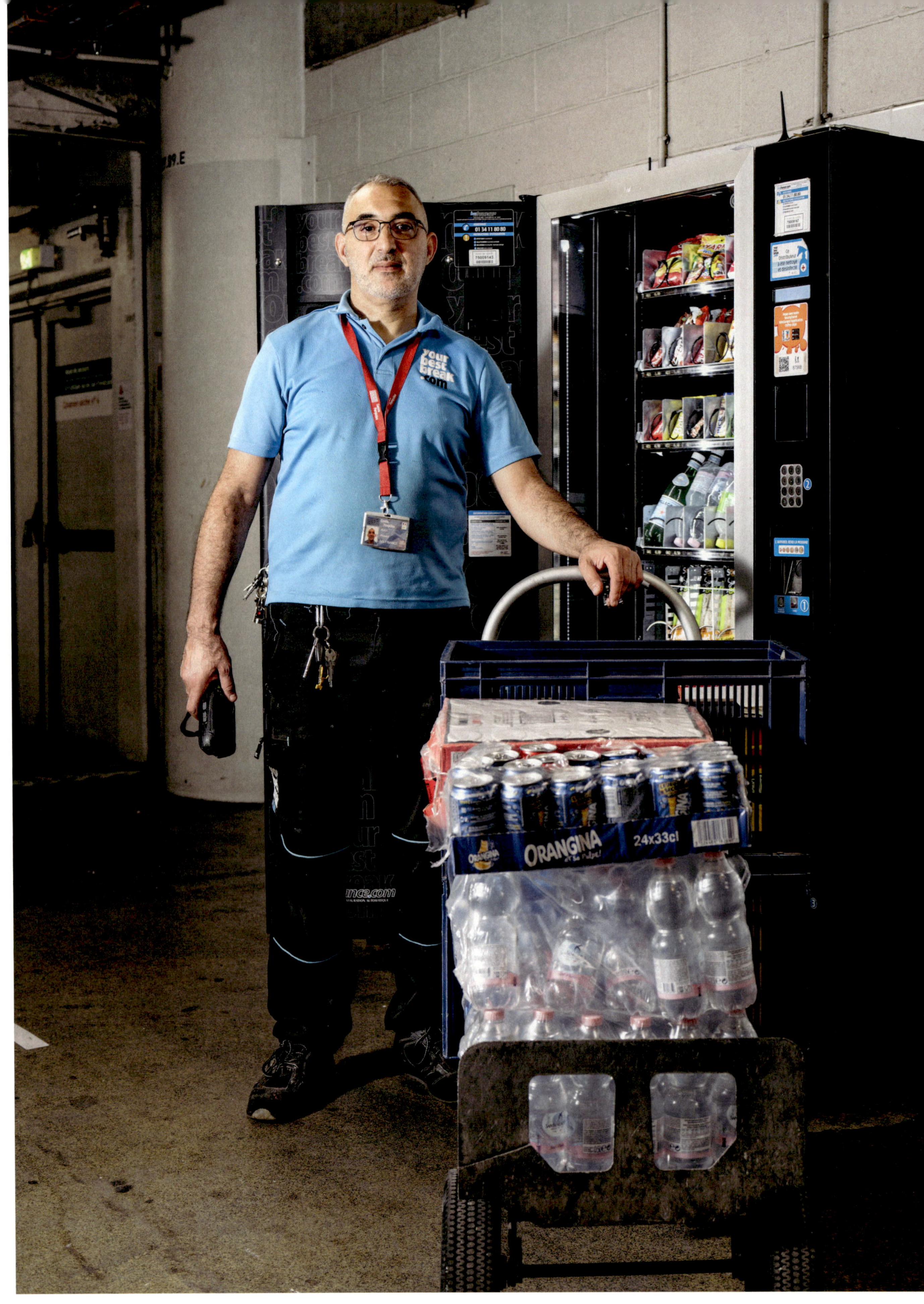

     Ahmed Azizi

Konditor
[Pâtissier / Pastrycook]
1928

Malerin
[Peintre / Painter]
1925–1930

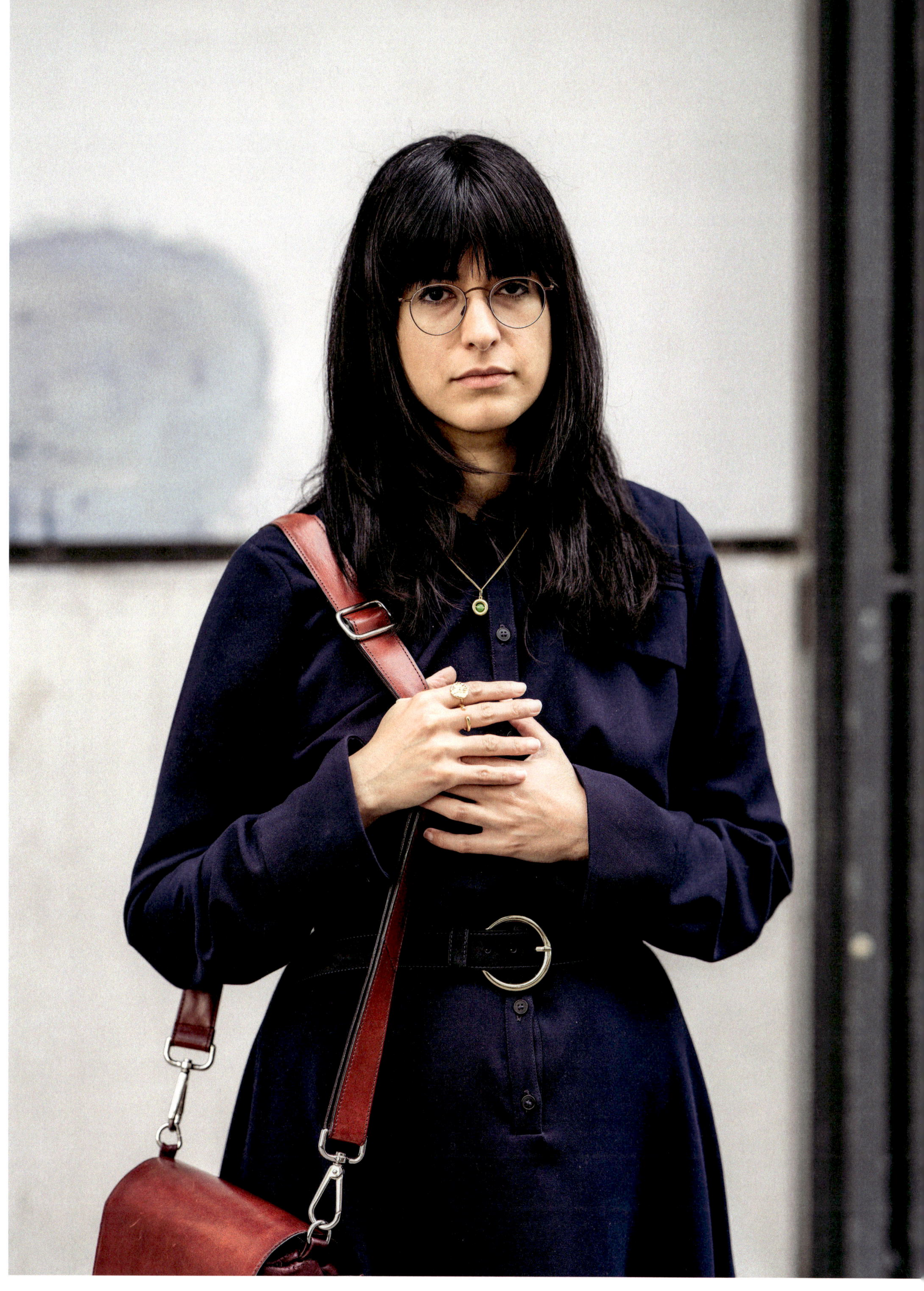

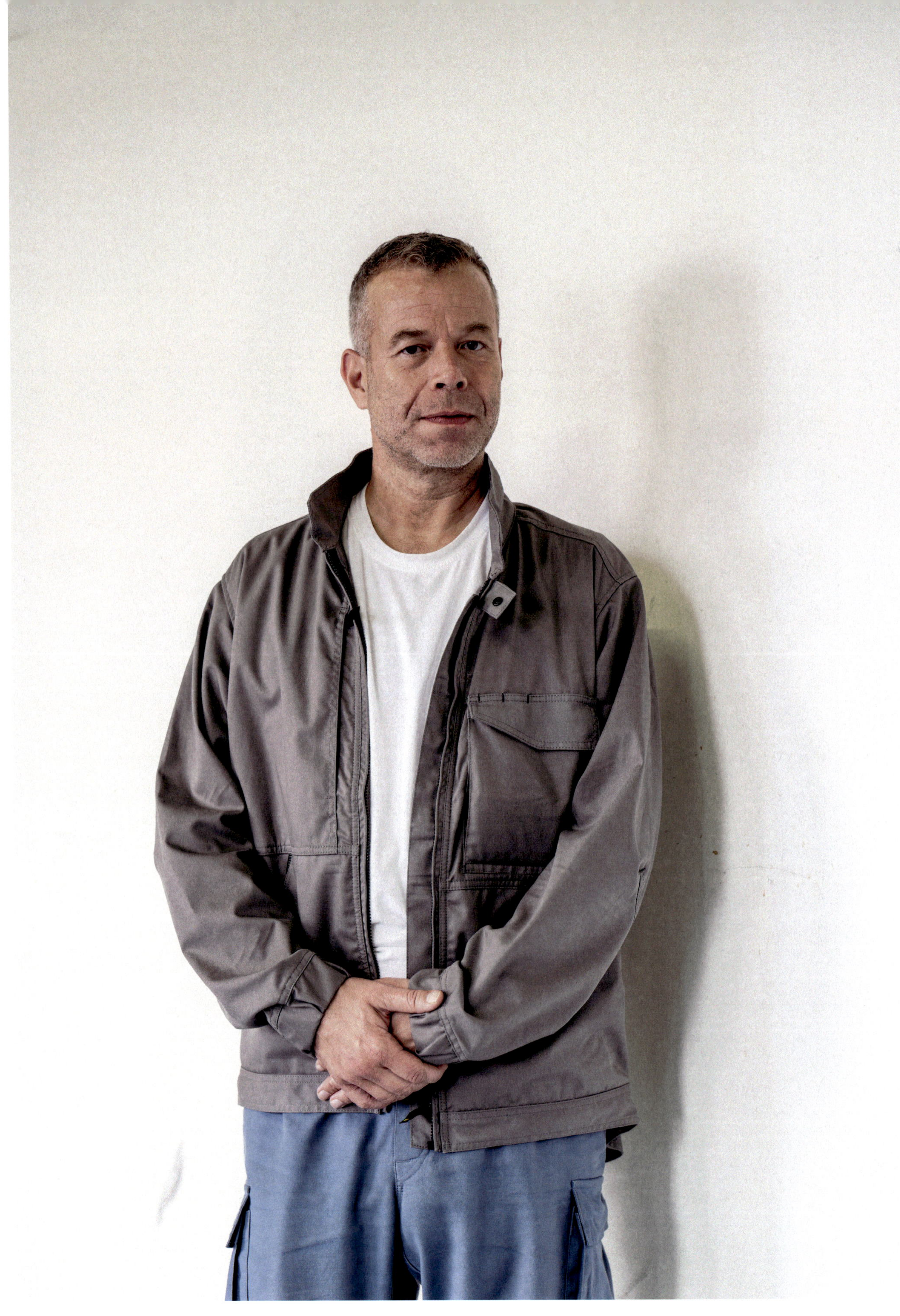

    Wolfgang Tillmans

Maler
[Peintre / Painter]
1927/1928

Maler
[Peintre / Painter]
1924

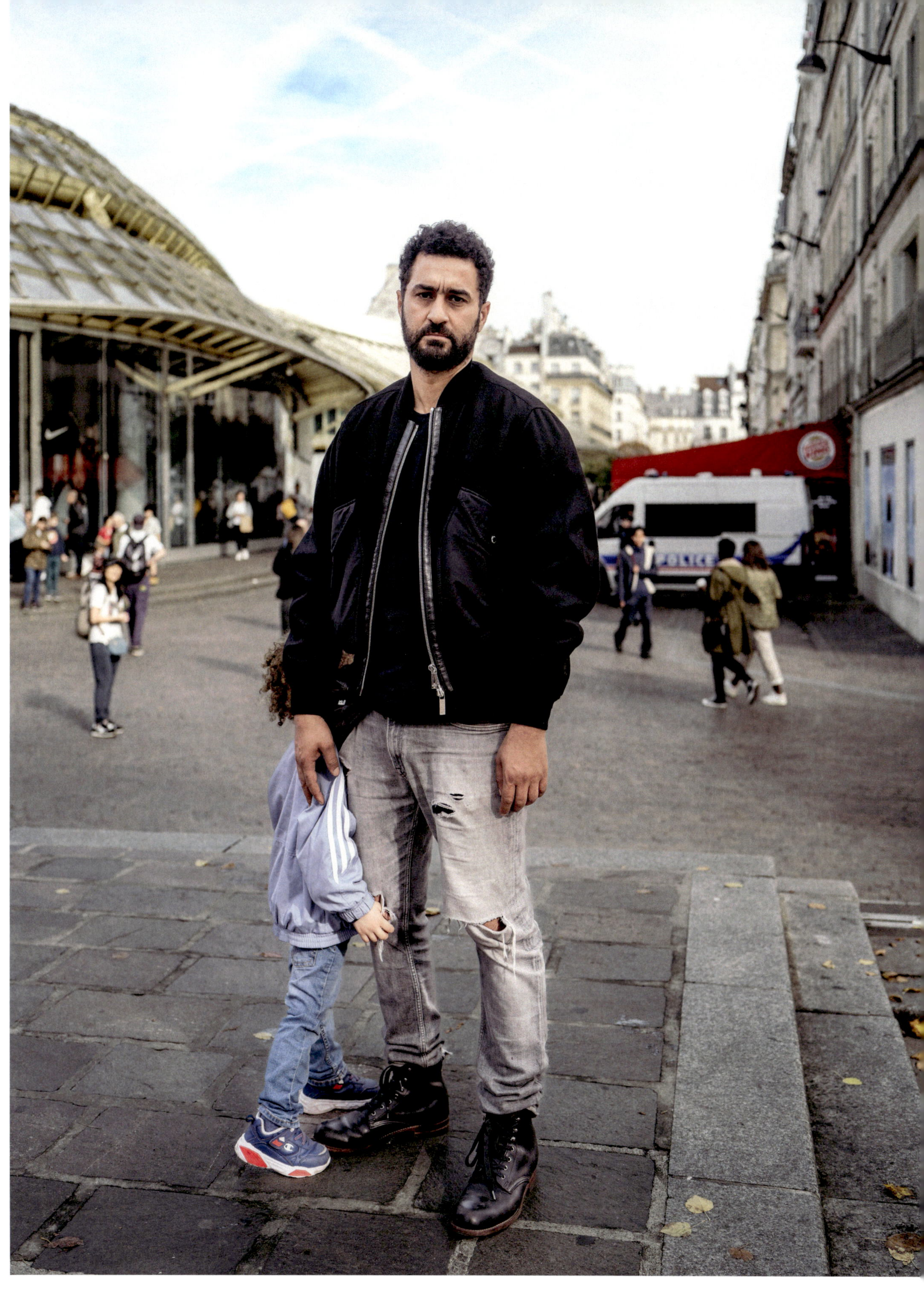

Adam, Mohamed Bourouissa   91

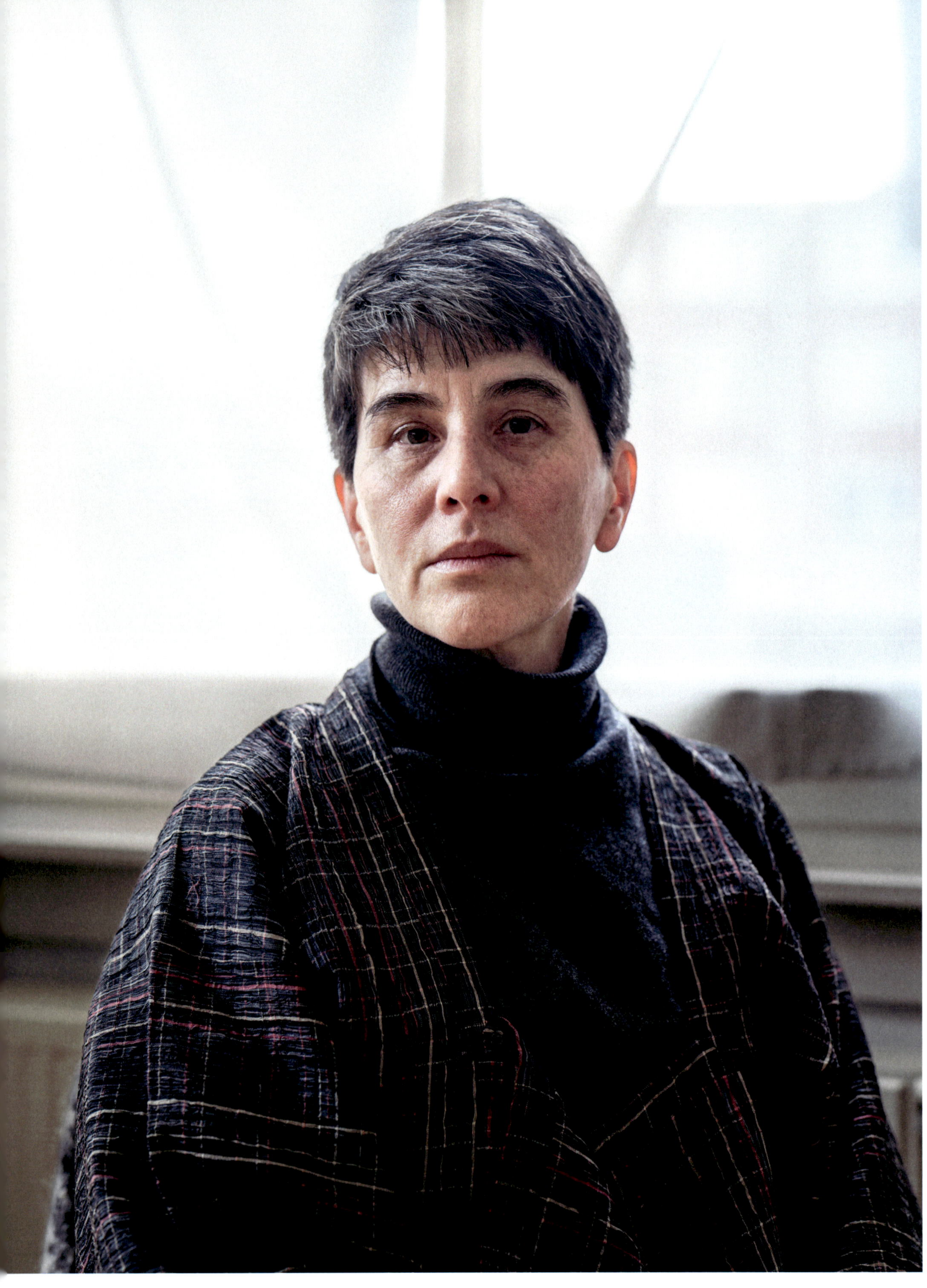

92   Fiona Tan

Maler
[Peintre / Painter]
1928

Erfinder und Dadaist
[Inventeur et dadaïste | Inventor and Dadaist]
1929

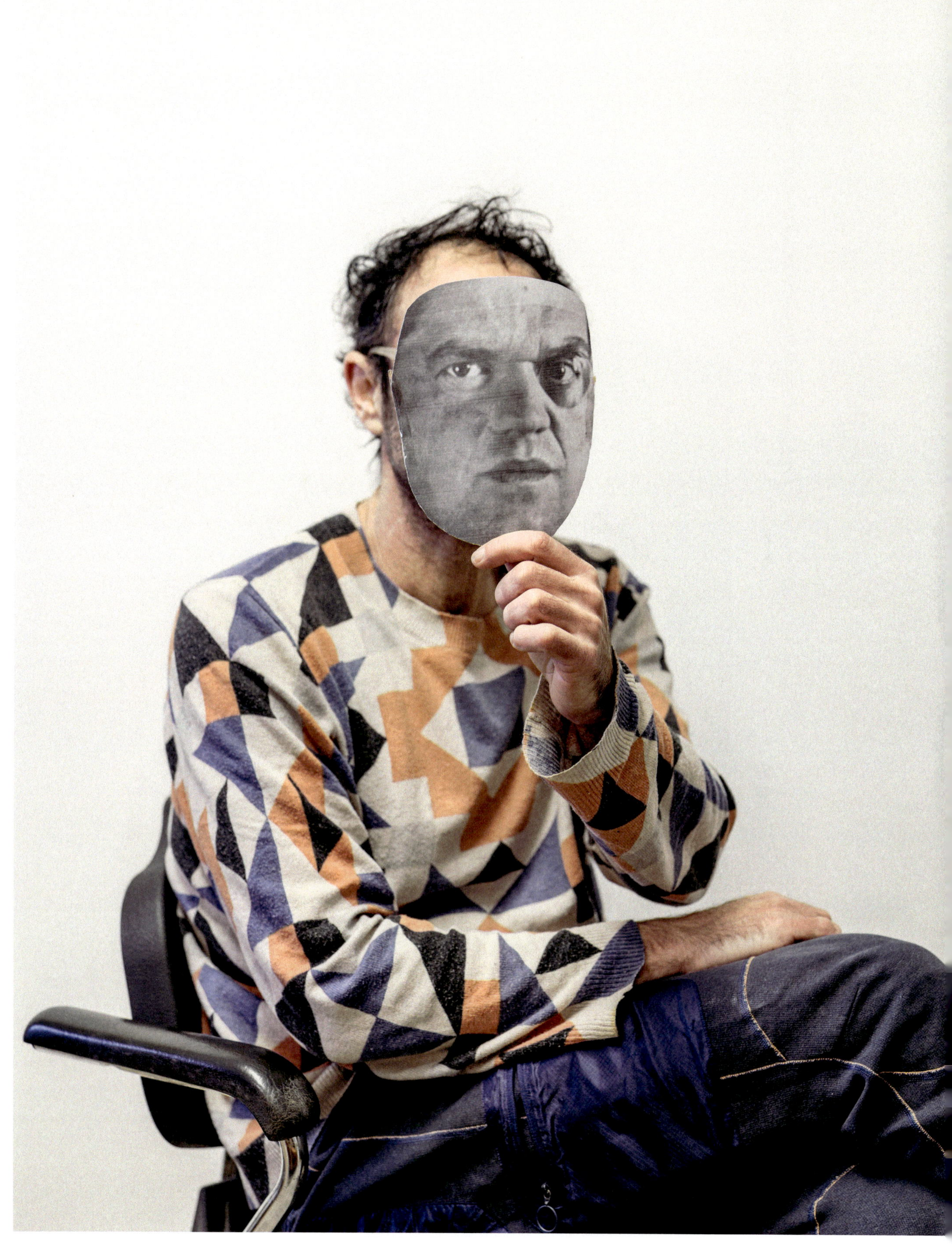

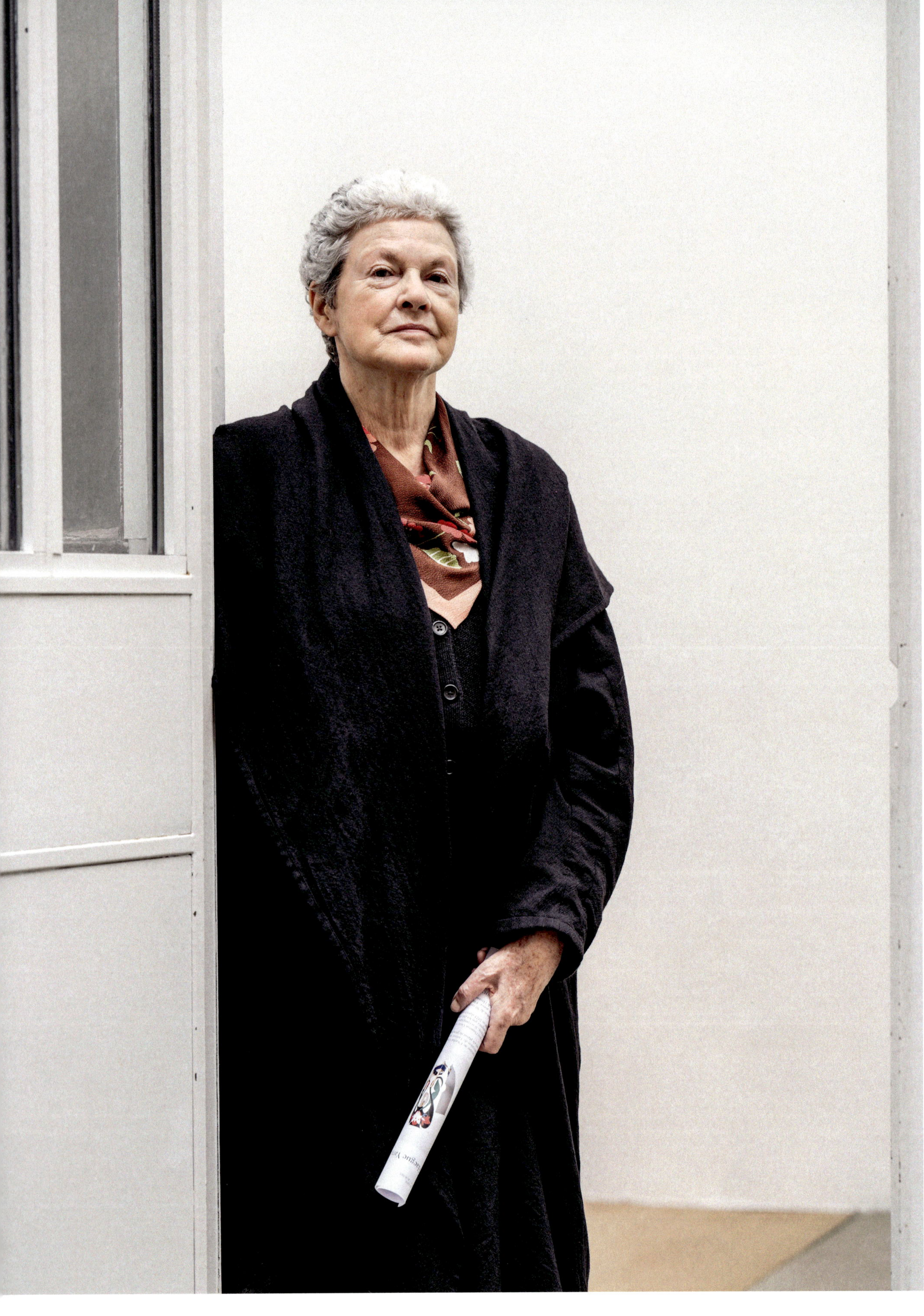

    Chantal Crousel

Kunsthändler
[Marchand d'art | Art Dealer]
1927

Der junge Kaufmann
[*Le jeune commerçant / Young Businessman*]
1927

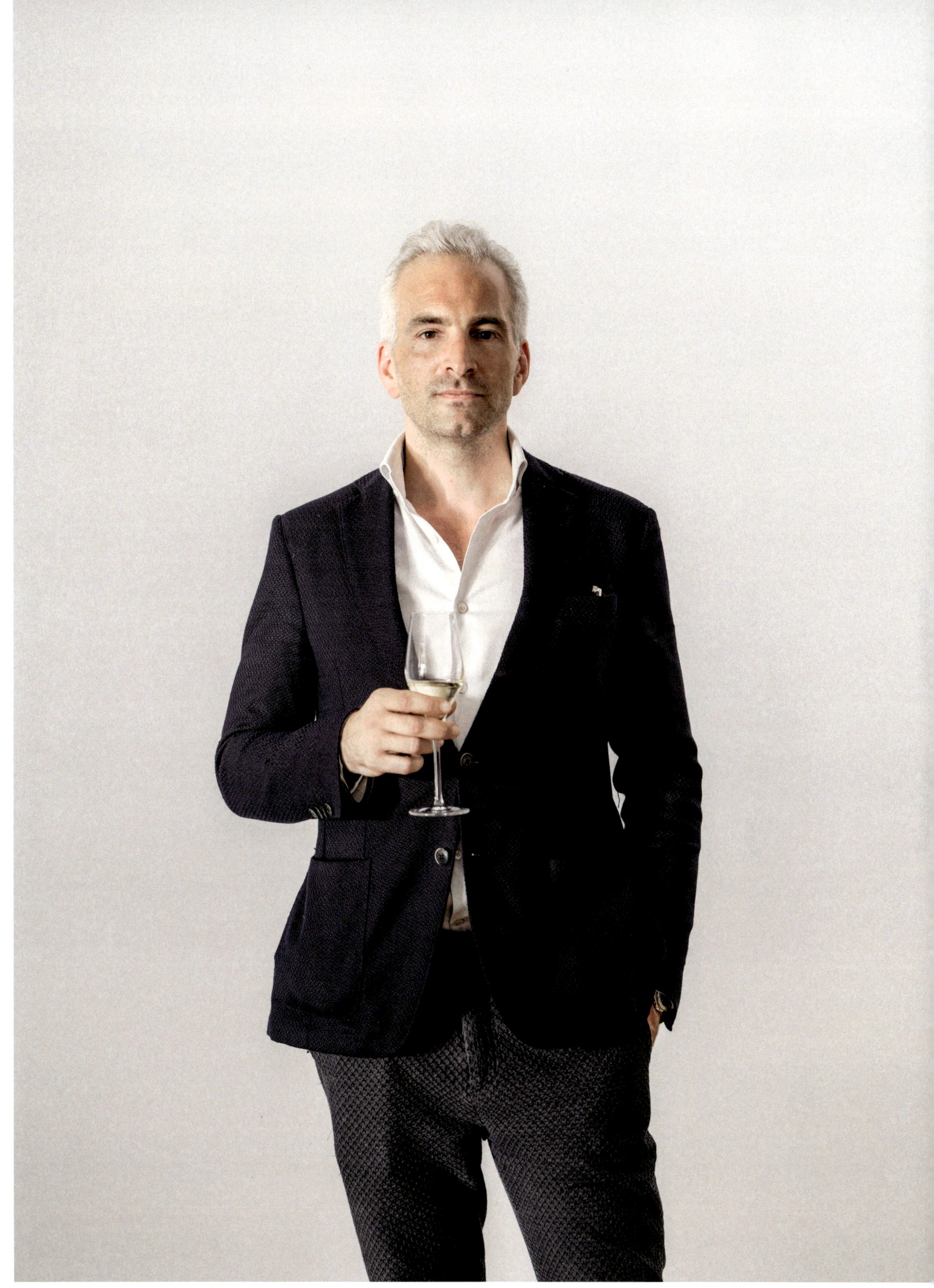

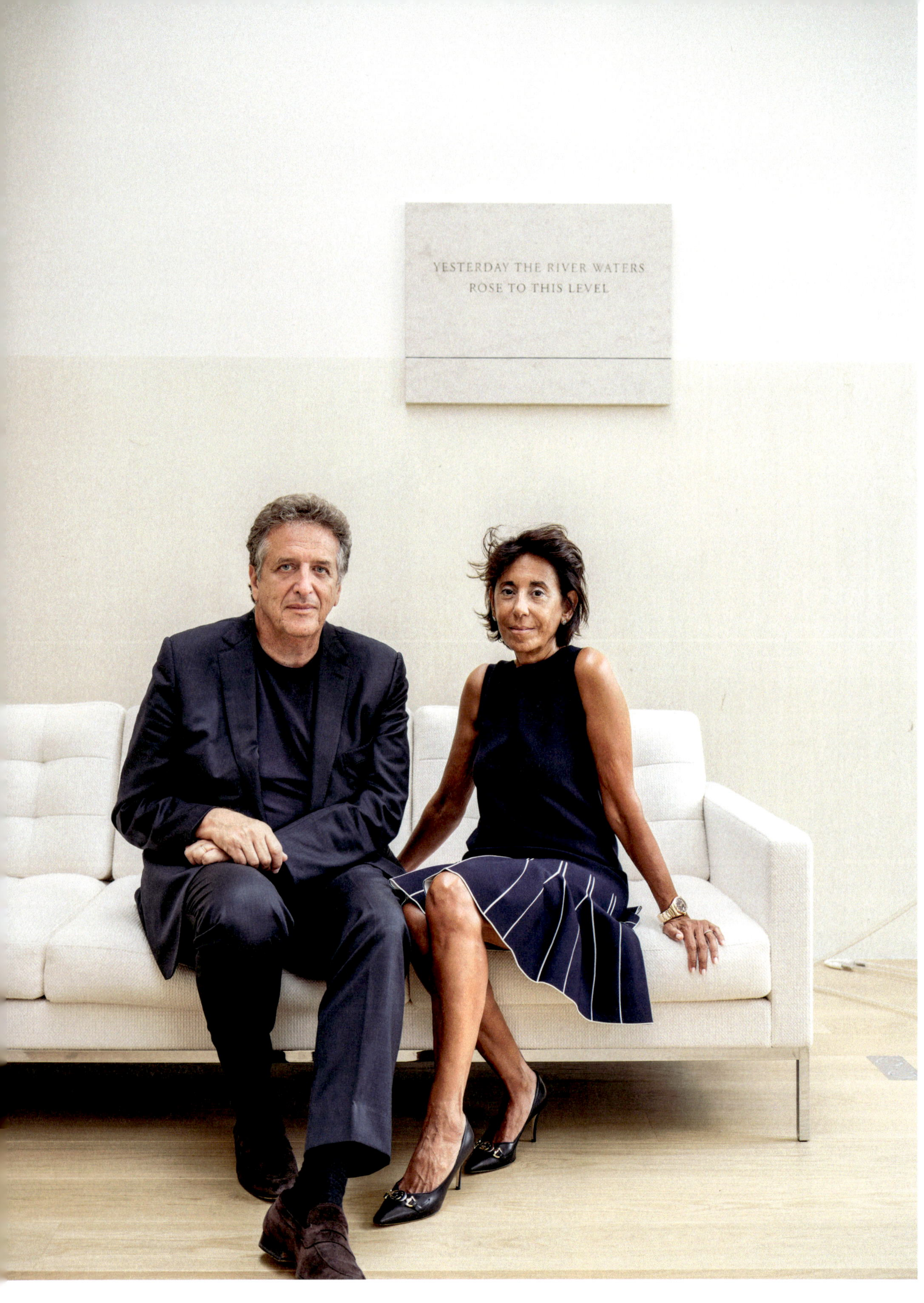

96   Jean-Daniel Cohen, Nathalie Mamane-Cohen

Bürgerliches berufstätiges Ehepaar
[Couple bourgeois dans la vie active / Professional Middle-Class Couple]
1927

Dame der Gesellschaft
[Dame de la haute société / Society Lady]
1930

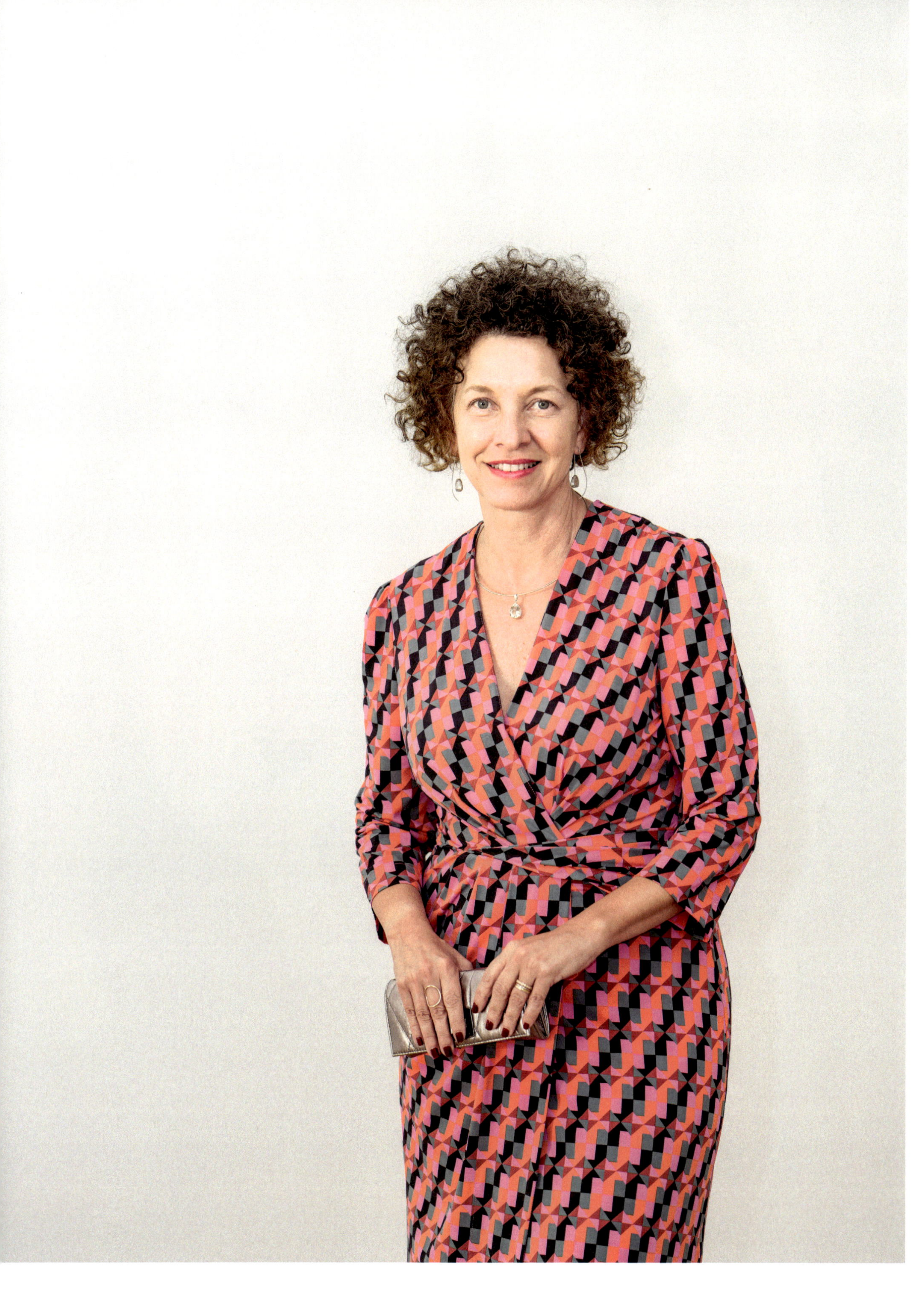

Alessandra Nascimento Mourão   97

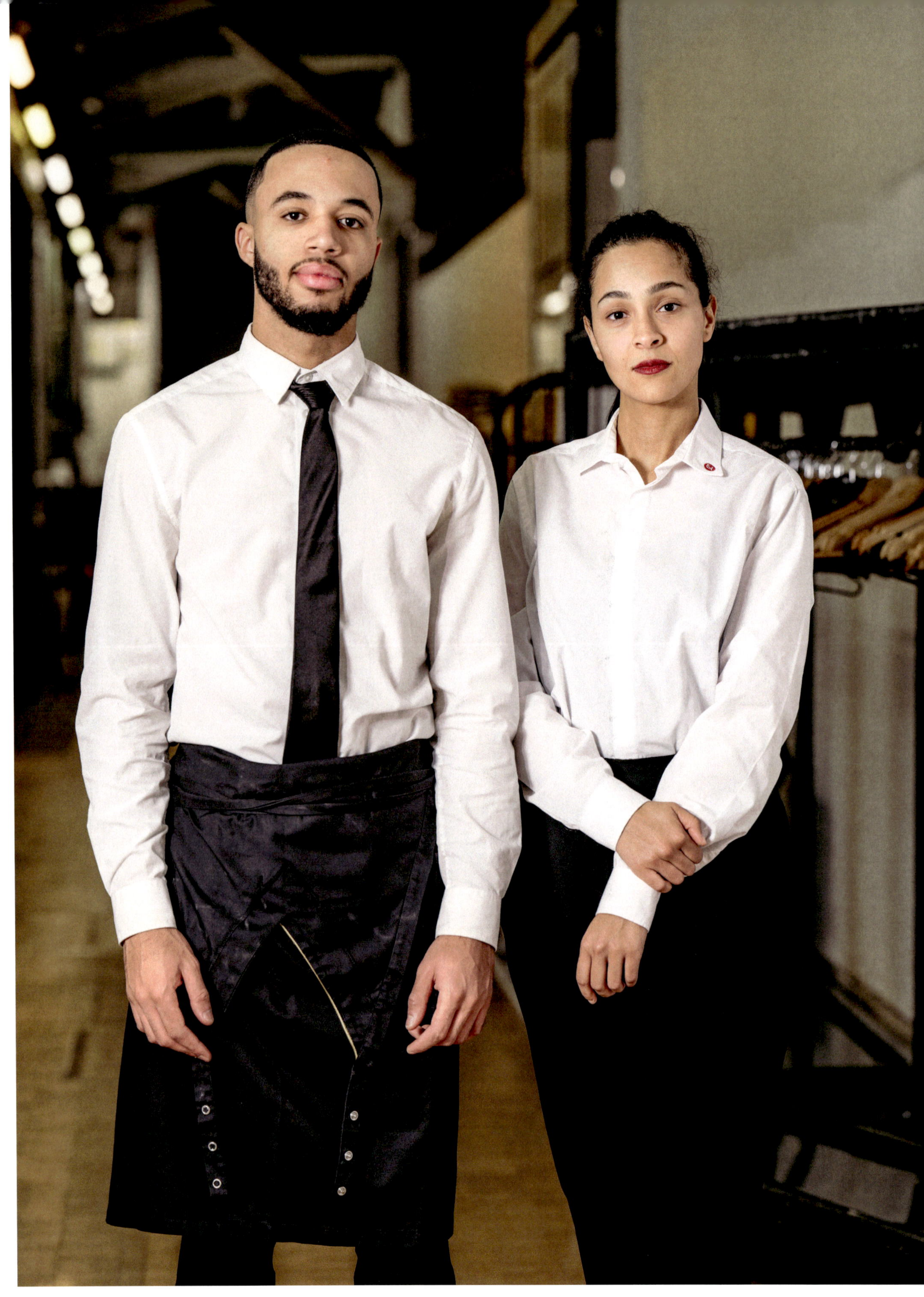

    Matteo Pochal, Aicha Amer

Hotelpersonal in Hamburg
[Personnel d'hôtel à Hambourg / Hotel Staff in Hamburg]
1929

Köchin
[Cuisinière / Cook]
1928

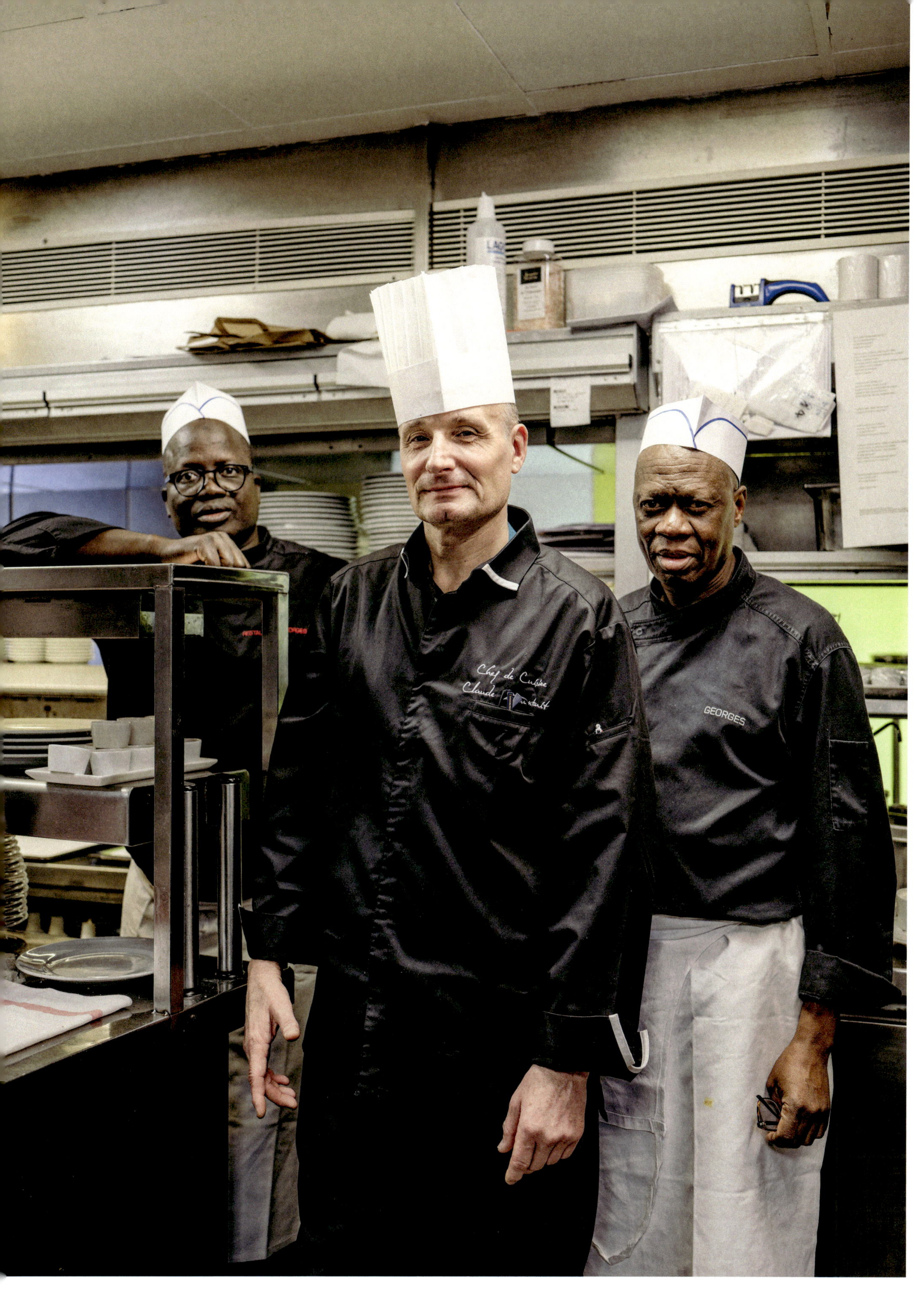

Seydou Cissoko, Claude Demontcuit, Jean-Marie Mfuti   99

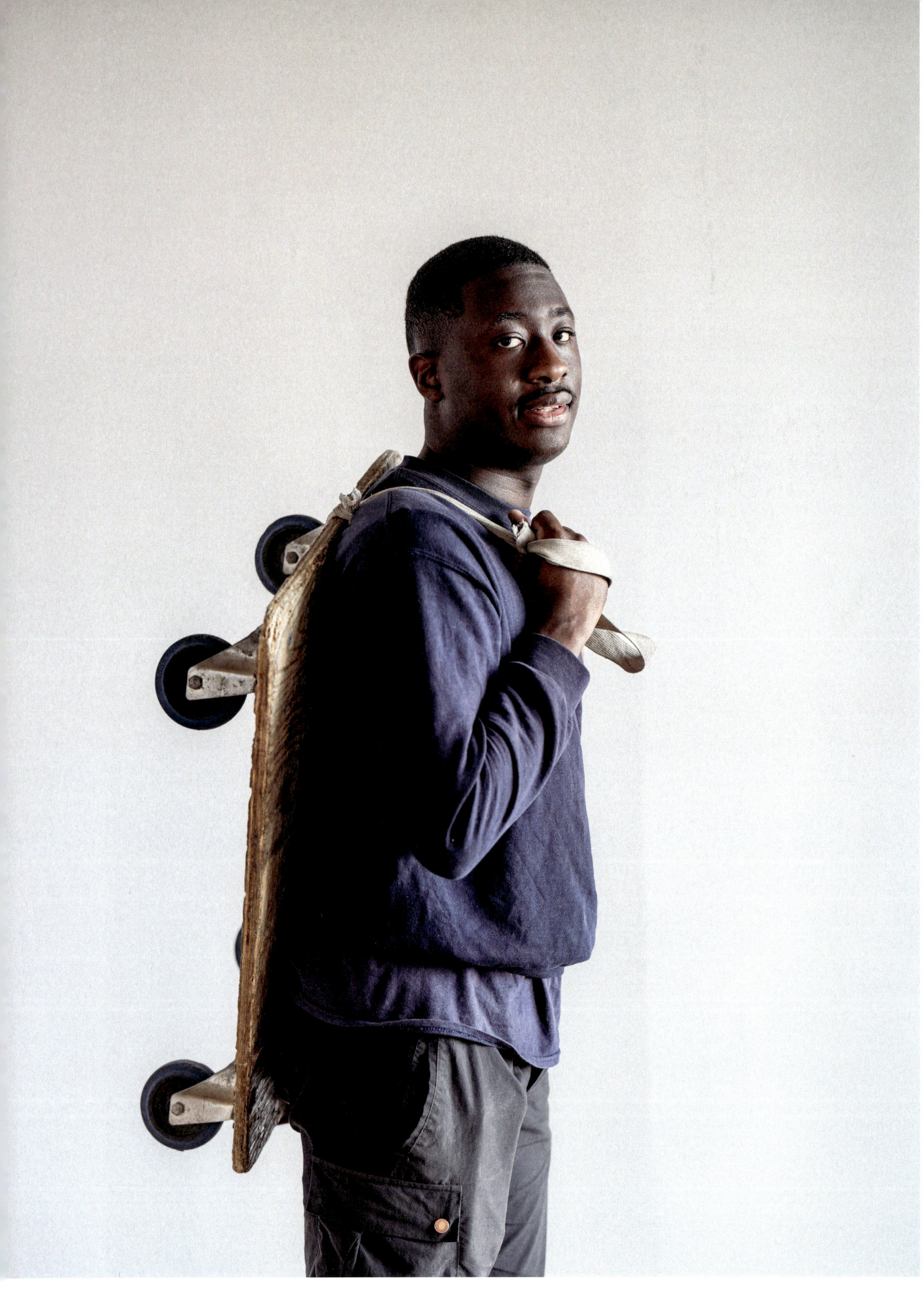

    Sekhou Sissoko

Gelegenheitsarbeiter
[Travailleur occasionnel / Casual Labourer]
ca. 1930

Türkischer Mäusefallenverkäufer
[Vendeur turc de souricières / Turkish Mousetrap Salesman]
1924–1930

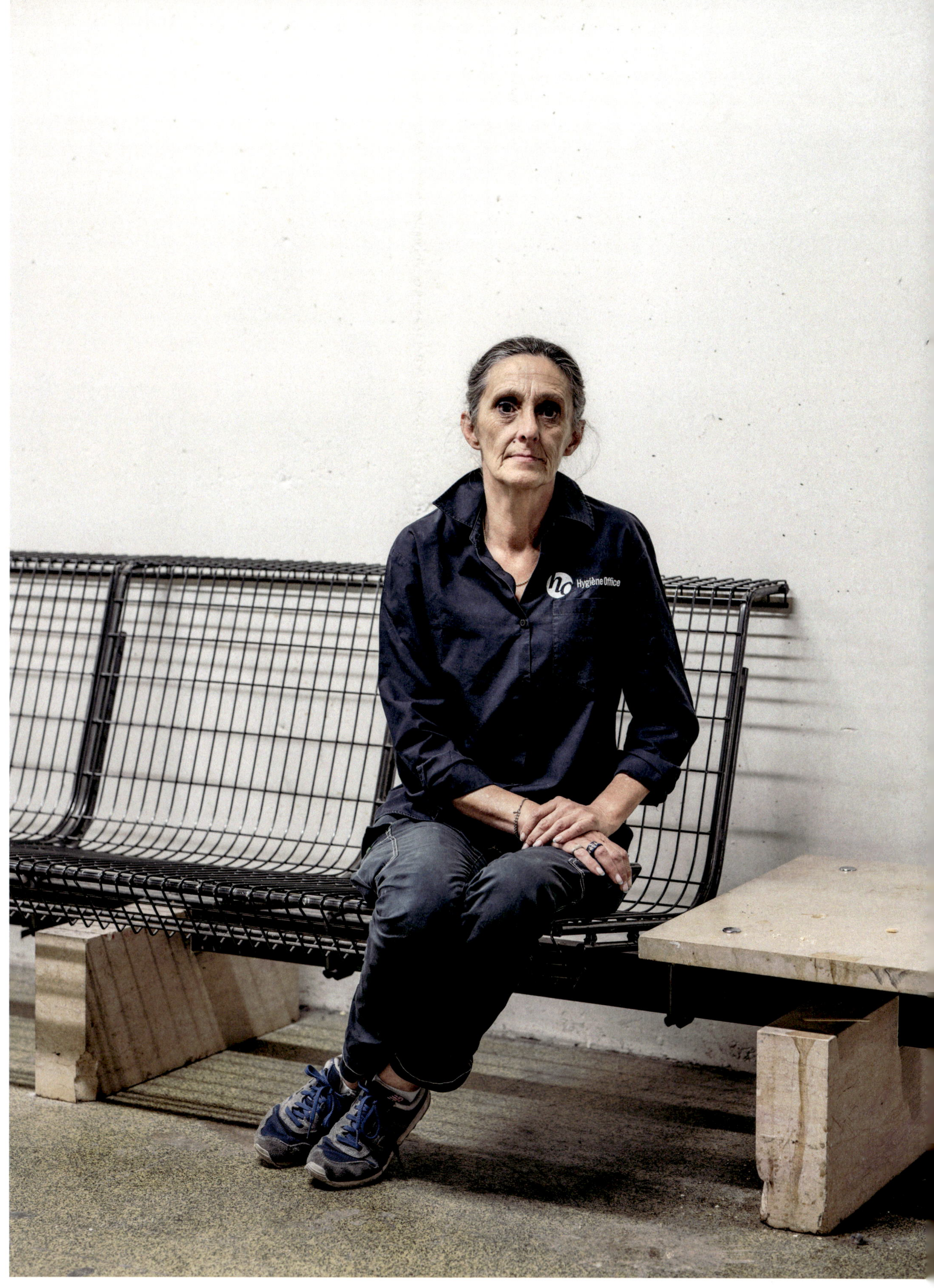

Géraldine Chemardin   101

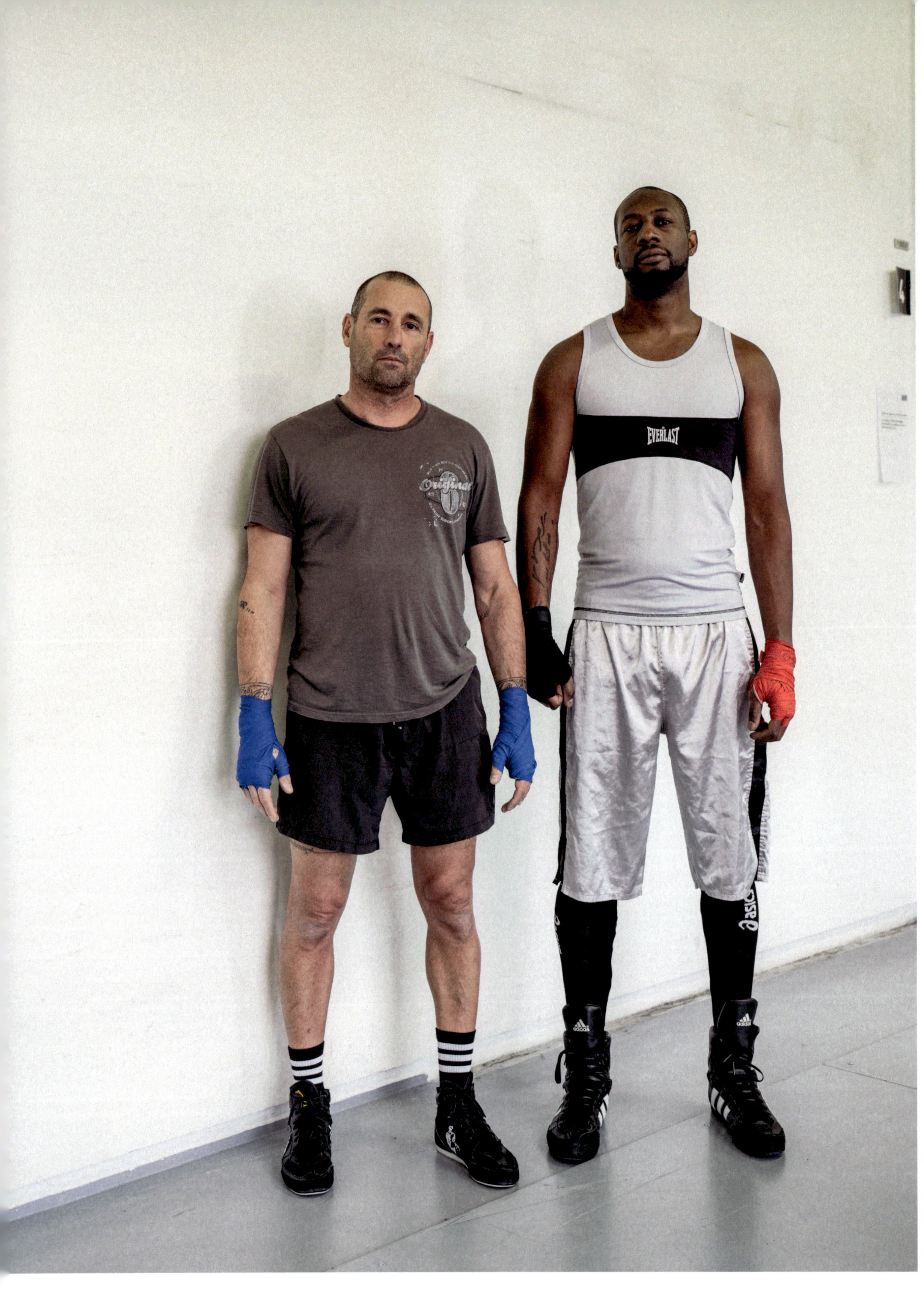

  David Rouge, Alioune Konate

Boxer
[Boxeurs / Boxers]
1929

Gasmänner
[Gaziers / Gas-Men]
1932

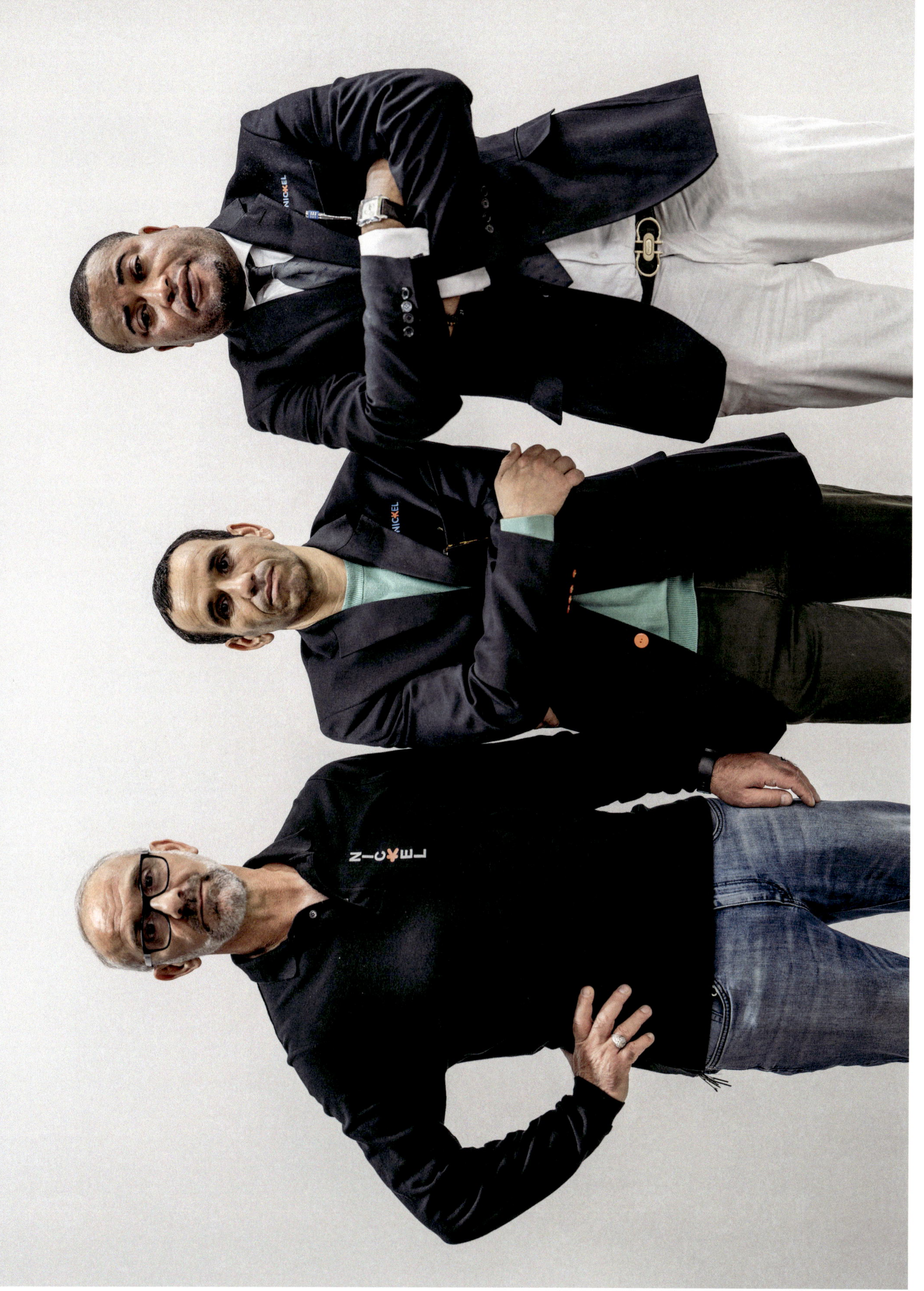

Mustapha Belaidi, Noha Baidder, Wilson Mekane

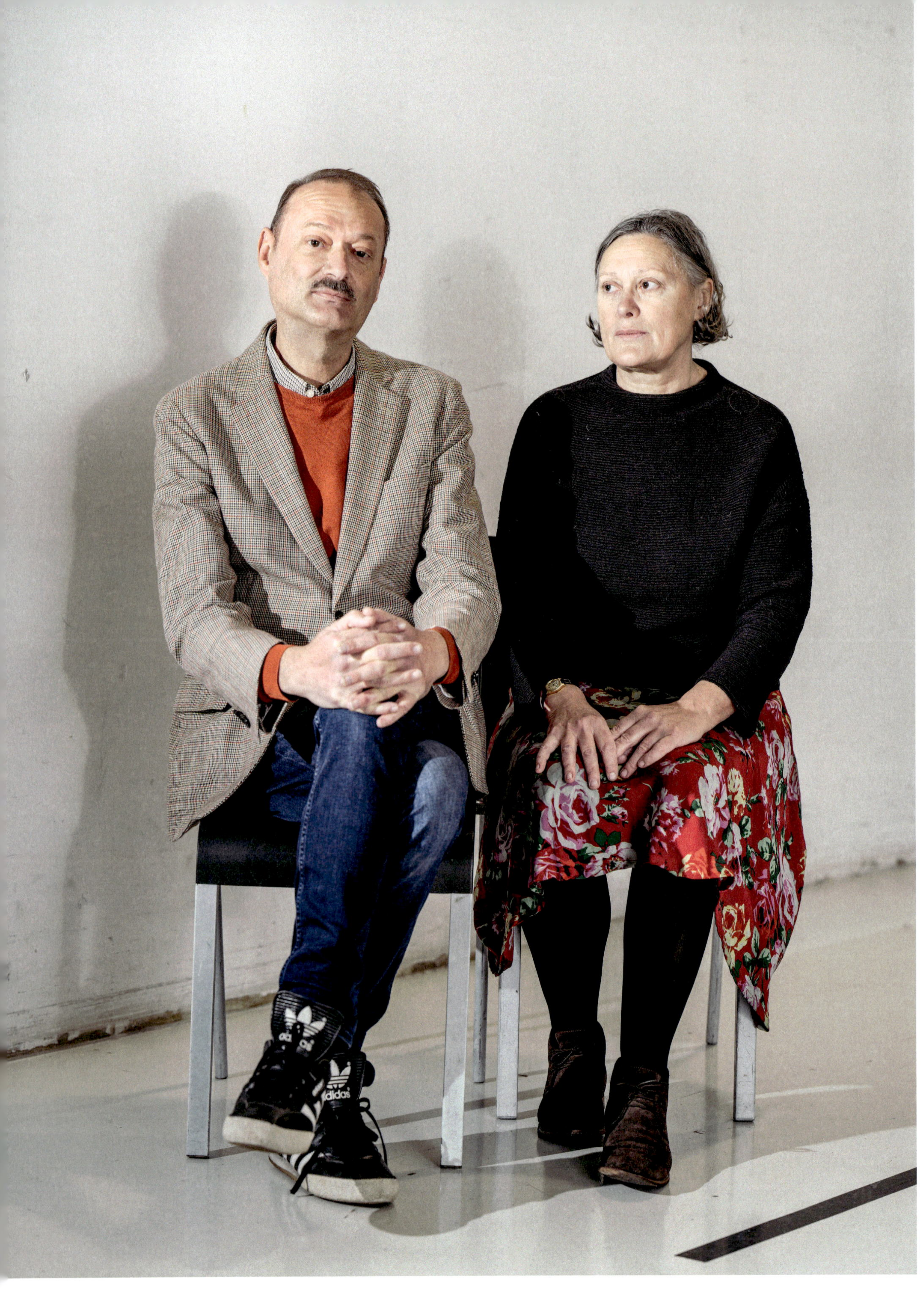

 Michel & Dominique Borie

Geschwisterpaar
[Frère et sœur | Brother and Sister]
ca. 1927

Bürgerliche Familie
[Famille bourgeoise | Middle-Class Family]
1923

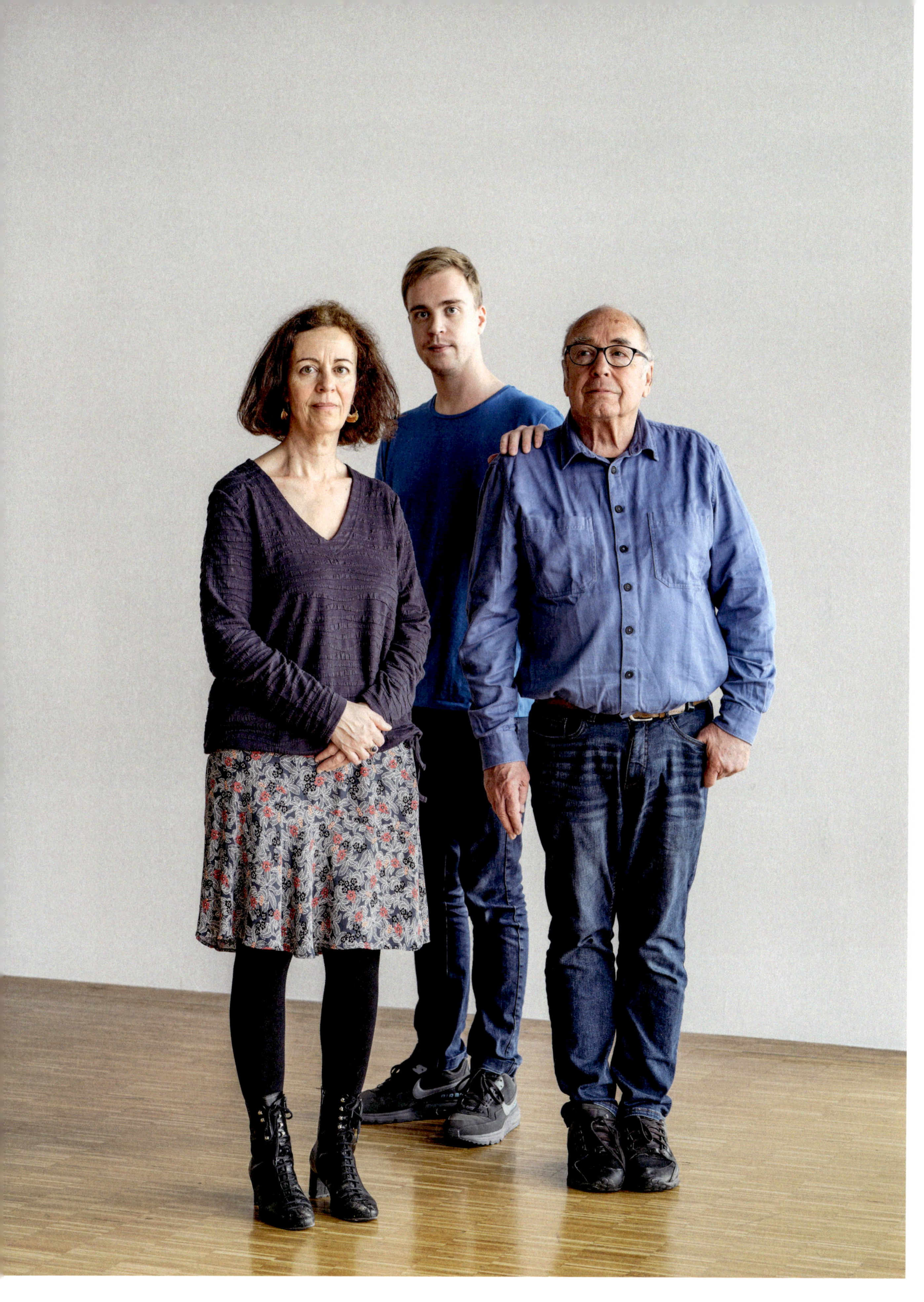

Nathalie Nosny, Christian Saintagne, Thomas Saintagne   105

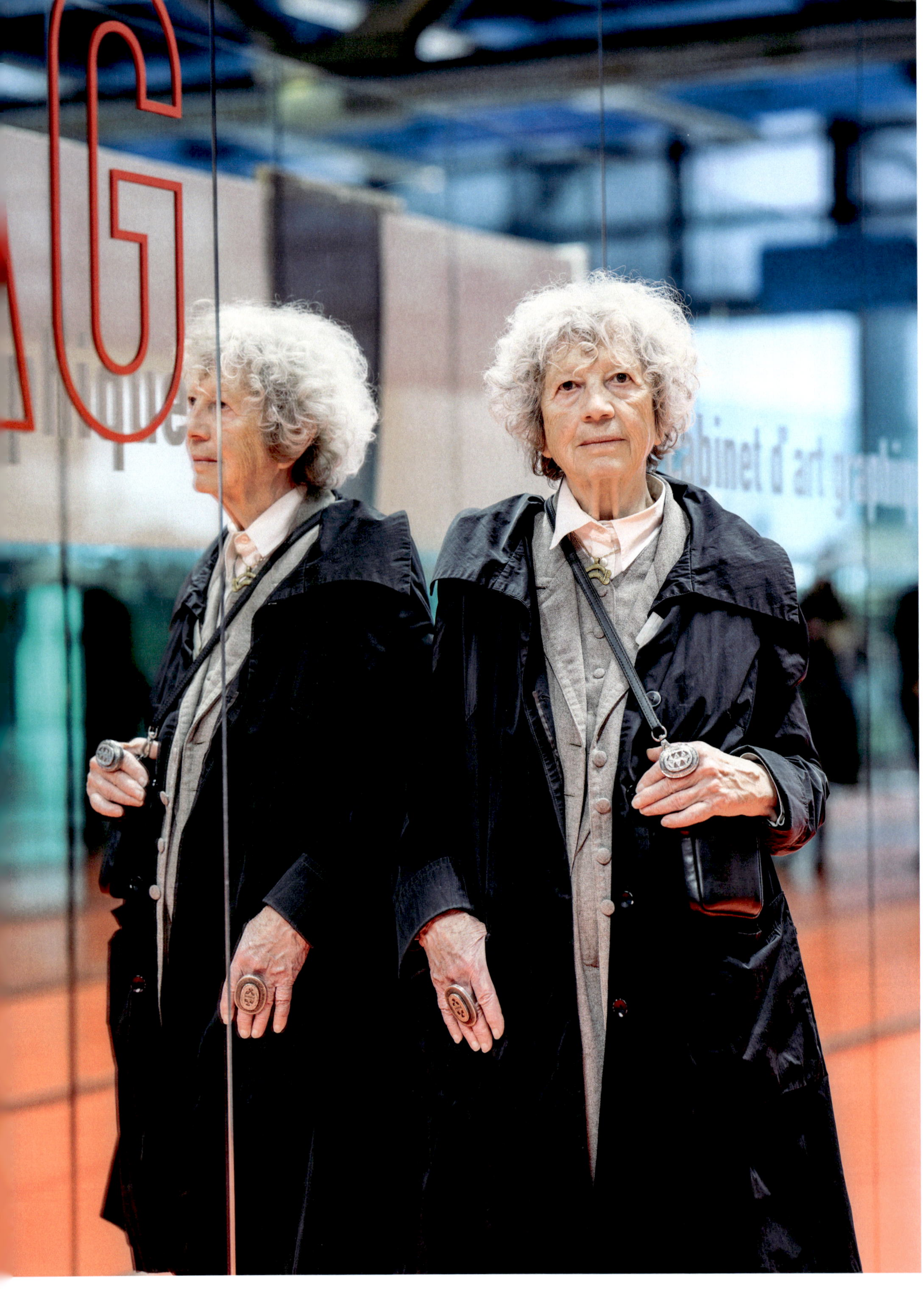

Maler
[Peintre / Painter]
1929

Dirigent
[Chef d'orchestre | Conductor]
1924–1928

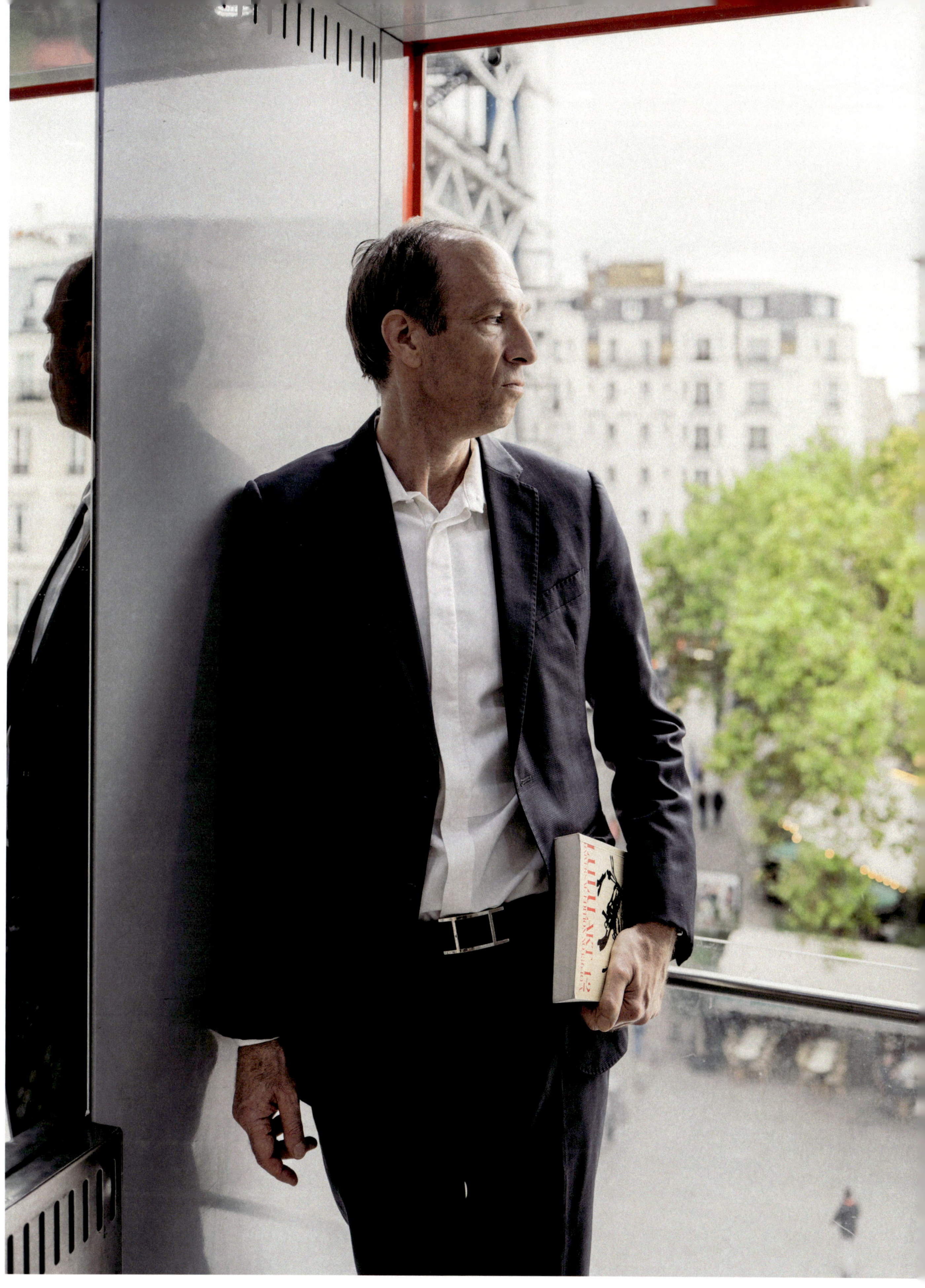

Frank Madlener 107

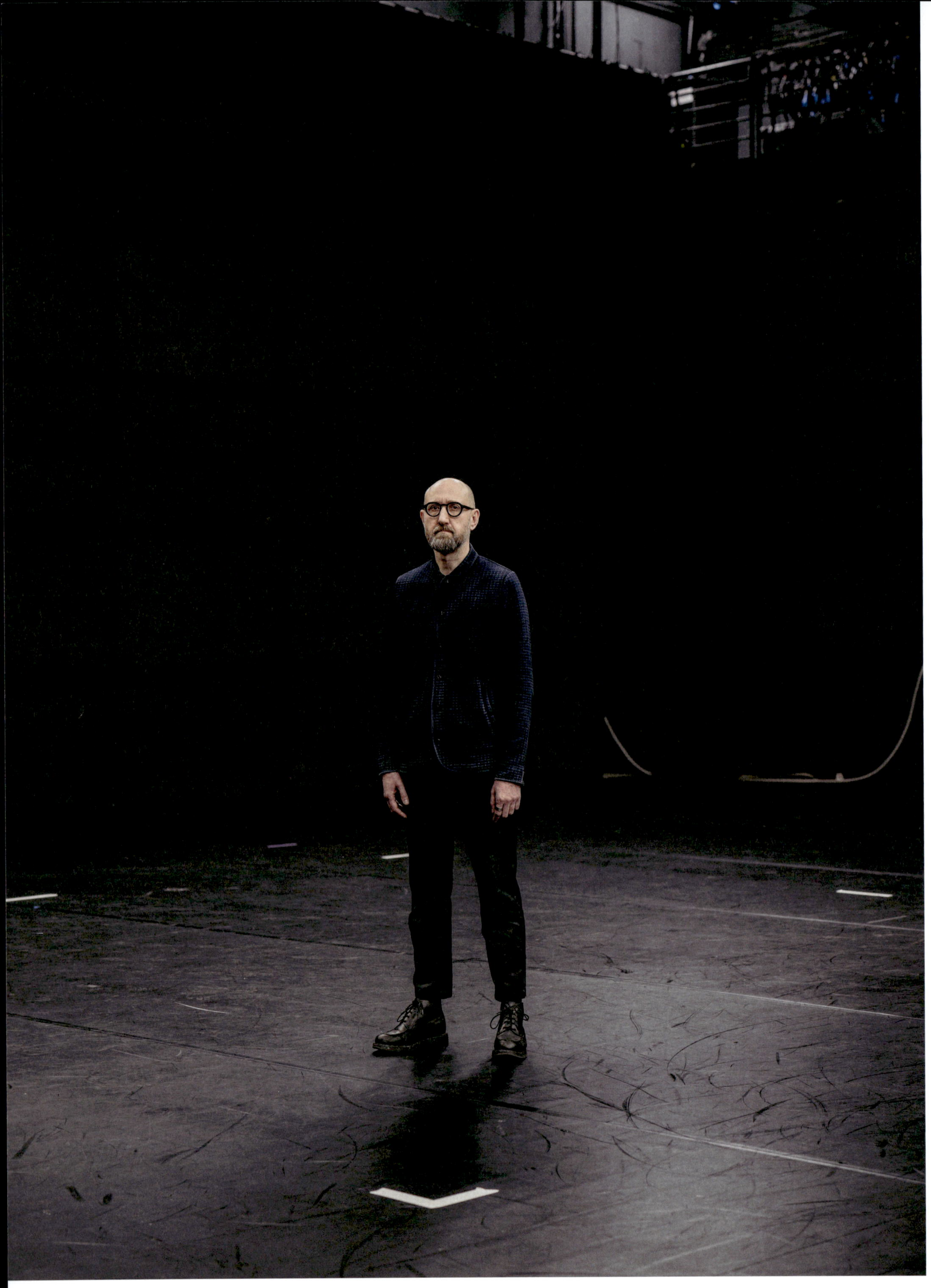

 Grégory Mortelette

Dramaturg und Oberspielleiter
[Dramaturge et régisseur / Dramaturge and Theater Director]
1929

Der Tenor
[Le ténor / The Tenor]
ca. 1930

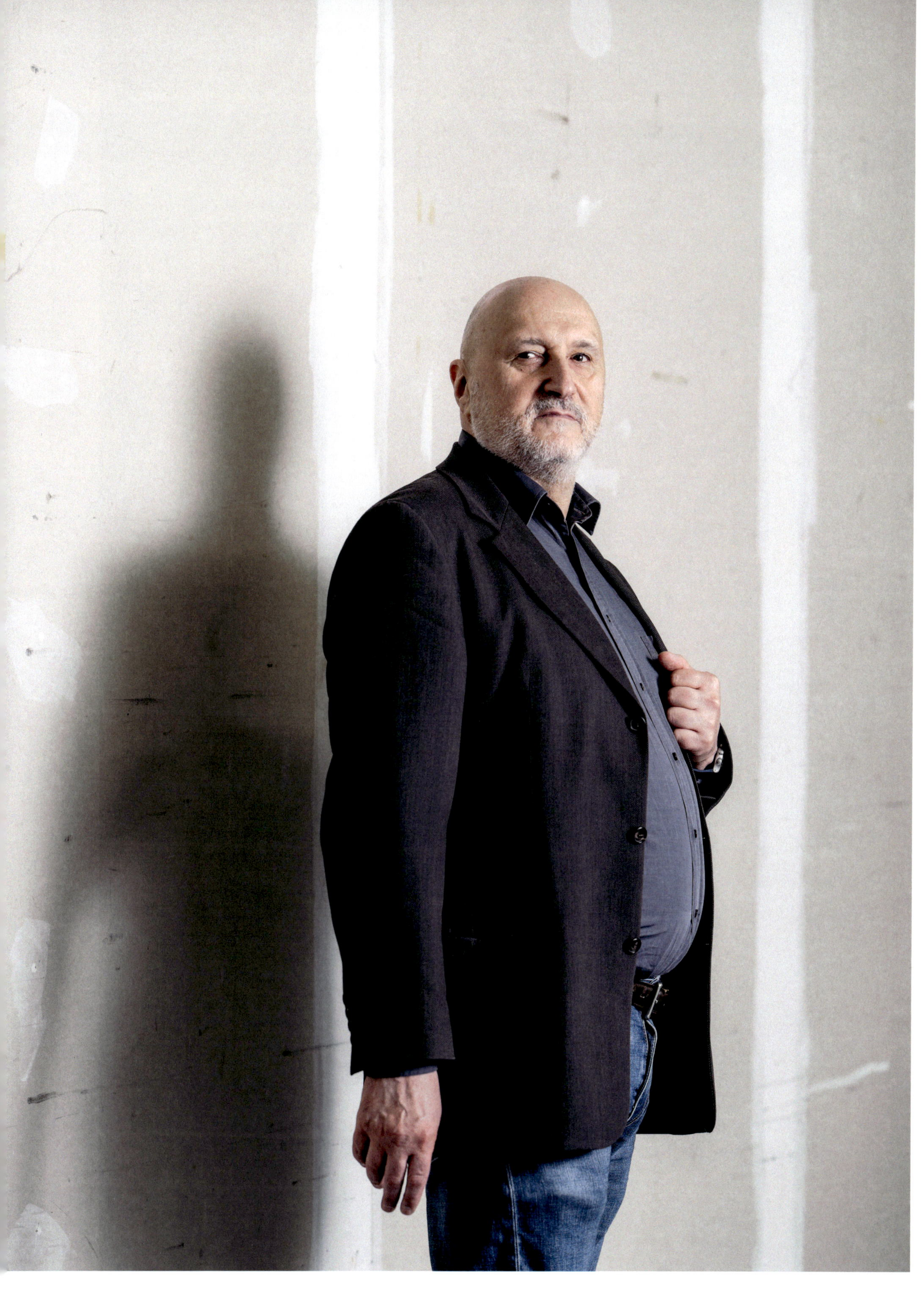

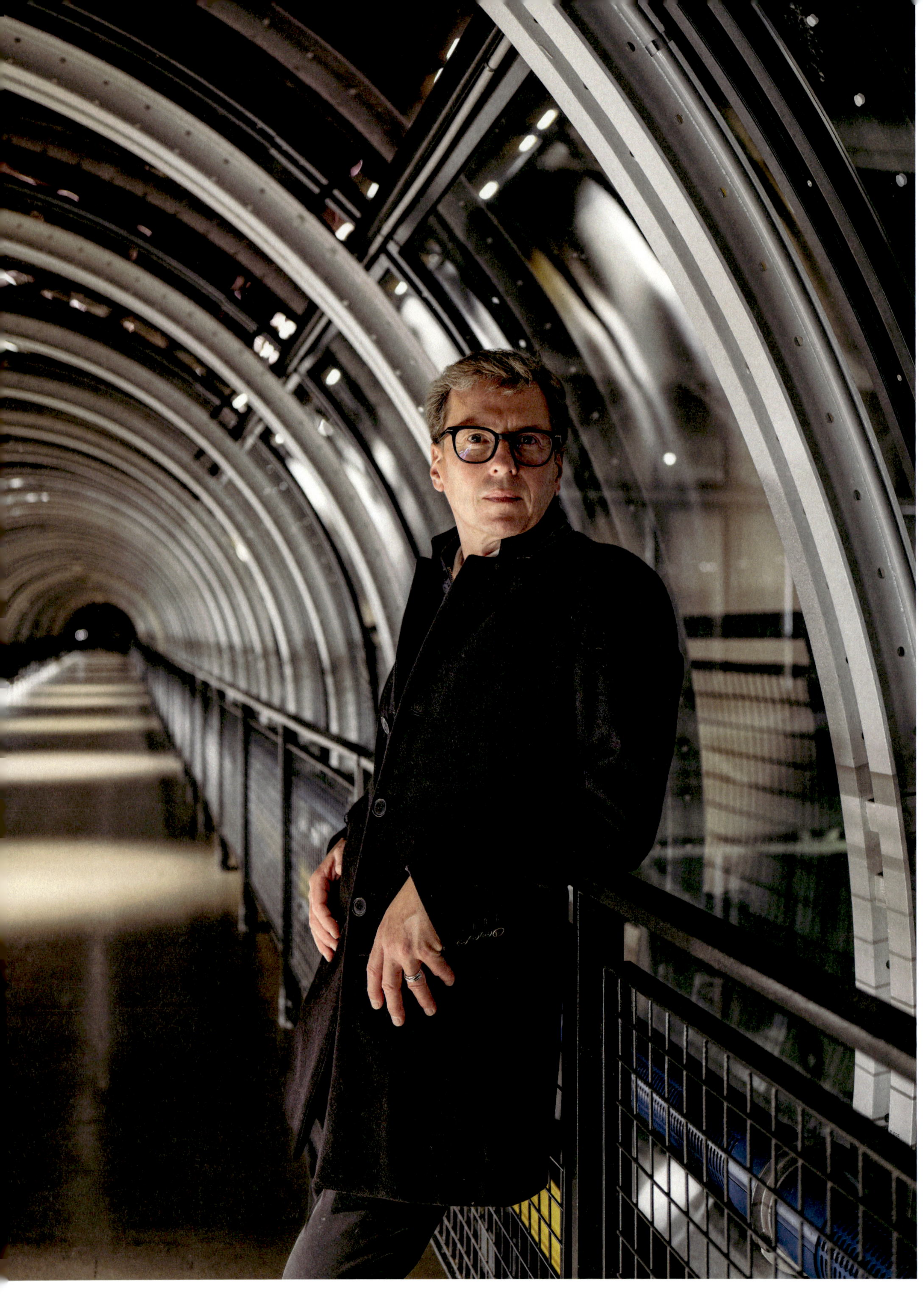

Maler
[Peintre / Painter]
1924

Großstadtkinder
[Enfants de la grande ville / City Children]
1930

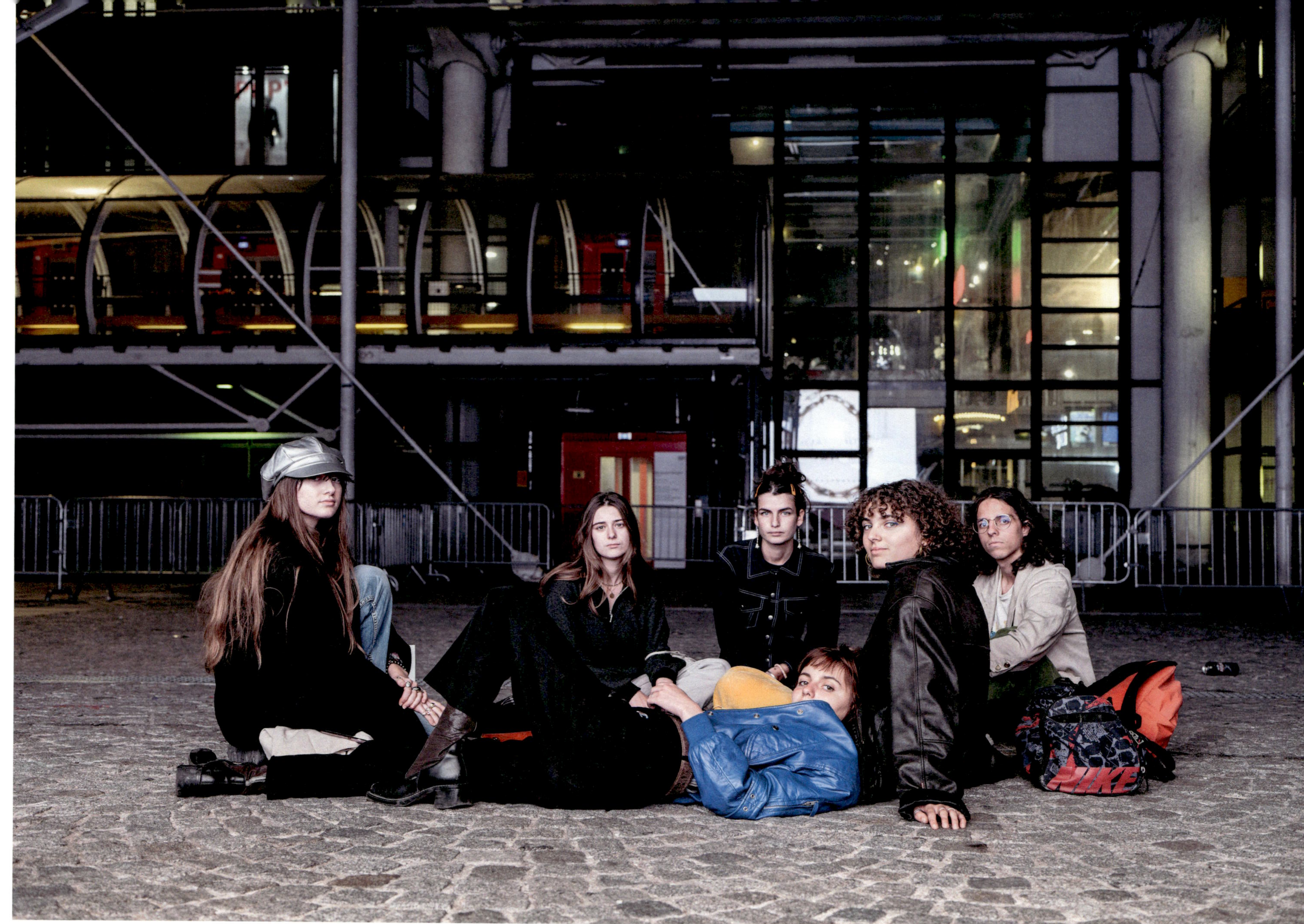

Hélène, Jeanne, Louise, Noémie, Alice, Malo

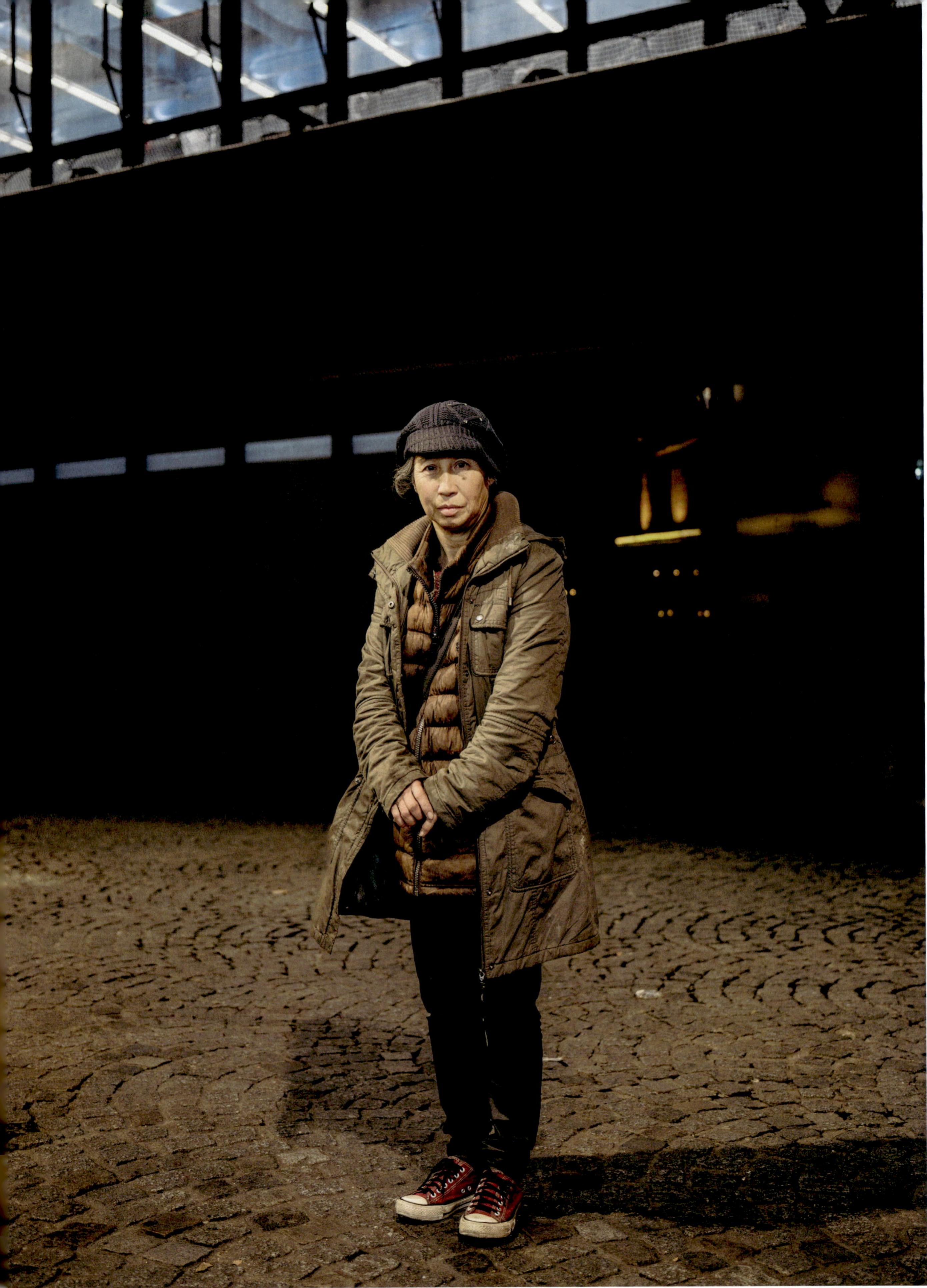

Erwerbsloser Arbeiter
[Travailleur sans emploi | Unemployed Worker]
1926

Künstlerfest
[Fête d'artistes / Artists' Party]
ca. 1930

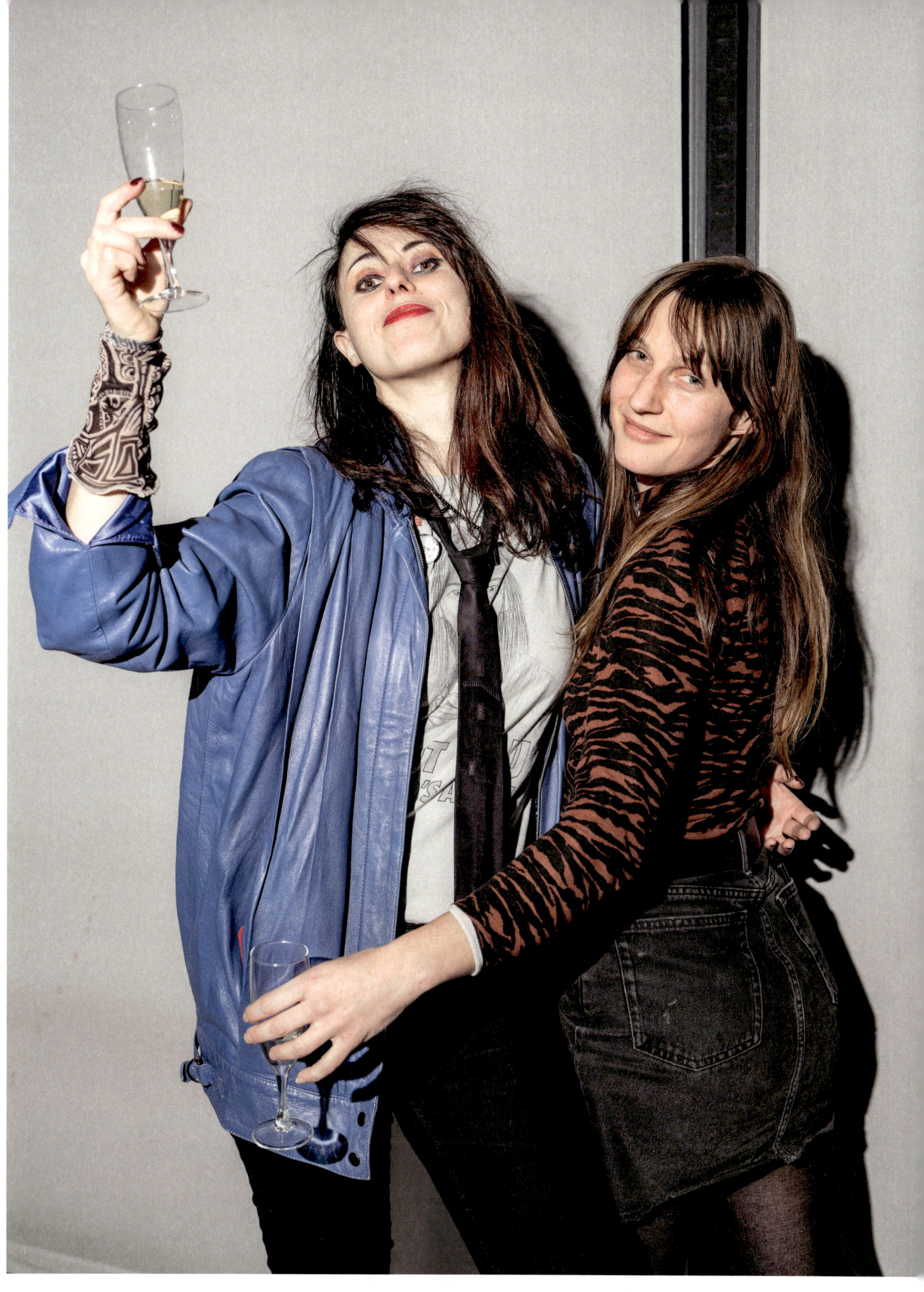

Marina Mis, Bianca Mitteregger   113

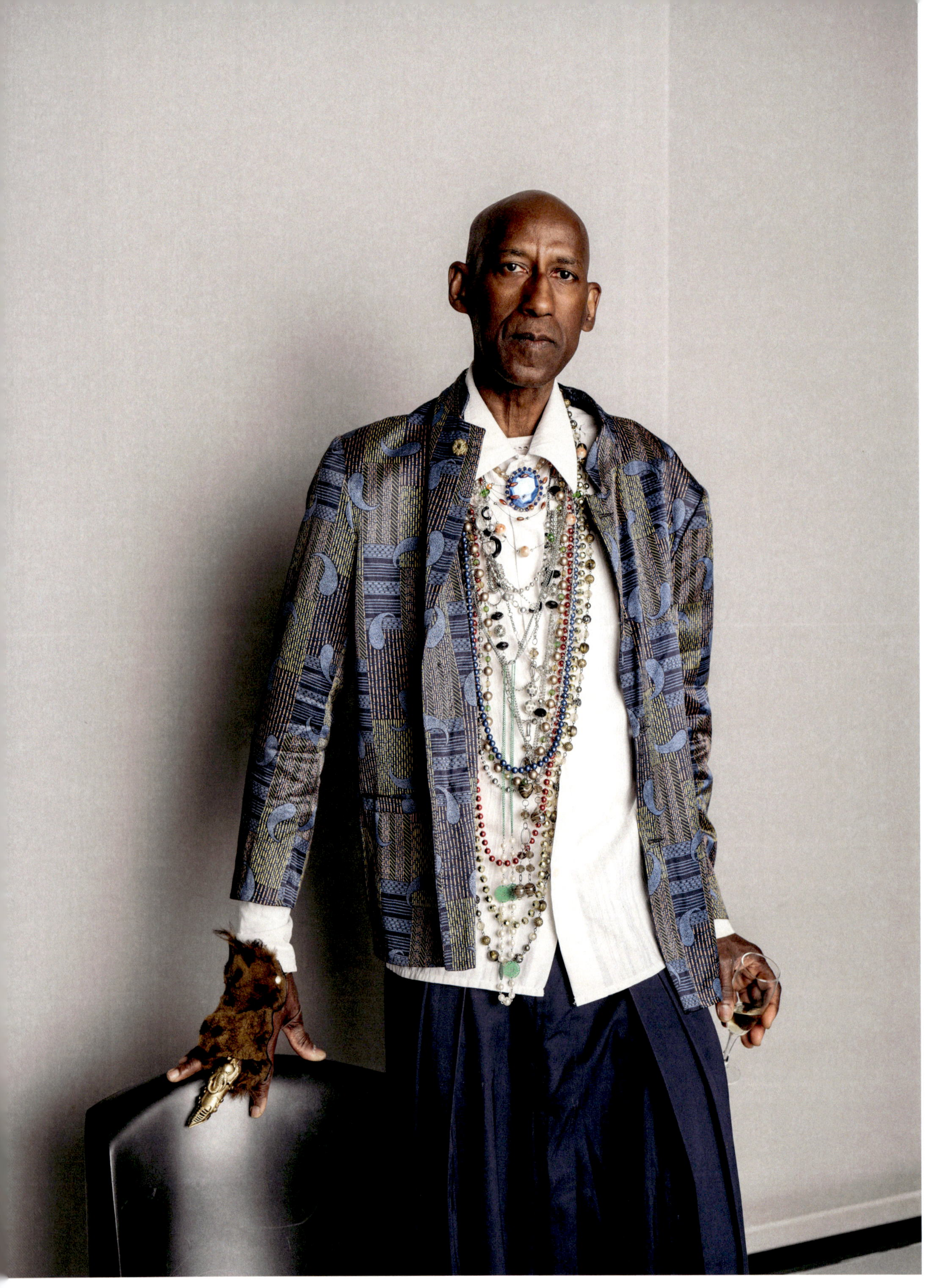

Heinrich Hoerle auf einem Lumpenball
*[Heinrich Hoerle au carnaval des artistes progressistes de Cologne /
Heinrich Hoerle at a Carnival]*, ca. 1930

Bauernkapelle
[Orchestre de paysans / Country Band]
ca. 1913

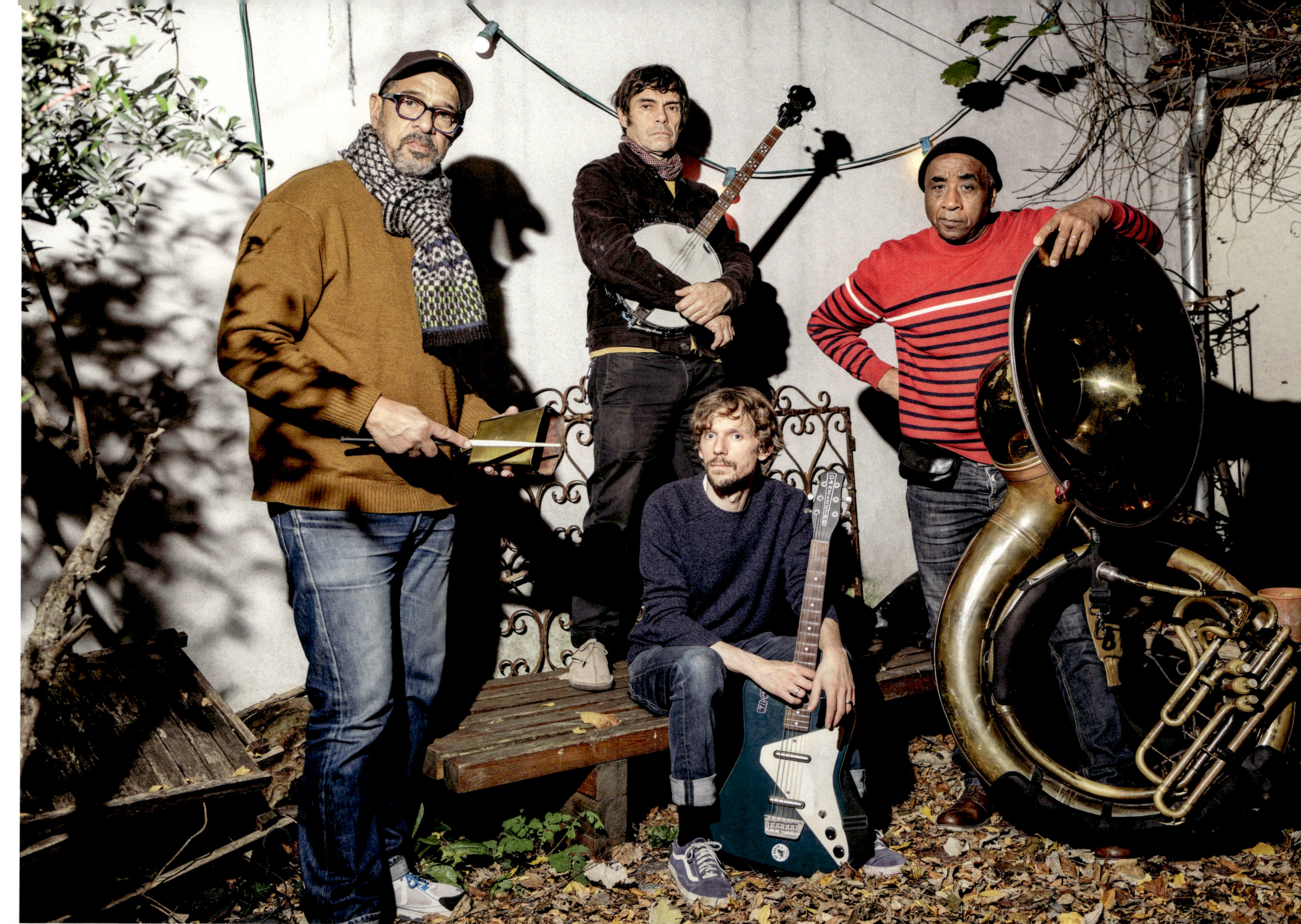

Alain Pandor, Michel Fernandez, Harold Foucher, Bob Electon

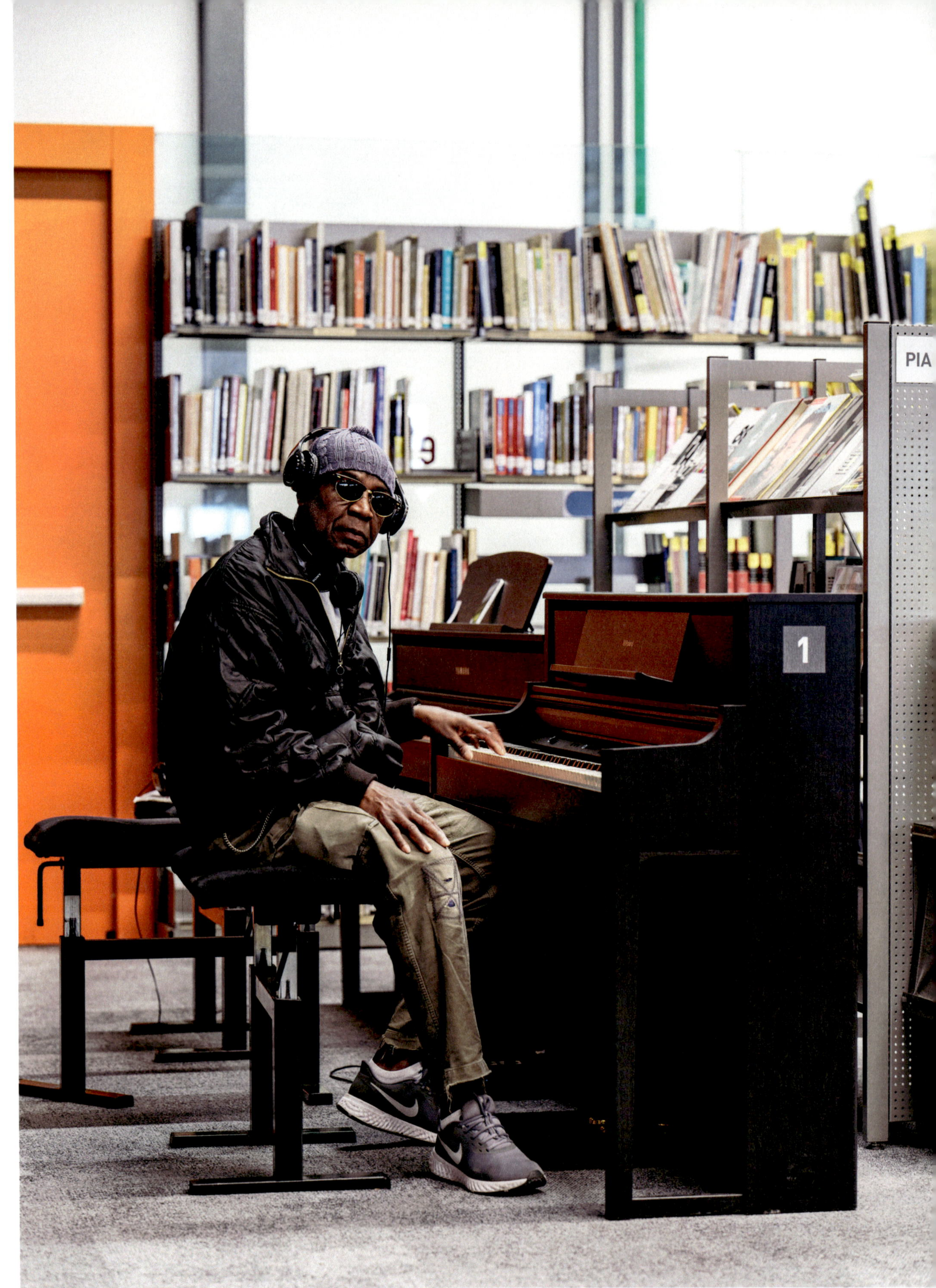
PIA
1

Der Pianist
[Le pianiste / The Pianist]
ca. 1925

Lautenspielerin
[Luthiste / Lutenist]
ca. 1926

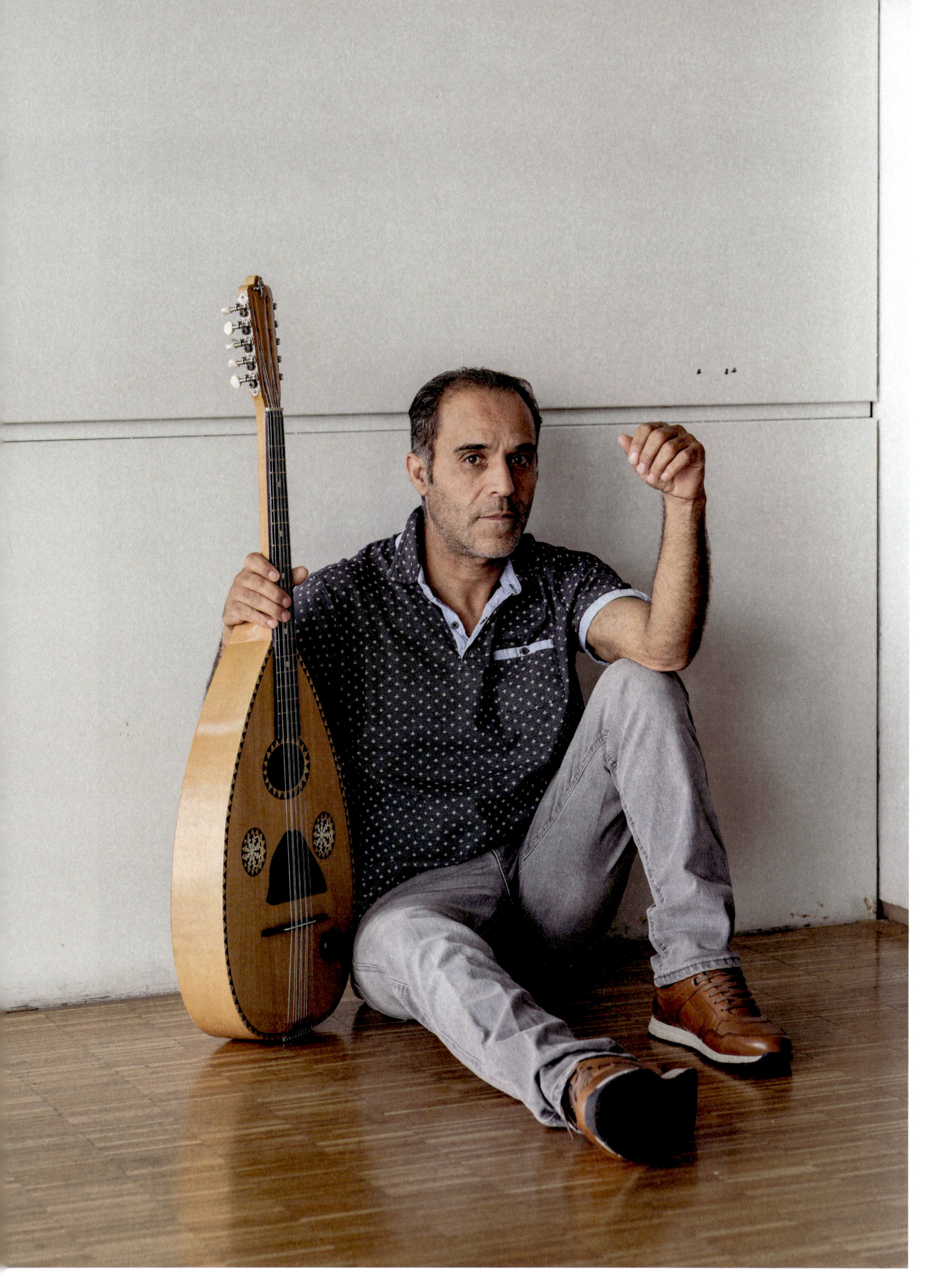

Ali Chabane   117

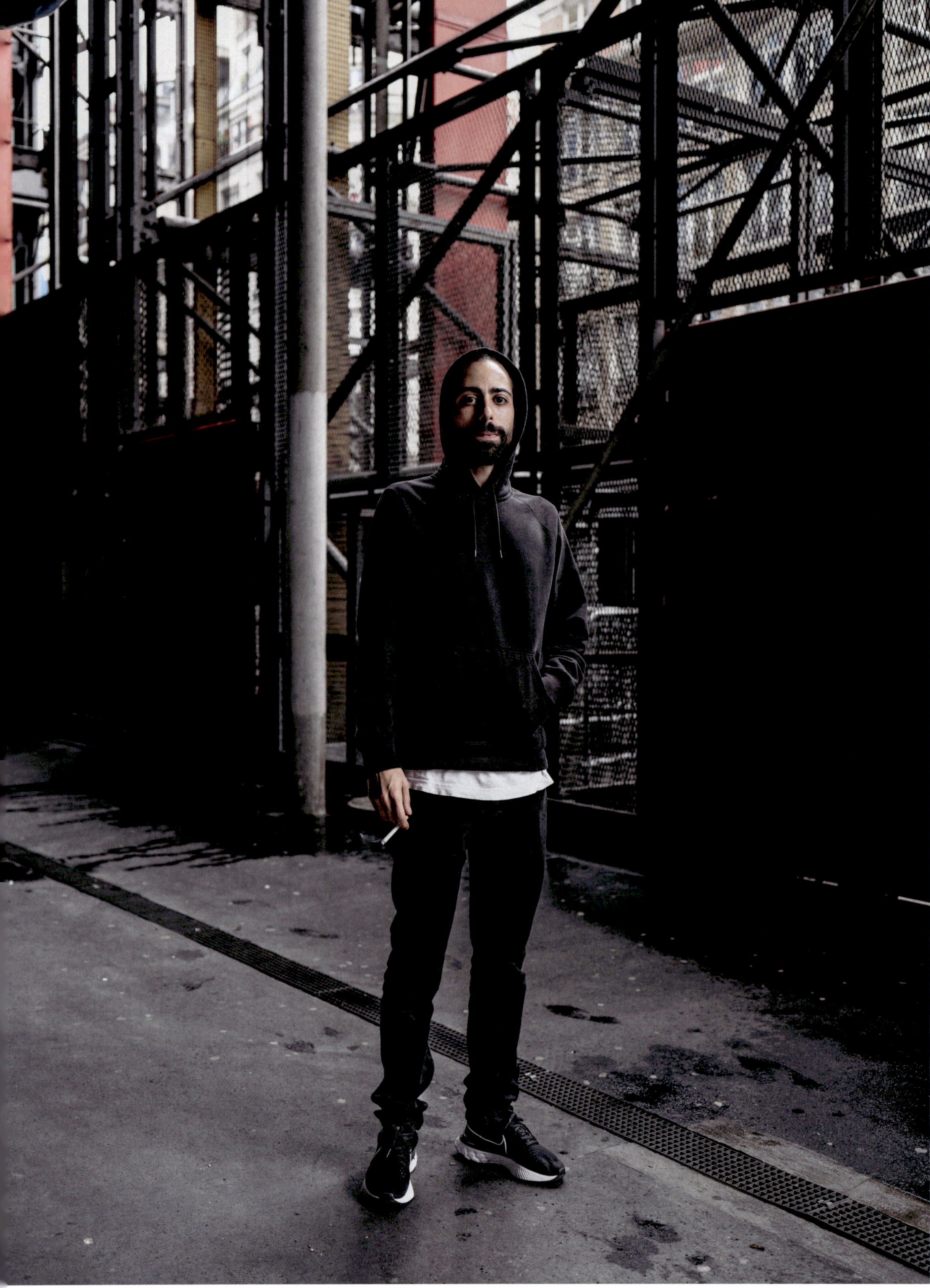

Mundartdichter
[Poète dialectal / Dialect Writer]
1924

Straßenphotograph
[Photographe de rue / Street Photographer]
ca. 1930

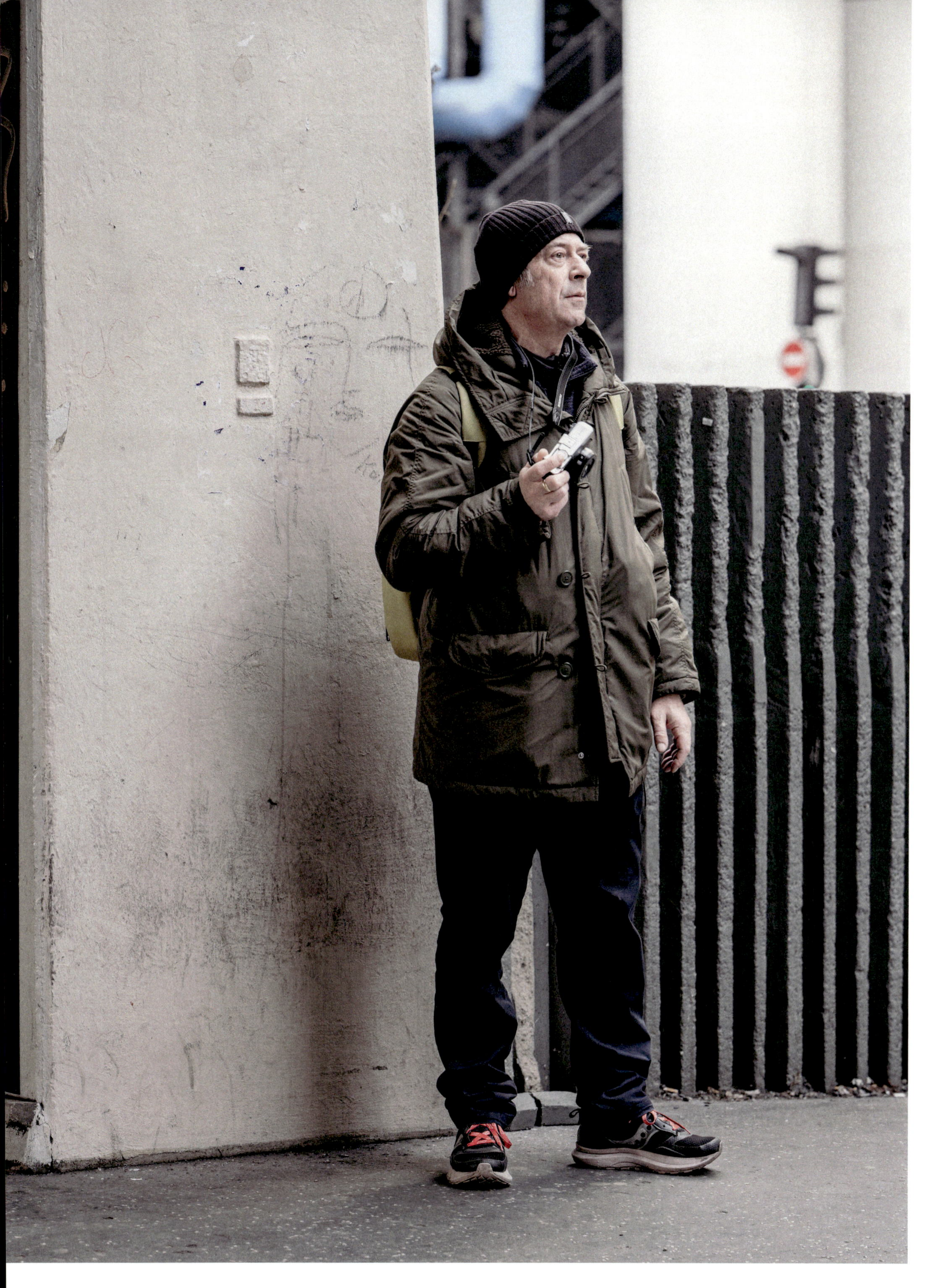

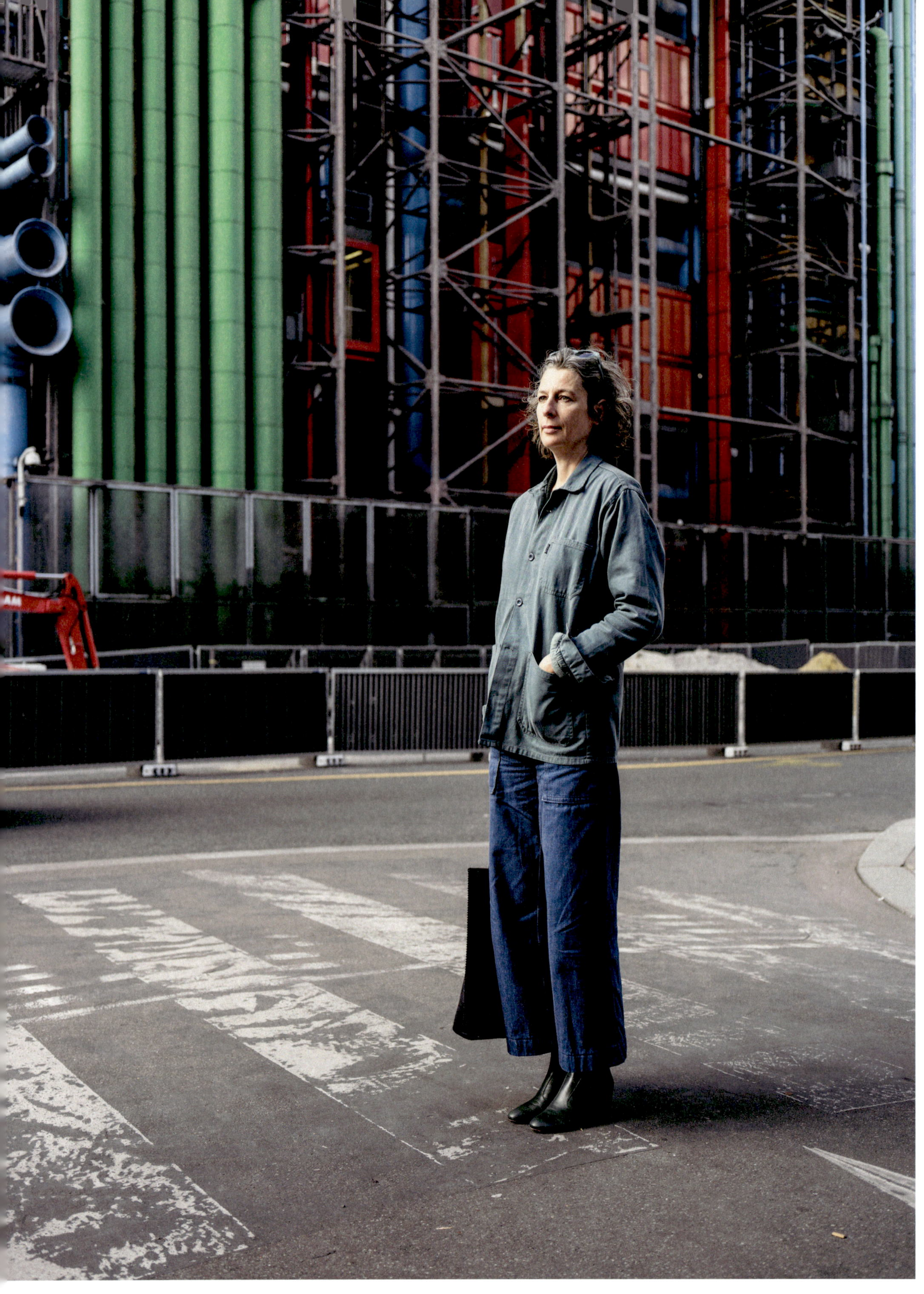

  Raphaële Bianchi

Großstädterin
[Habitante d'une grande ville / City Dweller]
ca. 1912

Demonstration der »Roten Front«
[Manifestation du « Front Rouge » / “Red Front” Demonstration]
1927

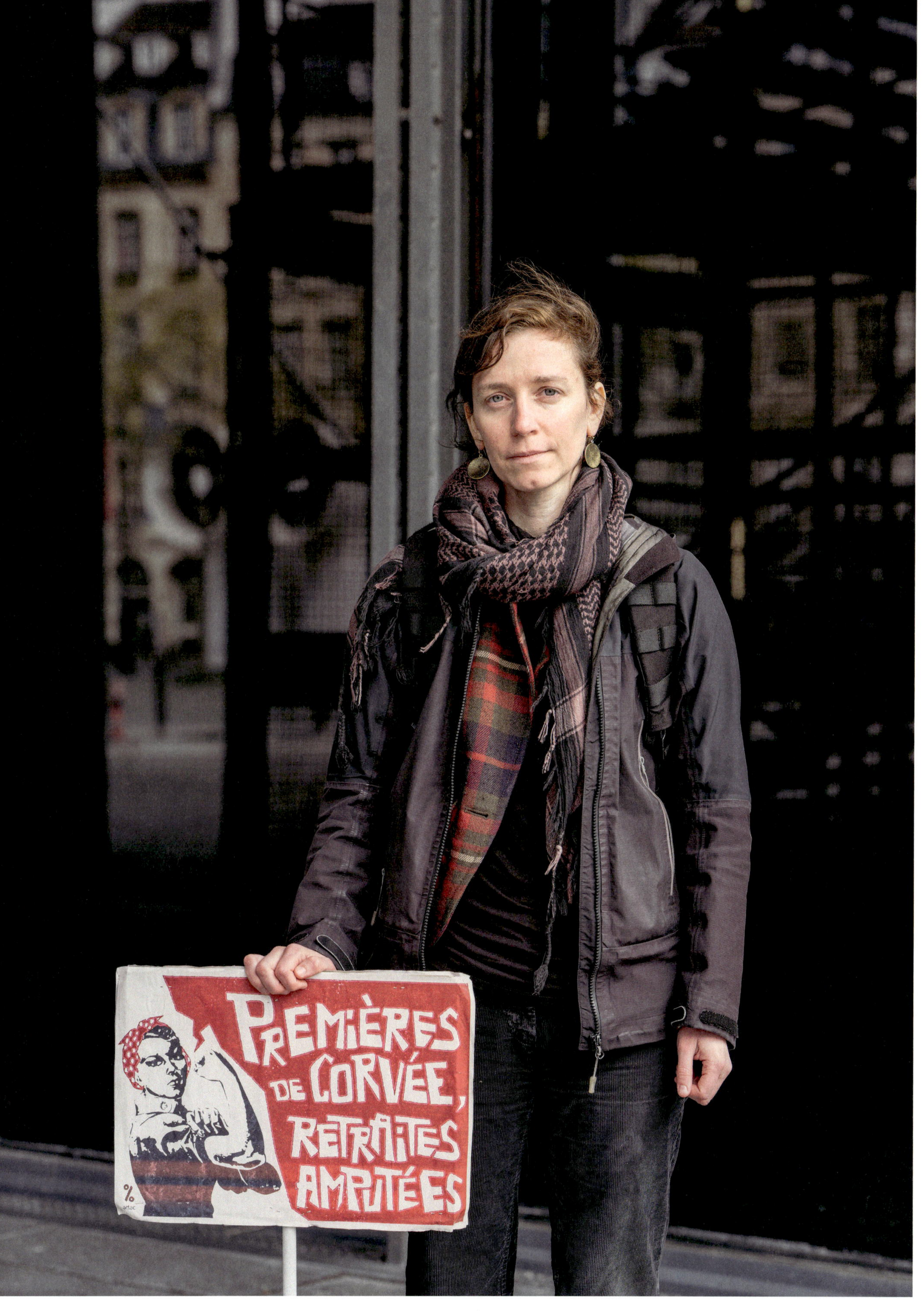
PREMIÈRES
DE CORVÉE,
RETRAITES
AMPUTÉES

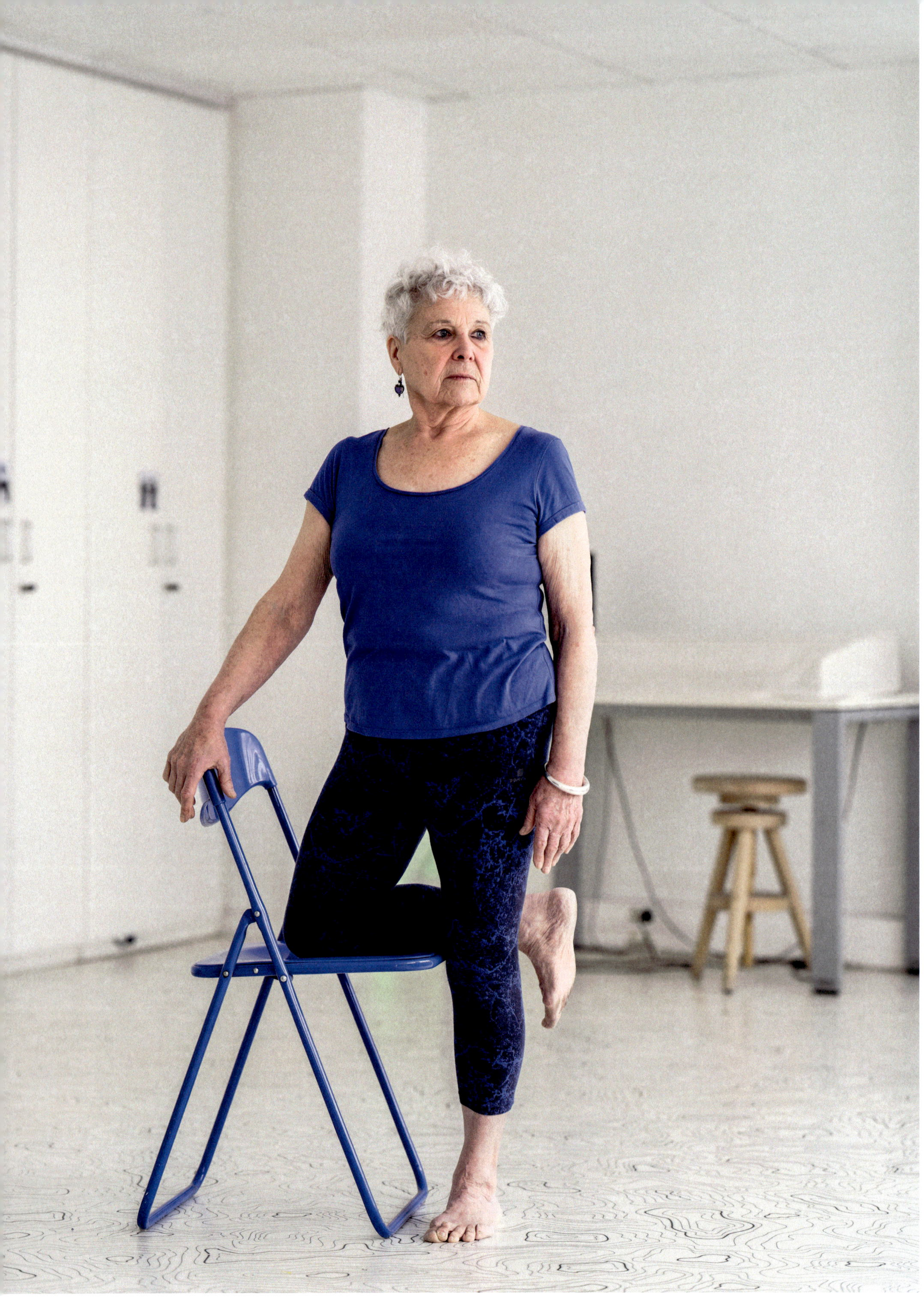

Gymnastiklehrerin
[Professeure de gymnastique / Gymnastics Teacher]
1925

Raoul Hausmann als Tänzer
[Raoul Hausmann en danseur / Raoul Hausmann as Dancer]
1929

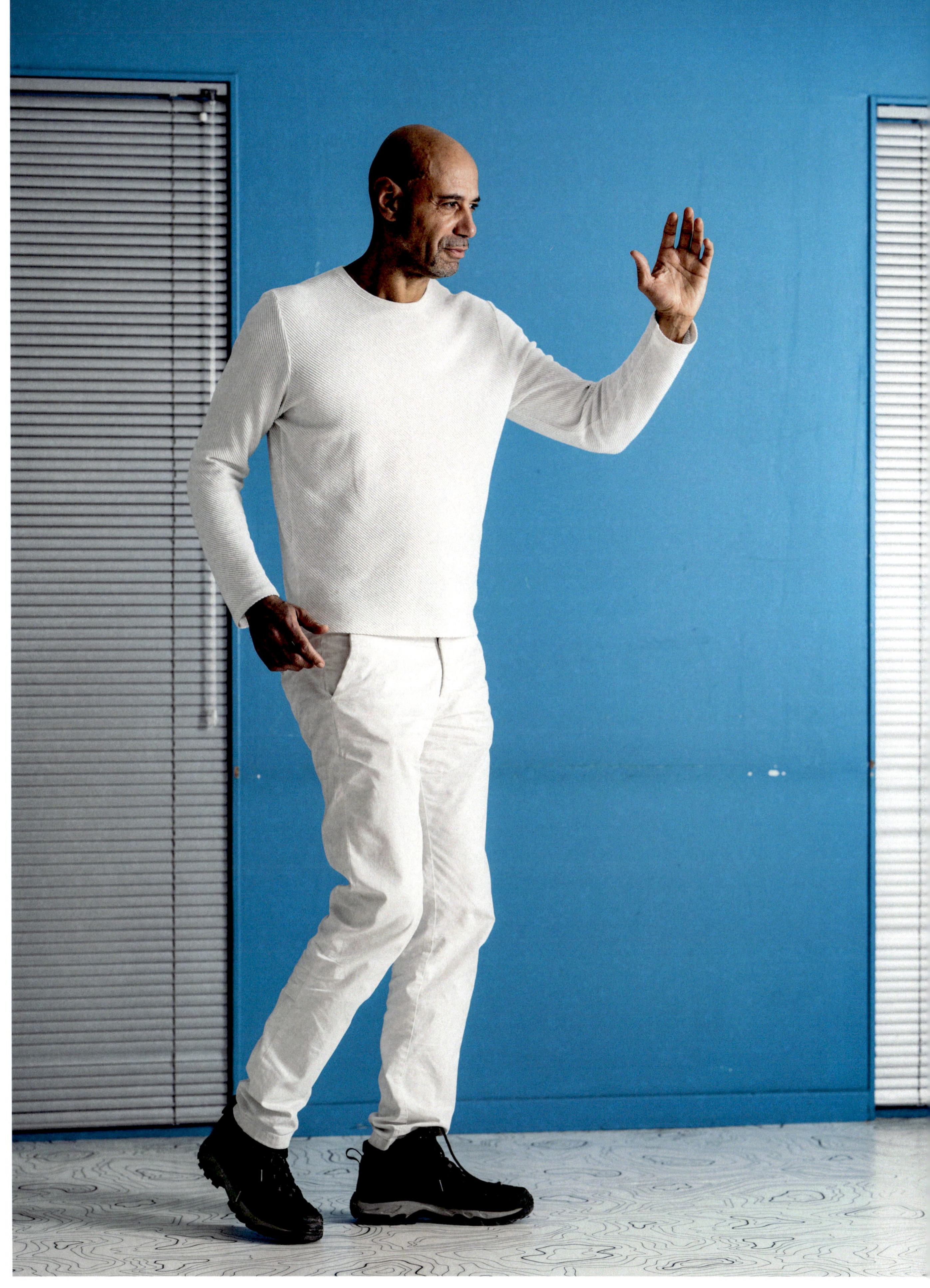

Ollivier Melt   123

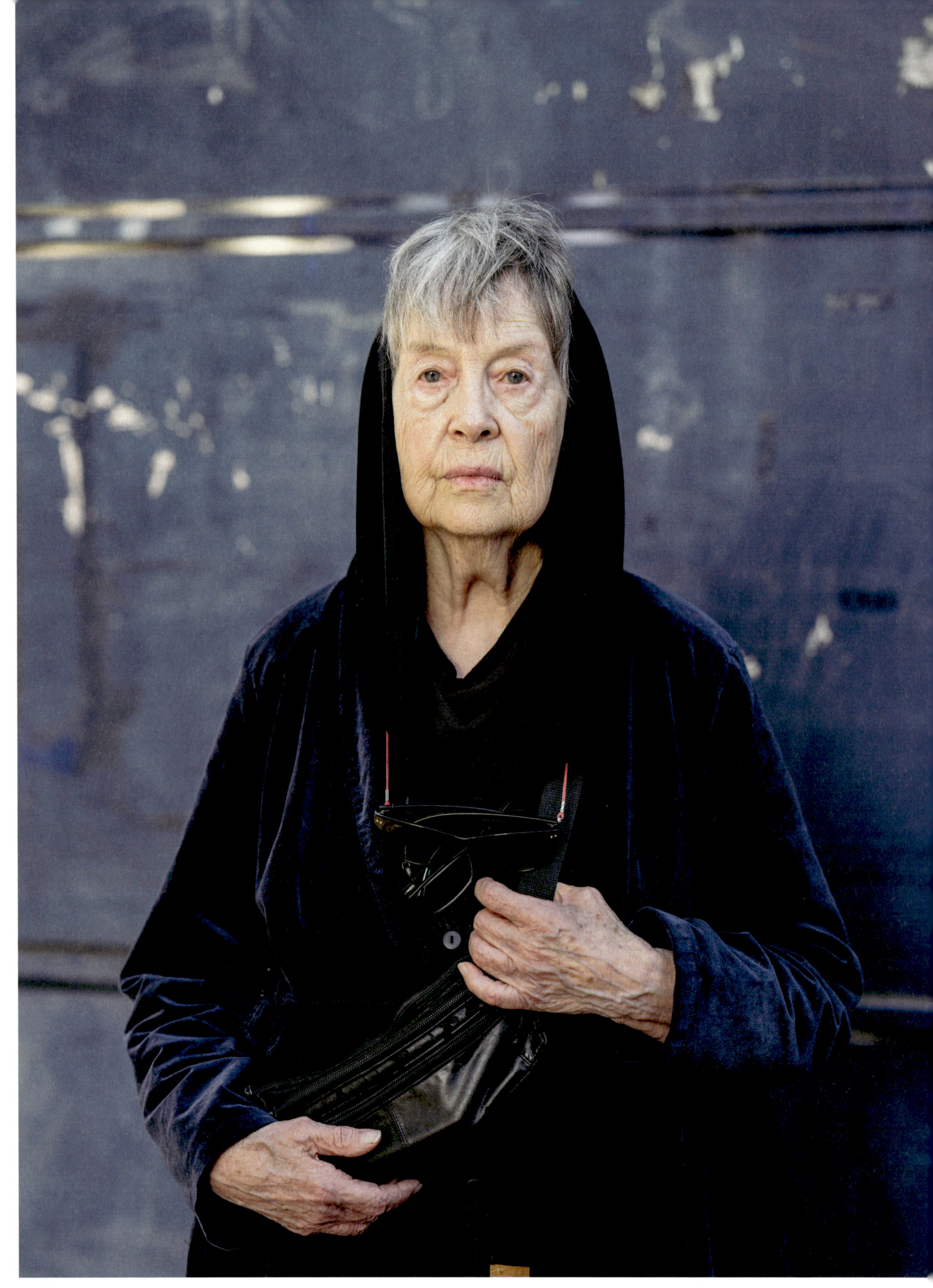

124   Christine Ljubanovic

Die Weise
[La sage / The Sage]
1913

Der Architekt
[L'architecte / The Architect]
1929

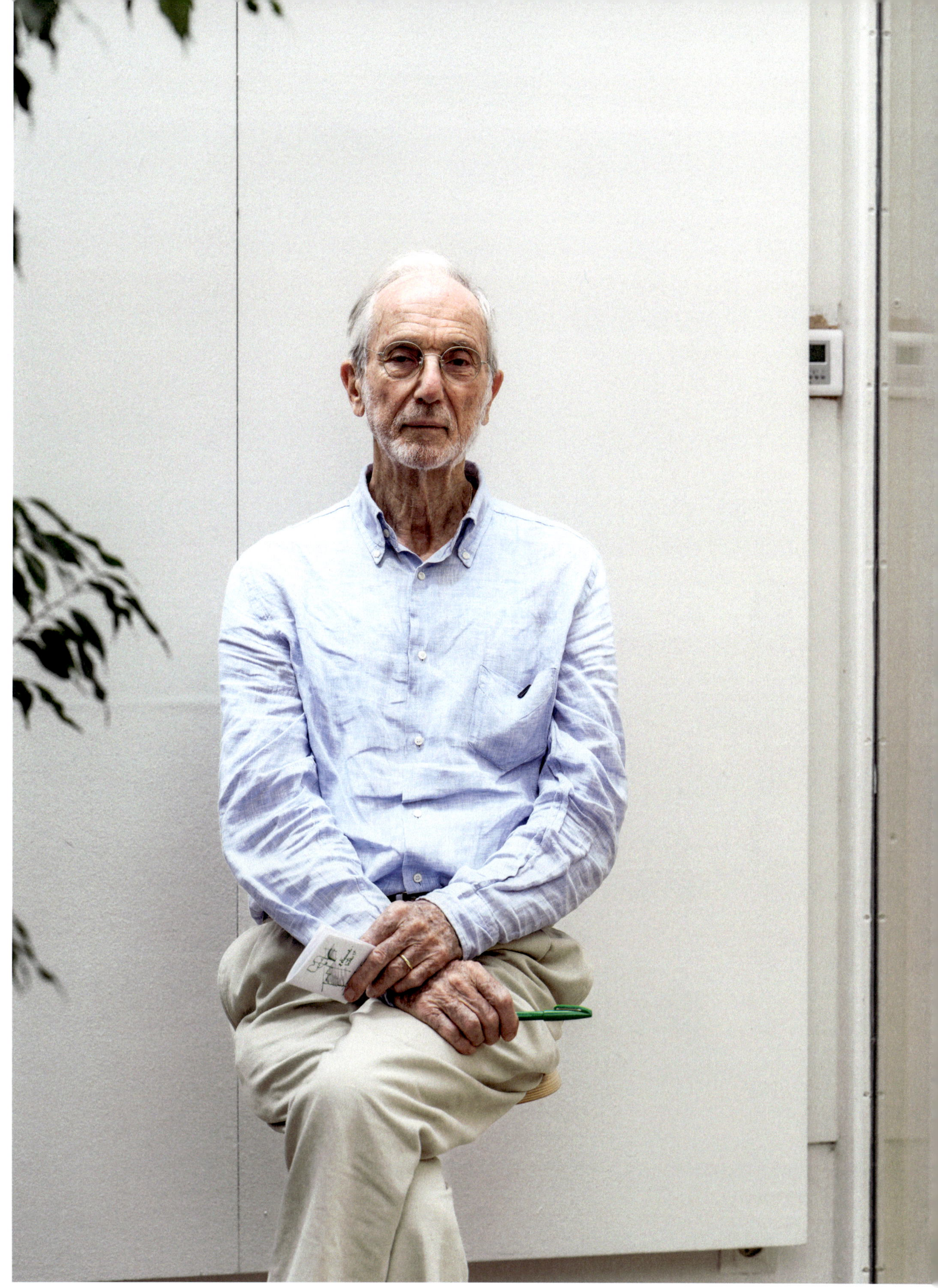

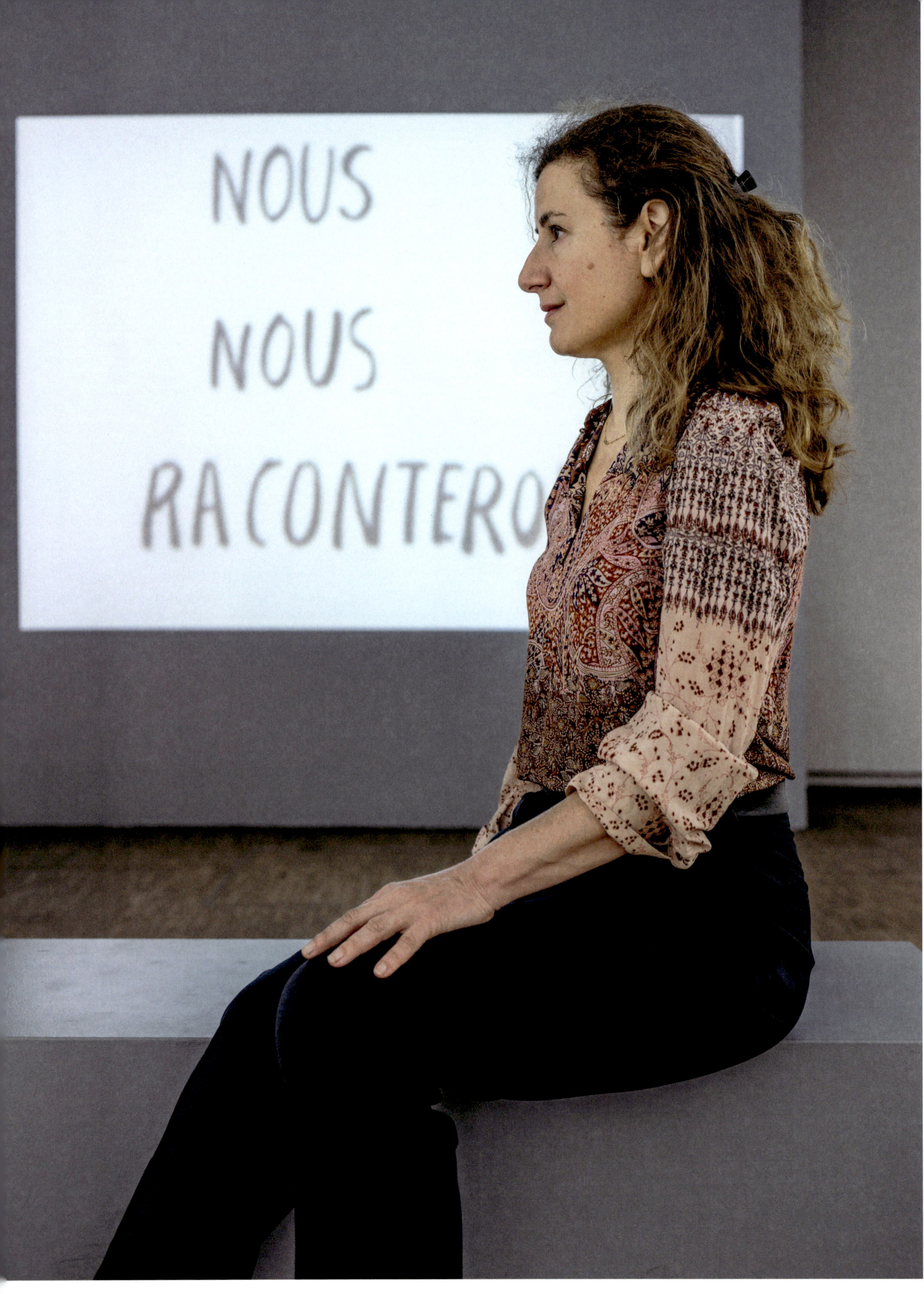

NOUS
NOUS
RACONTERO

Der Kunstgelehrte
[Le connaisseur d'art | The Art Scholar]
1926

FLORIAN EBNER
ANDREAS LANGFELD

Ce livre de portraits a une forme particulière. Il pose un regard sur une célèbre institution culturelle parisienne contemporaine à travers les légendes et les catégories d'un photographe du siècle dernier. De prime abord, il peut paraître prétentieux de prendre les célèbres *Hommes du XXe siècle* (*Menschen des 20. Jahrhunderts*) d'August Sander pour parrains de leurs homologues parisiens de trois ou quatre générations plus jeunes. Pourtant, la raison d'être de ce projet n'est en aucun cas une ambition artistique démesurée, mais plutôt une réaction à l'interdiction d'utiliser des images pour un catalogue censé paraître à l'occasion de l'exposition *Allemagne / Années 1920 / Nouvelle Objectivité / August Sander* (avril – septembre 2022) et qui n'a jamais vu le jour. Nous ne parlons toutefois pas des absents du passé mais de celles et ceux qui représentent ici une institution du XXIe siècle. Dans son discours d'inauguration de cette exposition, le directeur du Musée national d'art moderne mentionnait qu'August Sander aurait certainement considéré le Centre Pompidou comme un objet d'étude particulièrement intéressant de par la diversité de ses métiers et des personnes qui le composent. N'est-il pas lui-même un *Querschnitt* (coupe transversale) de la société, du moins de la société urbaine parisienne ?

Ce qui a commencé comme un jeu intellectuel et devait à l'origine se limiter à 32 portraits pour combler les espaces vides des images manquantes de Sander s'est rapidement révélé être un catalyseur extraordinairement productif pour observer la complexité et la diversité du Centre Pompidou, ses employé·e·s, ses artistes, son public, son écosystème économique et culturel. Nous n'avons pas cherché à correspondre littéralement ni à reconstituer les images et les types définis par Sander, mais plutôt à actualiser les différences sociales et les intervalles qui séparent hier d'aujourd'hui.

Das vorliegende Porträtbuch hat eine eigenwillige Form. Es blickt mit den Titeln und Kategorien eines Fotografen von vor einem Jahrhundert auf eine berühmte Pariser Kultureinrichtung von heute. Auf den ersten Blick mag es fast ein wenig anmaßend erscheinen, dass die berühmten Menschen des 20. Jahrhunderts *von August Sander Pate stehen für ihre um mehr als drei oder vier Generationen jüngeren Wiedergänger aus der französischen Hauptstadt. Doch der Grund hierfür ist keineswegs übertriebener künstlerischer Ehrgeiz, sondern vielmehr eine Reaktion auf verwehrte Bilder für einen August Sander-Katalog, der anlässlich der Ausstellung* Allemagne / Années 1920 / Nouvelle Objectivité / August Sander *im Centre Pompidou (April bis September 2022) erscheinen sollte, aber nie erschienen ist. Doch sprechen wir nicht von den Abwesenden der Vergangenheit, sondern von denen, die hier für eine Institution des 21. Jahrhunderts stehen. Erwähnte nicht schon der Direktor des Musée national d'art moderne in seiner Eröffnungsansprache, dass August Sander das Centre Pompidou sicher für ein äußerst interessantes Studienobjekt gehalten hätte, gibt es dort doch eine Fülle unterschiedlichster Gewerke und Menschen. Auch ist das Centre Pompidou ein Querschnitt durch die Gesellschaft, zumindest durch die urbane Gesellschaft von Paris.*

*Was als Gedankenspiel begann und zunächst nur auf 32 Porträts abzielte, um die Leerstellen der fehlenden Sander-Bilder zu füllen, stellte sich bald als ein ungeheuer produktiver Filter dar, um auf die Komplexität und Diversität des Centre Pompidou zu schauen, auf seine Angestellten, seine Künstler*innen, sein Publikum, sein kulturelles und wirtschaftliches Ökosystem. Uns ging es gerade nicht darum, wörtlich den Typen- und Bildfindungen Sanders zu entsprechen, sie genau nachzustellen, sondern vielmehr, die sozialen Unterschiede und Zwischenräume zu vergegenwärtigen, die das Heute vom Gestern trennen.*

This book of portraits is formally unorthodox. It takes the titles and categories used by one photographer a hundred years ago as a prism through which to view a prominent cultural institution in modern-day Paris. At first sight, it might seem a little presumptuous to make August Sander's celebrated *Menschen des 20. Jahrhunderts* (People of the 20th Century) the model for portraits taken in the French capital showing reincarnations of his subjects, separated from them by at least three or four generations. However, this decision was not motivated by any surfeit of artistic ambition; rather it was a response to being refused permission to use Sander's pictures for a catalogue that was to be published in conjunction with the exhibition *Allemagne / Années 1920 / Nouvelle Objectivité / August Sander* (April—September 2022), but which never appeared. Yet the focus of this book is not so much on the absent figures from the past as on the people who figure here as representatives of a twenty-first-century institution. As the museum's director mentioned in his address at the exhibition opening when he said that Sander would have regarded the Centre Pompidou as a fascinating object of study, there are indeed a whole range of different people there practicing all kinds of trades. And it also constitutes a cross section of society—of Paris's urban society at any rate.

What began as an intellectual game—with the initial aim of producing just thirty-two portraits to fill in the gaps left by the missing Sander images—soon presented itself as an immensely productive filter through which to view the complexity and diversity of the Centre Pompidou, its employees, its artists, its public, and its cultural and economic ecosystem. We were not concerned with any literal correspondence to Sander's identification of types and images,

Il n'y a plus aucun métier qui soit réservé aux hommes et on y retrouve une « brigade internationale » qui bat en brèche l'idée d'une homogénéité nationale. Cependant, le Centre Pompidou est aussi le théâtre de tensions sociales, tel un miroir de la société moderne.

Le présent est lui aussi en train de changer. Le Centre Pompidou, inauguré en 1977, devra fermer ses portes l'année prochaine, en 2025, pour d'importants travaux de rénovation et de transformation. Nous nous tenons devant une période de bouleversements et c'est l'une des qualités de la photographie que d'enregistrer ce qui s'apprête à disparaître. Ce sont ainsi les images du vieux Paris du début du XXᵉ siècle d'Eugène Atget et ses « documents pour artistes » qui sont à l'origine d'une photographie que Walker Evans a qualifiée de « style documentaire ». August Sander a largement contribué à cette approche. Il attribuait aux êtres humains la même place devant son objectif, peu importe celle qu'ils occupaient dans la hiérarchie sociale, afin cependant de les classer a posteriori dans son propre système social. Si les typologies de Sander semblent aujourd'hui problématiques, nous voulions justement rendre à nouveau productive la question de la posture et de l'espace devant l'objectif. Le titre de ce livre, *Postures* (*Haltungen*), fait autant référence à la pose que prennent les personnes devant l'appareil qu'à l'expression d'un positionnement face à l'institution dans laquelle ils travaillent et la société dans laquelle ils vivent. Enfin, ce terme désigne également au sens figuré la posture que nous avons vis-à-vis de l'œuvre d'August Sander.

Dans son analyse de l'exposition *Allemagne | Années 1920 | Nouvelle Objectivité | August Sander*, le critique allemand Gustav Seibt se demande comment « transposer une multipolarité Sanderienne au niveau d'aujourd'hui ». Les identités actuelles seraient en définitive multipolaires : on ne se définirait plus exclusivement selon son travail, on pourrait plutôt « multiplier les signatures sous son propre portrait »*. Étudier l'art du portrait chez Sander, avec sa distance et son respect, avec la mise en évidence du « masque social » derrière lequel il laissait ses modèles se cacher à une époque de grands

Kein Beruf ist mehr nur Männern vorbehalten und eine »internationale Brigade« jenseits nationaler Homogenität ist hier am Werk. Das Centre Pompidou ist aber auch ein Ort sozialer Konflikte, eben ein Spiegelbild moderner Gesellschaft.

Dabei ist auch das Heute im Begriff sich zu verändern. Im kommenden Jahr 2025 wird das 1977 eröffnete Centre Pompidou aufgrund umfangreicher Renovierungs- und Umbauarbeiten schließen. Eine Zeit des Umbruchs steht bevor, und es ist eine Qualität der Fotografie, das aufzuzeichnen, was bald verschwinden wird. So waren es Eugène Atgets Fotografien des alten Paris zu Beginn des 20. Jahrhunderts und seine »Dokumente für Künstler«, die am Anfang einer Fotografie stehen, die Walker Evans als »dokumentarischen Stil« bezeichnete. August Sander hat diese Haltung maßgeblich mitgeprägt. Er räumte den Menschen, ungeachtet ihrer Stellung in der sozialen Hierarchie, den gleichen Raum vor seinem Objektiv ein, um sie jedoch später in seinem eigenen gesellschaftlichen System zu klassifizieren. Erscheint uns Sanders Typenlehre dieser Tage problematisch, so wollten wir doch die Frage nach der Haltung und dem Raum vor dem Objektiv wieder produktiv machen. Der Titel dieses Buches, Haltungen, *bezieht sich sowohl auf die Pose, die die Menschen vor der Kamera einnehmen, als auch auf den Ausdruck einer Haltung gegenüber der Institution, in der sie arbeiten, und der Gesellschaft, in der sie leben. Nicht zuletzt bezeichnet er im übertragenen Sinn auch die Haltung, die wir zu dem Werk von August Sander einnehmen.*

Wie könnte man eine »Sandersche Multipolarität auf heutigen Stand bringen?«, fragt Gustav Seibt in seiner Besprechung der bereits erwähnten Ausstellung, heutige Identitäten seien schließlich multipolar, man definiere sich nicht mehr ausschließlich über seinen Beruf, vielmehr könnte man »die Unterschriften unter dem eigenen Porträt vermehren.« Die Auseinandersetzung mit Sanders Porträtkunst, mit seiner Distanz und seinem Respekt, mit dem Herausstellen der »sozialen Maske« seiner Modelle, die er ihnen ließ, um sich dahinter in einer Zeit großer Umbrüche verstecken zu können, könnte nach Seibt heilsam für das Heute sein. Contenance – um Fiona Tans Titel ihrer Hommage an Sander zu benutzen (siehe Text 92 in*

with precise re-enactments of them; rather we sought to visualize the social differences and the intervening spaces that have opened up between today and yesterday. It is no longer the case that certain professions are the exclusive province of men, and there is an "international brigade" at work here that goes beyond national homogeneity. But the Centre Pompidou is also a locus of social conflict, a mirror, quite simply, of modern society.

The museum is also on the brink of change today. In the coming year, 2025, the Centre Pompidou, which opened in 1977, is set to close to allow extensive renovation work and remodeling to be carried out. A period of upheaval lies ahead, and one of photography's virtues is that it can record what will soon disappear. It was Eugène Atget's photographs of old Paris in the early twentieth century and his "Documents pour artistes" (Documents for Artists), which ushered in a form of photography that Walker Evans termed the "documentary style." Sander played a major role in helping to shape this approach. He treated people alike, regardless of their position in the social hierarchy, granting them the same space in front of his camera, although he later classified them in his own social system. Because Sander's typologizing now seems problematic to us, we wanted to make productive use once more of the question of attitude and the space in front of the lens. The title of this book, *Postures*, relates both to the way people pose for the camera and to the attitude they express toward the institution they work in and the society they live in. Just as importantly, it also refers, figuratively speaking, to the attitude we take to Sander's work.

How might "Sander's multipolar approach be brought up to date?" asks Gustav Seibt in his review of the exhibition. After all, he says, people's identities today are multipolar, no longer defined exclusively by the work they do; there is the possibility instead of "having multiple captions under one's own portrait."* Engaging with Sander's portrait art, with the distance and respect he accords his subjects, his highlighting of the "social mask" they wear, which he allowed them to hide behind at a

bouleversements, pourrait aujourd'hui être salutaire. Les portraits de Sander enseignent la « contenance » (d'après le titre de l'hommage de Fiona Tan à Sander, voir note 92 au milieu du livre) à notre présent avec leurs identités particulières, bien plus complexes que ce qu'une image sur le lieu de travail peut rendre visible.

Nous n'avons pas voulu *multiplier les signatures* sous les portraits, selon la suggestion de Seibt. À la place, nous avons seulement inscrit les noms des personnes représentées. Leur rôle social et leur fonction au Centre Pompidou se trouvent dans la section des textes du livre, où ils peuvent – s'ils le souhaitent – prendre la parole pour parler de leur travail, de leur position dans la vie ou simplement de leur place dans ce projet. Cependant, les transferts du passé vers le présent ne peuvent pas toujours fonctionner. C'est précisément dans ces différences que réside la dimension productive d'un système expérimental qui adjoint le *détournement* subversif du situationnisme français au caractère systématique de la photographie typologique allemande.

En ce sens, le présent livre est avant tout un hommage à celles et ceux qui travaillent chaque jour à la réussite de ce grand collectif et qui contribuent à ce que ce lieu conserve la magie d'un *Gesamtkunstwerk* (œuvre d'art totale) voire d'une vaste sculpture sociale. À ce titre, il ne rend pas uniquement hommage aux personnes représentées mais aussi à toutes celles qui, inévitablement, manquent. Un de nos critères de sélection a été la correspondance (ou un écart significatif) avec les rôles de l'atlas de Sander. Il en résulte un livre comprenant des zones vides, avec deux formes d'absences : celle des images refusées et celle des actrices et acteurs manquant·e·s du Centre Pompidou — à nous de les remplir avec notre imagination.

der Mitte des Buches) – ließe sich aus Sanders Porträts lernen für unsere Gegenwart mit ihren partikularen Identitäten, die weitaus komplexer sind als es das Bild am Arbeitsplatz sichtbar zu machen vermag.

Wir haben die Unterschriften unter den Porträts nicht vermehren wollen, wie es Seibt vorschlägt. Vielmehr stehen dort nur die Namen der abgebildeten Individuen. Ihre soziale Rolle und Funktion am Centre Pompidou findet sich im Textteil dieses Buches. Dort ergreifen sie selbst das Wort – wenn sie es denn wünschen –, um über ihren Beruf, ihre Stellung im Leben oder auch nur den Platz in diesem Projekt zu sprechen. Doch die Transfers von dem Gestern ins Heute können nicht immer aufgehen. Gerade in diesen Unterschieden liegt das Produktive einer Versuchsanordnung, die den systematischen Charakter der deutschen typologischen Fotografie mit dem subversiven Détournement des französischen Situationismus gegeneinander schneidet.

*Nicht zuletzt ist das vorliegende Buch auch eine Hommage an jene, die tagtäglich am Gelingen dieses großen Kollektivs arbeiten, die dazu beitragen, dass dieser Ort die Magie eines Gesamtkunstwerkes oder gar einer großen sozialen Plastik bewahrt – daher ehrt es nicht nur die Menschen, die in diesem Buch vertreten sind, sondern auch alle jene, die hier notgedrungen fehlen. Ein Kriterium für unsere Auswahl war die Entsprechung (oder signifikante Abweichung) zu den Rollen des Sanderschen Atlas. Es bleibt ein Buch mit Leerstellen, mit zwei Formen von Abwesenheiten, jener der verwehrten Bilder und jener der fehlenden Akteur*innen des Centre Pompidou – wir müssen sie mit unserer Imagination füllen.*

time of great upheaval, could, in Seibt's view, be salutary for us today. Sander's portraits might teach us composure—or "countenance," to borrow the title of Fiona Tan's homage to Sander (see text 92 in the middle of the book)—with respect to our present with its particular identities, which are far more complex than can be visualized in pictures taken in the workplace.

We chose not to put multiple captions under the portraits, as per Seibt's suggestion. Instead, only the names of the featured individuals appear. Their social role and function at the Centre Pompidou can be found in the section of the book devoted to text, where they have an opportunity to take the floor themselves. They can, if they choose, talk about their work, their situation, or the part they have played in this project. Transferring the past into the present does not always come off, though. And it is in these differences that the productive aspect of the experiment materializes, in the intercutting of the systematized typologies of the German photographs with the subversive *détournement* of the French situationists.

Last but not least, this book also pays tribute to the people who work, day in, day out, for the success of this great collective, who contribute to ensuring that the museum maintains the magic of a universal work of art—a *Gesamtkunstwerk*—or even a great social sculpture. It thus honors not only the people who appear in this book but also all those who are, perforce, missing from its pages. One criterion we used in our selection process was correspondence to (or significant divergence from) the roles in Sander's atlas. It remains a book with gaps in it, with two kinds of absence, that of the images whose inclusion was refused and that of the missing actors at the Centre Pompidou. We must use our imagination to fill these lacunae.

* Gustav Seibt, "Cool bleiben. Eine Pariser Ausstellung feiert den Fotografen August Sander und die Kühle der Neuen Sachlichkeit. Ist das eine Haltung auch für die Gegenwart?," *Süddeutsche Zeitung*, 5.8.2022.

Photographe et historien de l'art, FLORIAN EBNER est depuis 2017 le conservateur en chef du cabinet de la photographie au Musée national d'art moderne – Centre Pompidou. En 2015, il a été le commissaire du Pavillon Allemand à la Biennale de Venise. Récemment, il a conçu, avec Marcella Lista, l'exposition *Hito Steyerl. I Will Survive : Espaces physiques et virtuels* (2021) et, avec Angela Lampe, *Allemagne / Années 1920 / Nouvelle Objectivité / August Sander*.

ANDREAS LANGFELD travaille avec la photographie et le film dans le domaine du documentaire. Son travail est motivé par un intérêt pour les questions sociopolitiques et une réflexion sur les médiums. Récemment il a été présenté dans différentes expositions telles que le f/stop Festival für Fotografie à Leipzig, la Biennale für aktuelle Fotografie à Mannheim, le Museum Folkwang Essen, la Photobiennale Chennai et le Centre Pompidou, Paris. Il enseigne à la École Supérieure des Arts et Médias de Cologne.

Ensemble, ils ont travaillé sur l'exposition *Calais – Témoigner de la « Jungle » : Bruno Serralongue / Agence France Presse / Les habitants*, qui a eu lieu au Centre Pompidou Paris en 2019.

FLORIAN EBNER ist Fotograf und Kunsthistoriker, seit 2017 leitet er die fotografische Sammlung des Musée national d'art moderne – Centre Pompidou. 2015 war er Kurator des deutschen Pavillons auf der Biennale von Venedig. Zuletzt kuratierte er mit Marcella Lista, die Retrospektive Hito Steyerl. I Will Survive : Espaces physiques et virtuels *(2021) und mit Angela Lampe die Ausstellung* Allemagne / Années 1920 / Nouvelle Objectivité / August Sander.

ANDREAS LANGFELD arbeitet mit Fotografie und Film im Feld des Dokumentarischen. Seine Arbeiten treibt ein Interesse für gesellschafts-politische und medienreflexive Fragen an und waren in verschiedenen Aus-stellungen zu sehen wie z. B. auf dem f/stop Festival für Fotografie in Leipzig, der Biennale für aktuelle Fotografie in Mannheim, im Museum Folkwang Essen, der Photobiennale Chennai und im Centre Pompidou, Paris. Er lehrt an der Kunsthochschule für Medien Köln.

Zusammen arbeiteten sie an der Aus-stellung Calais – Témoigner de la ›Jungle‹ : Bruno Serralongue / Agence France Presse / Les habitants, *die 2019 am Centre Pompidou in Paris stattgefunden hat.*

FLORIAN EBNER is a photographer and art historian. He has been head of the photographic collection at the Musée national d'art moderne – Centre Pompidou since 2017. In 2015, he was curator of the German pavilion at the Venice Biennale. Most recently, together with Marcella Lista, he curated the retrospective *Hito Steyerl. I Will Survive : Espaces physiques et virtuels* (2021) and, with Angela Lampe, the exhibition *Allemagne / Années 1920 / Nouvelle Objectivité / August Sander*.

ANDREAS LANGFELD works with photography and film in the field of documentary. His work is driven by an interest in sociopolitical issues and reflections on the media. It has been shown recently in various exhibitions, such as at the f/stop Festival für Fotografie in Leipzig, the Biennale für aktuelle Fotografie in Mannheim, the Museum Folkwang Essen, the Photo-biennale Chennai, and the Centre Pompidou, Paris. He teaches at the Academy of Media Arts Cologne.

They worked together on the exhibition *Calais – Témoigner de la "Jungle": Bruno Serralongue / Agence France Presse / Les habitants*, which took place at the Centre Pompidou, Paris, in 2019.

Remerciements / *Dank* /
Acknowledgements

Nous tenons à remercier vivement /
*Wir möchten uns herzlich bedanken
bei* / We would like to extend our
sincere thanks to
Gosbert Adler (HBK Braunschweig),
Damarice Amao, Carine Baubil,
Raphaële Bianchi, Ludivine Boyer,
Valentine Brégeon, Simon Cowper,
Heiko Diekmeier (KHM Köln), Liliana
Dragasev, Noam M. Elcott, Arno
Gisinger, Maxime Gisinger, Guillaume
Grandgeorge, Marit Herrmann,
Michael Horbach, Sacha Ilić,
Julie Jones, Hannah Jung (HBK
Braunschweig), Ina Kwon,
Laurent Le Bon, Pierre Leguillon,
Francine Lourari, Florian Maarek,
Jasmina Merz, Arwed Messmer,
Dorothee Mosters, Xavier Rey,
Amira Saidi, Matthias Schindler,
Markus Sedlaczek, Andrzej Steinbach,
Bruno Szabo, Katharina Täschner,
Claudia Trekel (KHM Köln), Helmut
Völter, Emile Wahid, Jan Wenzel

Colophon

Florian Ebner, Andreas Langfeld:
POSTURES / *HALTUNGEN*
Portraits du Centre Pompidou
d'après August Sander /
*Menschen des Centre Pompidou –
nach August Sander* /
People from the Centre
Pompidou — after August Sander

Concept et photographie /
Konzept und Fotografie /
Concept and photography:
Florian Ebner & Andreas Langfeld

Conception graphique /
Buchgestaltung / Book design:
Ina Kwon, Helmut Völter

Rédaction et relecture des textes en
français / *Redaktion und Lektorat der
französischen Texte* / Editing and
proofreading of French texts:
Valentine Brégeon, Liliana Dragasev

Traduction et relecture des textes
en anglais / *Übersetzung und Lektorat
der englischen Texte* / Translation
and proofreading of English texts:
Simon Cowper

Traduction (Introduction) /
Übersetzung (Einführung) /
Translation (Introduction):
Maxime Gisinger

Relecture des textes en allemand /
Lektorat der deutschen Texte /
Proofreading of German texts:
Frederik Richthofen, Simon Cowper

Assistance (conceptuelle et éditoriale) /
Assistenz (konzeptuell und verlegerisch) /
Assistants (Concept development
and publishing): Marit Herrmann,
Katharina Täschner, Jan Wenzel

Impression, reliure et photogravure /
Druck, Bindung und Lithografie /
Printing, binding and lithography:
DZA Druckerei zu Altenburg GmbH

Publié par / *Herausgegeben von* /
Published by:
Spector Books
Harkortstraße 10, 04107 Leipzig
www.spectorbooks.com

Distribution:
Germany, Austria: GVA,
Gemeinsame Verlagsauslieferung
Göttingen GmbH & Co. KG,
www.gva-verlage.de
Switzerland: AVA Verlagsauslieferung
AG, www.ava.ch
France, Belgium: Interart Paris,
www.interart.fr
UK: Central Books Ltd,
www.centralbooks.com
USA, Canada, Central and South
America, Africa: ARTBOOK/D.A.P.,
www.artbook.com
South Korea: The Book Society,
www.thebooksociety.org
Japan: twelvebooks,
www.twelve-books.com
Australia, New Zealand: Perimeter
Distribution,
www.perimeterdistribution.com

© 2024 Spector Books, Leipzig
Photographies / *Fotografien* /
Photographs: © Andreas Langfeld &
Florian Ebner

First edition: 2024
Printed in Germany

ISBN 978-3-95905-757-8

Les titres des photographies d'August
Sander sont cités d'après l'ouvrage
suivant / *Die Titel von August Sanders
Fotografien sind nach folgender Veröf-
fentlichung zitiert* / The titles of August
Sander's photographs are quoted
from the following publication: *August
Sander: Menschen des 20. Jahrhun-
derts: Ein Kulturwerk in Lichtbildern
eingeteilt in sieben Gruppen*, bearbeitet
und neu zusammengestellt von
Susanne Lange, Gabriele Conrath-
Scholl, Gerd Sander, 7 Bände, Hrsg.
Die Photographische Sammlung /
SK Stiftung Kultur, München: Schirmer /
Mosel, 2002

Soutenu par / *Gefördert von* /
Supported by:
Kunststiftung NRW
Stiftung MÜNZENBERGS ERBEN
Centre Pompidou

**Kunststiftung
NRW**

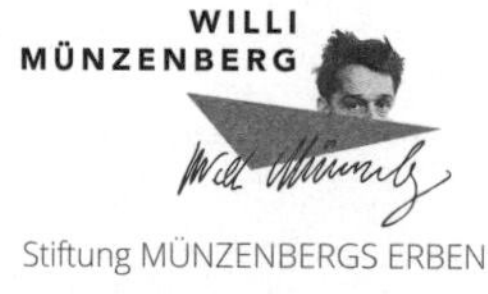

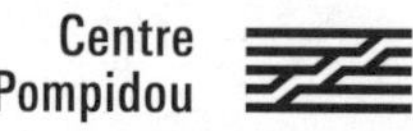

Centre Pompidou